ORDONNANCE

DU 22 JUIN 1847

PORTANT

RÈGLEMENT

SUR

LA SOLDE, LES REVUES, L'ADMINISTRATION

et la Comptabilité

DES CORPS DE TROUPE DE LA MARINE.

PARIS

LIBRAIRIE MILITAIRE DE J. DUMAINE,

ANCIENNE MAISON ANSELIN.

Rue et passage Dauphine, 30.

1851

ORDONNANCE

PORTANT

RÈGLEMENT

SUR LA SOLDE, LES REVUES, L'ADMINISTRATION ET LA COMPTABILITÉ

DES CORPS DE TROUPE DE LA MARINE.

PARIS.—Imp. de Cosse et J. Dumaine, rue Christine, 2.

MINISTÈRE DE LA MARINE ET DES COLONIES.

ORDONNANCE

DU 22 JUIN 1847

PORTANT

RÈGLEMENT

SUR

LA SOLDE, LES REVUES, L'ADMINISTRATION

et la Comptabilité

DES CORPS DE TROUPE DE LA MARINE.

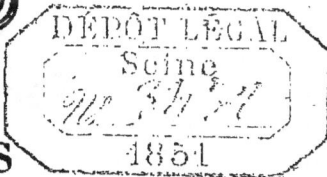

PARIS

LIBRAIRIE MILITAIRE DE J. DUMAINE,
ANCIENNE MAISON ANSELIN,
Rue et passage Dauphine, 30.

1851

DIRECTION DES SERVICES ADMINISTRATIFS. — BUREAU
DE LA SOLDE, DES REVUES ET DE L'HABILLEMENT.

Paris, le 1er juillet 1847.

Le Pair de France, Ministre secrétaire d'Etat de la marine et des colonies.

A MM. les Préfets maritimes,
      les Gouverneurs,
      les Commissaires-généraux et Ordonna-
        teurs,
      les Chefs de service des ports secondaires,
      les Commissaires d'escadre et de division,
      les Membres des conseils d'administration
        des corps de troupe,
et les Contrôleurs de la marine.

Envoi de l'ordonnance du 22 juin 1847 portant rè-
glement sur la solde, les revues, l'administration
et la comptabilité des corps de troupe de la marine.

Messieurs, j'ai l'honneur de vous adresser un exemplaire de l'ordonnance royale du 22 juin dernier, portant règlement sur le service de la solde, des revues, de l'administration et de la comptabilité des corps de troupe de la marine, laquelle doit recevoir son exécution à partir du 1er janvier 1848 : j'y joins un exemplaire de la collection des tarifs et des modèles qui y sont annexés.

Indications générales.

Cette ordonnance consacre généralement le main-

1

tien des principes développés par le département de
la guerre dans les ordonnances des 25 décembre
1837 et 10 mai 1844; cependant, quelques modifications principales, qui sont basées sur la spécialité du
service de la marine, y ont été introduites : vous les
trouverez expliquées dans le rapport au Roi.

Quant aux modifications de détail, elles ont été
nombreuses : la lecture de l'ordonnance vous les fera
facilement reconnaître; je me bornerai donc, dans
cette instruction, à vous signaler celles sur lesquelles
il est nécessaire que j'appelle particulièrement votre
attention.

Entrée en solde des élèves des écoles nommés sous-lieutenants.

D'après les règles suivies au département de la
guerre, les élèves sortant des écoles avec le grade de
sous-lieutenant n'ont droit qu'à la solde de congé
depuis le jour de leur sortie jusqu'au jour de leur
arrivée à destination. Ce principe est également consacré par l'art. 40 de l'ordonnance ci-jointe. Dans le
département de la marine, les besoins du service
peuvent cependant obliger les élèves à rejoindre immédiatement les corps pour lesquels ils sont destinés,
et à ne pas profiter des congés qui, dans ce cas, leur
sont généralement accordés. Il y avait donc lieu de
traiter ces officiers sur le même pied que ceux qui
reçoivent l'ordre de retourner à leurs corps avant
l'expiration de leurs congés, et de leur ouvrir également des droits au rappel de l'intégralité de leur solde
à compter du jour de leur départ dûment constaté:
cette disposition se trouve prévue par le dernier paragraphe de l'article précité.

Entrée en solde des hommes passant des compagnies du centre
dans les compagnies d'élite, et des soldats d'artillerie qui
montent à une classe supérieure.

L'art. 41, dernier paragraphe, contient une prescription relative aux hommes passant des compa-

gnies du centre dans les compagnies d'élite et aux soldats d'artillerie qui montent à une classe supérieure. Ces militaires ont droit à l'augmentation de solde, s'ils sont présents, les premiers, du jour de la nomination faite par les chefs de corps ou de portions de corps, les seconds, du jour de la nomination faite par le chef de corps.

Il suit de ce principe que les canonniers d'artillerie de marine promus, étant détachés dans les colonies ou dans les ports de France, autres que celui où siége le conseil central du corps, doivent être rappelés de l'augmentation de solde qui leur est accordée à compter du jour de la nomination faite par le colonel commandant le régiment d'artillerie de marine.

Cette disposition consacre la mesure déjà prescrite par la dépêche ministérielle du 12 août 1843, qui a fait application aux canonniers du régiment d'artillerie de marine des prescriptions suivies au département de la guerre à l'égard des militaires faisant partie des batteries détachées.

Cas de congé qui donnent droit à la solde entière et aux frais de route.

Vous remarquerez que, d'après le dernier paragraphe de l'art. 69, le droit à la solde entière est la conséquence du congé de convalescence délivré pendant le séjour de l'officier aux colonies, ou immédiatement après son débarquement en France, et que le congé de cette nature, dont la délivrance a lieu dans tout autre circonstance, n'ouvre des droits qu'à la solde dite de congé.

La même réserve s'applique à la concession des frais de route.

Paiement de la solde de congé de convalescence.

Jusqu'à présent, les officiers placés dans la position de congé de convalescence, pour maladies contractées dans les colonies, n'ont reçu leur solde, pendant leur absence du corps, que d'après une autorisation du ministre. Il m'a paru convenable de rendre ces paiements réglementaires pour les cas semblables.

Cette disposition est consacrée par l'art. 85 de l'ordonnance, et, désormais, les officiers dont il s'agit pourront recevoir, à la fin de chaque mois, leur solde de congé de convalescence, sans que le ministre en ait préalablement autorisé le paiement.

Délégation.

La section 4 du chapitre 2 traite des délégations que les officiers et les employés militaires, embarqués ou destinés à servir aux colonies, peuvent consentir en faveur de leurs familles ou de tiers.

Faculté de déléguer. A qui accordée, et quotité des délégations.

D'après les termes de l'art. 121, l'officier et l'employé militaire jouissent *seuls* de la faculté de déléguer; cette disposition ne comporte aucune exception, et j'appelle votre attention sur ce point. Je vous recommande également de veiller à ce que les prescriptions de l'article précité, en ce qui concerne la quotité des délégations, soient rigoureusement observées, et à ce que l'administration ne reçoive de déclarations excédant les fixations réglementaires, que lorsque le ministre aura autorisé ces exceptions, à raison de motifs particuliers. Je dois, au reste, vous faire connaître qu'il ne sera donné aucune suite aux demandes de l'espèce, lorsqu'elles ne seront pas formées en faveur des femmes, enfants ou ascendants des officiers et employés militaires.

Inscription des délégations.

Vous remarquerez aussi que, d'après les prescriptions contenues dans les art. 122 et 123, l'inscription des délégations consenties par les officiers et employés militaires doit être faite par les commissaires aux revues, soit sur les livrets individuels, soit sur les livrets des détachements, et, à défaut, sur les cessations de paiement des officiers isolés, ou au dos des lettres de service ou commissions.

L'application de cette mesure est indispensable, afin que le délégant, dans toutes les positions où il peut se trouver placé, supporte sur son traitement les retenues destinées à tenir compte au Trésor des délégations payées à son acquit. J'invite, en conséquence, les fonctionnaires du commissariat à apporter le plus grand soin dans l'accomplissement de cette formalité.

Durée des délégations.

La durée déterminée pour les délégations par l'ordonnance du 25 décembre 1837 (art. 129) a été maintenue relativement aux colonies de l'Océan Atlantique; mais, à raison de l'éloignement de nos possessions situées au delà des caps Horn et de Bonne-Espérance, l'art. 124 de l'ordonnance dont je vous fais l'envoi dispose que les officiers et les employés militaires destinés à servir dans ces établissements auront la faculté de porter à deux années celles des délégations qu'ils voudront consentir. Les commissaires aux revues leur recommanderont, dans le cas où ils seraient dans l'intention de les renouveler, d'en faire la déclaration en temps utile, afin d'éviter tout retard dans le paiement des sommes qu'ils désireraient déléguer.

Cessation de paiement de la délégation. Continuation de la retenue.

D'après les dispositions de l'art. 126, toute délégation cesse d'être payée à partir du premier jour du trimestre dans lequel le délégant effectue son retour en France. Cependant, la retenue du montant trimestriel de la délégation continue à lui être faite jusqu'à production d'un certificat constatant les sommes payées à ce titre.

Cette mesure a été prise dans le but de mettre fin aux trop payés, qui ont lieu fort souvent lorsque l'officier ou l'employé militaire débarque dans un port autre que celui dans lequel sa délégation est acquittée.

La disposition prescrite par l'article précité garantit à la fois les intérêts du Trésor et l'ordre de la comptabilité. Il est donc essentiel qu'elle soit exactement appliquée par les fonctionnaires du commissariat et par les conseils d'administration qui auront à effectuer, à l'égard des officiers revenant des colonies, les rappels de solde auxquels ceux-ci pourront prétendre.

Supplément de solde aux colonies.

Les art. 135 et 136 déterminent les suppléments de solde auxquels ont droit les officiers et employés militaires appelés à servir aux colonies. Les tarifs annexés à l'ordonnance présentant la quotité de ceux qui doivent être accordés pour les diverses positions dans lesquelles les officiers et employés militaires peuvent se trouver placés, je puis me dispenser d'entrer ici dans des développements à ce sujet.

Allocations de la haute paie journalière d'ancienneté.

(Art. 137). Une modification a été apportée à l'article 149 de l'ordonnance du département de la guerre, qui n'alloue la haute paie journalière d'ancienneté qu'aux militaires du grade au-dessous de celui d'officier *légalement lié au service* : ces derniers mots ont été remplacés par ceux *en activité de service.*

Il découle du principe admis que les sous-officiers, caporaux et soldats retenus sous les drapeaux par des causes indépendantes de leur volonté jouiront, conformément au dernier paragraphe de l'art. 138, de la haute paie à laquelle leurs services leur ouvriront des droits, comme s'ils avaient continué à être légalement liés au service. Cette disposition ne fait que consacrer les prescriptions que je vous ai déjà notifiées par dépêche du 1er juillet 1846. Quoique cette règle soit contraire à celle qui est suivie par le département de la guerre, elle a dû être maintenue à l'égard des militaires des armes de l'infanterie et de l'artillerie qui, bien qu'arrivés au terme de leur libération pendant qu'ils sont en garnison dans nos possessions d'outre-mer, ne peuvent cependant rentrer en France qu'après l'arrivée des détachements destinés à les remplacer; cette circonstance les retient forcément sous les drapeaux pendant une période de temps plus longue que celle que leur impose la loi du 21 mars 1832 ou l'acte qui les lie au service, et les soumet, par conséquent, plus longtemps au danger du climat des colonies.

(Art. 138). Les mots : *sur les registres matricules du corps*, ont été remplacés par ceux : *sur les régistres matricules des officiers du recrutement.* Cette modification, qui n'existe, au reste, que dans les termes, m'a paru nécessaire pour que l'on puisse déterminer, sans indécision, l'époque à laquelle le jeune soldat compte son service pour le droit à la haute paie, droit qui, d'après l'énoncé de l'art. 151 de l'ordonnance du 25 décembre 1837, pouvait n'être établi qu'à compter du jour de l'inscription du militaire sur les matricules tenues par le conseil d'administration du corps dans lequel il entrait.

Frais de représentation.

L'art. 151, dernier paragraphe, dispose que les officiers supérieurs appelés à remplacer par intérim les commandants militaires des colonies reçoivent, à titre de frais de représentation, pendant le temps qu'ils exercent lesdites fonctions, la moitié de la solde des titulaires. L'ordonnance consacre aussi le principe que les officiers supérieurs dans cette position cessent d'avoir droit à l'indemnité de représentation qui pouvait leur être allouée comme chefs de corps ou de portions de corps.

Vous remarquerez que cette disposition abroge, en ce qui regarde ces officiers, les prescriptions de l'ordonnance du 25 novembre 1842, relatives au traitement des intérimaires dans les colonies.

Il résulte de la nouvelle disposition dont il s'agit que l'officier supérieur appelé à exercer l'intérim de commandant militaire, tout en conservant le commandement dont il est personnellement investi, doit continuer à être compris, pour la solde et l'indemnité de fourrages, sur les revues du corps, et qu'il reçoit le surplus de ses émoluments au compte du chapitre des services militaires aux colonies.

Indemnité pour emplacement de bureau aux majors et aux officiers comptables.

D'après l'art. 175, les majors des portions centrales sont compris au nombre des officiers comptables auxquels il est alloué, pour emplacement de bureau, un supplément dont la quotité est déterminée par le tarif n° 15.

Cette disposition, que l'ordonnance du 25 décembre 1837 n'avait pas prévue, a été prise à raison du travail important que la tenue des contrôles de toutes les compagnies du corps, présentes ou détachées, imposera désormais aux majors des portions centrales.

Vous avez dû remarquer que l'ordonnance du 21 mars 1847, relative à la composition des régiments d'infanterie et d'artillerie de marine, a augmenté le nombre de secrétaires dont ces officiers supérieurs pourront disposer, afin de satisfaire à leurs nouvelles obligations; il a paru, dès lors, qu'il y avait lieu de leur donner également les moyens de se procurer un local dans lequel ils puissent établir leurs bureaux et placer convenablement leurs secrétaires.

Indemnité de frais de bureau aux majors et aux officiers comptables.

C'est également en prévision du travail auquel ces

officiers supérieurs auront à satisfaire, que l'indemnité de frais du bureau à laquelle ils ont droit a subi une augmentation notable. Le tarif n° 16, joint à l'ordonnance, détermine l'indemnité dont il s'agit. Ce tarif a, du reste, été dressé dans son ensemble avec la plus grande exactitude; les allocations qui y sont spécifiées pour chacun des comptables ont été évaluées largement, et en y comprenant, sans exception, toutes les dépenses auxquelles l'administration d'un corps ou d'une portion de corps peut donner lieu ; j'ai, en conséquence, la conviction que les officiers comptables pourront faire face à ces dépenses au moyen des sommes qui leur sont allouées.

La forme adoptée pour le tarif précité permet, en outre, à l'administration d'augmenter ou de diminuer les allocations qu'il détermine, à raison des mutations que peuvent éprouver les compagnies dont se compose chaque portion de corps, et, désormais, ces modifications seront faites sans recourir à mon intervention.

Indemnités aux sous-officiers embarqués.

L'art. 186 accorde aux sous-officiers embarqués sur les bâtiments de l'État, soit comme passagers, soit pour y faire partie des garnisons, une indemnité déterminée par le tarif n° 18. Cette indemnité, destinée à remplacer celle qui est aujourd'hui payée sur l'article 13 du chapitre 5, aux tables des maîtres des bâtiments sur lesquels les sous-officiers prennent passage, sera désormais décomptée sur les feuilles de journées des compagnies auxquelles ces militaires appartiennent, et le paiement de cette allocation aura, conséquemment, lieu au titre de la solde.

Indemnité de lit de bord.

L'indemnité de lit de bord, qui, jusqu'à présent, avait aussi été acquittée sur les fonds de l'art. 13 du chapitre 5, sera, à l'avenir, d'après les prescriptions de l'art. 192, également comprise sur les feuilles de journées des corps. Cette indemnité ne sera payée qu'une seule fois pour chaque mission, lors même que cette mission nécessitera plusieurs débarquements successifs.

Il suit de cette disposition que les officiers qui prendront passage sur un navire de guerre pour être transportés dans le port où se trouvent les bâtiments qui doivent les conduire à leur destination ne pourront prétendre qu'une seule fois au paiement de cette indemnité, lors même que, par le fait de circonstances imprévues, ces militaires auront été mis en station à terre en attendant le départ de ces navires.

La même restriction s'applique aux officiers chargés de conduire des détachements aux colonies, quel que soit le temps qu'ils y passeront avant d'effectuer leur retour en France.

Indemnité pour transport de chevaux.

L'art. 193 contient une disposition nouvelle; elle est la conséquence naturelle de l'obligation imposée aux officiers supérieurs d'être constamment pourvus du nombre réglementaire de chevaux pour lequel l'indemnité représentative de fourrage leur est allouée.

Désormais, ces officiers auront droit, pour le transport de leurs chevaux, à une indemnité allouée au titre de la solde, et dont la quotité est déterminée par le tarif n° 22.

Je vous ferai cependant observer que l'indemnité dont il s'agit ne devra être accordée que lorsqu'il sera constaté que le transport des chevaux aura été effectué sur un bâtiment de commerce. Il ne sera donc donné cours au paiement de l'indemnité en question qu'après production des justifications nécessaires à cet effet.

Création d'une masse d'entretien. — Suppression de la masse générale.

Le maintien des dispositions de l'art. 264 de l'ordonnance du 25 décembre 1837, remplacé par l'article 263 de l'ordonnance ci-jointe, amène nécessairement la suppression de la masse générale. Il n'y aura donc plus lieu d'établir aucun décompte, au titre de cette masse, sur les feuilles de journées des corps. La masse d'entretien créée par l'article précité, et dont la quotité est fixée, pour chaque corps, par le tarif n° 29, sera décomptée par quart sur les revues de liquidation de la portion centrale, et perçue en totalité par les conseils d'administration centraux. Chaque détachement pourra effectuer, sur le fonds commun, des dépenses qui, dans aucun cas, ne pourront excéder le chiffre que j'aurai déterminé, sur la proposition des conseils d'administration centraux.

Je vous adresserai incessamment une instruction contenant la nomenclature des dépenses qui peuvent être faites au compte de cette masse, et vous voudrez bien veiller à ce que ce fonds ne soit employé qu'aux achats spéciaux auxquels il doit pourvoir.

Suppression de la masse de casernement. — Service exécuté à l'entreprise ou par les soins de l'administration.

L'ordonnance supprime également la masse de casernement, qui aujourd'hui satisfait aux dépenses relatives au couchage des troupes et à une partie de celles qui concernent le mobilier des casernes. J'ai lieu de penser que ce service sera désormais exécuté, comme au département de la guerre, par des entrepreneurs de lits militaires, conjointement avec l'administration. Cependant, comme la question que soulève ce changement de système n'est pas entièrement élaborée, et qu'il peut arriver que l'adjudication que l'on tentera à cet effet n'amène pas de résultat définitif pour la fourniture des effets de literie nécessaires aux troupes de la marine stationnées dans quelques-uns de nos établissements d'outre-mer, j'ai décidé que le commissaire aux approvisionnements sera provisoirement chargé, à compter du 1er janvier 1848, d'assurer l'exécution de ce service dans les diverses localités où se trouvent placés les corps de la marine, et qu'il pourvoira à toutes les dépenses incombant aujourd'hui à la masse de casernement, lesquelles ont été effectuées, jusqu'à présent, par les soins des conseils d'administration et des chefs de détachement. Vous recevrez incessamment une instruction sur le casernement; elle déterminera les objets dont les troupes doivent être munies, et vous devrez recommander aux fonctionnaires du commissariat de se bien pénétrer des dispositions qu'elle contiendra, afin d'en assurer l'entière exécution.

Indemnité représentative en remplacement de liquides, pendant les chaleurs, et de vivres supplémentaires aux colonies.

Au département de la guerre, il est pourvu aux distributions d'eau-de-vie accordées aux militaires pendant les chaleurs, au moyen d'une indemnité représentative allouée sur les feuilles de journées, d'après le nombre de journées de présence acquis par les sous-officiers, caporaux et soldats, et dont le montant en deniers est acquitté au titre de la solde. Les distributions en nature ne peuvent être faites que lorsque les magasins de l'Etat contiennent des approvisionnements dont il est utile de prescrire la consommation immédiate.

Dans le département de la marine, la direction des subsistances possède toujours dans ses magasins les liquides nécessaires pour faire face aux distributions en nature, et, dès lors, l'indemnité représentative ne doit être allouée qu'exceptionnellement : telle est la disposition consacrée par l'art. 258. Cependant le dernier paragraphe de cet article prévoit également l'allocation de l'indemnité représentative; mais, attendu que le service des subsistances de la marine a une dotation particulière, les droits des corps seront, comme pour les rations en nature, constatés sur les feuilles de journées, et le montant en deniers auquel

la conversion des journées donnera lieu sera imputé
sur les fonds du service vivres et perçu par les conseils d'administration ou les chefs de détachement,
conformément aux prescriptions de l'art. 375 de l'ordonnance.

La même règle sera suivie à l'égard des indemnités
qui, dans quelques localités, sont allouées sur les fonds
du service colonial en remplacement de vivres supplémentaires auxquels ont droit les détachements des
corps de troupe, conformément à l'art. 246 de l'ordonnance.

Dans l'un et l'autre cas, les sommes reçues ne figureront pas au débit des revues de liquidation, qui
ne doit reproduire que les paiements acquittés sur les
fonds du chapitre 5. Ces dépenses en deniers don-
neront lieu à une conversion en rations qui seront
imputées, avec les délivrances en nature, à la 2e partie
du tableau n° 12 de la revue, et dont le montant sera
balancé avec le total des rations de toute espèce acquises par le corps d'après le résultat des feuilles de
journées.

Avances de solde. — Exception à l'égard des sergents et des
caporaux d'armes.

Les art. 282 et 287 traitent de la quotité des avances de solde qui pourront être payées, avant le départ de France, aux officiers ainsi qu'aux détachements destinés à aller servir dans nos établissements
d'outre-mer ou à former la garnison des bâtiments de
l'État.

Les dispositions contenues dans les articles précités, ainsi que celles qui font l'objet de la section 3
du chapitre 1er du titre IV, ne sont, au reste, que la
reproduction des prescriptions que le département de
la guerre avait consacrées dans son ordonnance du
19 mars 1823, dans l'instruction du 28 août 1825.
Vous remarquerez, toutefois, que l'art. 287, dernier
paragraphe, prescrit, sous le rapport des avances de

2

solde, une exception à l'égard des militaires embarqués sur les bâtiments de l'Etat pour y remplir les
fonctions de sergents et de caporaux d'armes. Ces
sous-officiers et caporaux ne recevront, pendant leur
embarquement, ni avances de solde ni aucun à-compte
de solde militaire, et le rappel des prestations qu'ils
auront acquises n'aura lieu qu'à leur retour au corps,
sur les feuilles de journées du trimestre dans lequel
leur débarquement s'effectuera.

Cette mesure, qui annule de fait les prescriptions
de la dépêche du 28 février 1842, a été arrêtée dans
le but d'éviter que des trop payés ne puissent avoir
lieu à l'égard de ces militaires, et désormais les sergents et caporaux d'armes ne figureront, pendant
leur absence, que pour mémoire, sur les feuilles de
journées trimestrielles des compagnies dont ils feront
partie.

Les mêmes dispositions devront être suivies pour
les militaires appartenant aux garnisons des colonies,
et qui seraient embarqués sur les bâtiments du service
local en qualité de capitaines d'armes, d'aides-armu-
riers, ou pour y remplir toute autre fonction.

Livret des officiers sans troupe et des corps de troupe.

Les paragraphes 1, 2 et 3 de la section 2 du chapitre 3 du titre IV de l'ordonnance ont maintenu les
dispositions suivies par le département de la guerre
en ce qui concerne l'usage, le renouvellement et le
cas de perte du livret des officiers sans troupe, des
employés militaires et des corps de troupe. Il ne vous
échappera pas que l'inscription des paiements sur les
documents dont il s'agit, inscription qui doit être faite
par les payeurs des départements ou par les trésoriers
des colonies, ne comportera désormais que la somme
nette perçue par les parties prenantes : les imprimés
des revues de liquidation destinés à présenter pour
les corps de troupe, les officiers sans troupe et les
employés militaires, les allocations qu'ils ont acquises,

ainsi que les paiements faits à l'acquit des conseils d'administration, ont été établis dans le sens de cette prescription, qui sera également observée en ce qui concerne la tenue du carnet de caisse et du journal du trésorier.

Rappels de solde et d'accessoires de solde sur un exercice clos.

Le mode suivi par le département de la guerre pour les rappels de solde, d'accessoires de solde et de masse d'entretien portant sur un exercice expiré, est également prescrit par l'art. 325 de l'ordonnance. En conséquence, les rappels dont il s'agit, soit qu'ils concernent les corps de troupe ou les officiers sans troupe et les employés militaires, seront ordonnancés sur les fonds de l'exercice courant et compris, avec mention particulière, sur les mêmes mandats que la solde courante. Les bureaux trouveront dans les extraits dont les revues de liquidation doivent être accompagnées, conformément aux dispositions des art. 453 et 502, les renseignements nécessaires pour rattacher les dépenses de l'espèce, dans les comptes généraux, aux exercices qu'elles concerneront.

Relevé des mandats.

Conformément à l'art. 322 de l'ordonnance, il sera transmis au ministre de la marine, sous le timbre de la présente dépêche, du 6 au 10 du premier mois de chaque trimestre, un relevé distinct et séparé par corps des mandats que les commissaires aux revues auront délivrés pour le paiement de la solde et de la masse d'entretien des militaires isolés et des corps de troupe, pendant le trimestre expiré. Ces relevés, qui seront dressés conformément au modèle n° 9 *bis*, remplaceront les renseignements qui sont fournis trimestriellement à l'administration centrale, d'après les prescriptions des circulaires des 24 janvier 1846 et 23 mars 1847 (solde et habillement). De semblables documents seront envoyés par les administrations co_ loniales, et je vous invite à faire apporter la plus grande exactitude à l'exécution des dispositions contenues dans l'article précité.

Paiement des officiers sans troupe et des employés militaires.

Le chapitre 1er, ainsi que les sections 1re et 2e du chapitre 2 du titre V, maintiennent les règles prescrites par l'ordonnance du 25 décembre 1837, en ce qui concerne le paiement des officiers sans troupe et des employés militaires qui, pour l'ordre de la comptabilité, ont été divisés en six classes. Vous veillerez à ce que les dispositions contenues dans les chapitres précités soient exactement suivies pour les militaires de tout grade compris dans les quatre premières classes, tant par les officiers du commissariat que par les chefs de classe ; de mon côté, je me concerterai avec M. le ministre de l'intérieur pour que les sous-préfets et les maires, dont la coopération est nécessaire à l'égard des officiers faisant partie des 5e et 6e classes domiciliés dans l'intérieur de la France, remplissent les obligations que l'ordonnance leur impose.

Retenues au profit de la caisse des Invalides.

D'après les dispositions consignées dans la section 2 du chapitre 1er du titre VII, les officiers et les employés militaires ne doivent supporter, sur leur solde proprement dite, qu'une retenue de 2 p. 0/0 au profit de la caisse des Invalides.

Jusqu'à ce jour la masse générale avait pourvu à la dépense des 3 pour 0/0 pour les soldats et de 1 pour 0/0 formant pour les officiers un complément de prestation que l'établissement des Invalides doit, aux termes des lois et ordonnances, percevoir sur toutes les dépenses du personnel.

La suppression de cette masse et la création d'une masse d'entretien ne permettaient plus la continuation du système aujourd'hui en vigueur.

J'ai donc dû aviser à un autre moyen, afin de ne

pas priver la caisse des Invalides des droits dont elle est en possession, et l'art. 388 dispose :

1° Que les états et les mandats individuels dressés pour l'acquittement des prestations acquises par les officiers et les employés militaires sont, après déduction faite des 2 p. 0/0 dont la solde de ces militaires est passible, abondés des 3 p. 0/0 à l'infini ;

2° Que les états d'effectif rédigés pour la perception de la solde de la troupe sont également abondés des 3 p. 0/0 à l'infini.

Les modèles annexés à l'ordonnance donnent à ce sujet toutes les indications nécessaires pour assurer l'exécution des dispositions contenues dans l'article précité.

Tenue du contrôle général du corps.

Je vous ai déjà fait connaître, dans l'analyse des modifications apportées aux indemnités qui seront accordées aux majors des portions centrales, pour emplacement et frais de bureau, que le contrôle général du corps sera tenu par ces officiers supérieurs. Cette disposition est l'objet de l'art. 418.

C'est également pour l'accomplissement de cette prescription que l'art. 421 porte que des états de mutations et de mouvements établis par les commandants des portions de corps ou des détachements, se trouvant placés sous la surveillance administrative d'un officier du commissariat autre que celui du dépôt, sont adressés à ce dernier fonctionnaire, qui les remet au conseil d'administration de la portion centrale, afin que l'inscription des mutations éprouvées par les militaires faisant partie des compagnies détachées soit opérée sur le contrôle général tenu par le major.

Cette mesure permettra d'exercer avec fruit la contre-vérification des feuilles de journées prescrite par l'art. 494 de l'ordonnance ; je n'ignore pas qu'elle nécessitera de nombreuses écritures et qu'elle im-

posera aux majors des portions centrales un surcroît
de travail; mais je compte sur le zèle de ces officiers
supérieurs pour l'accomplissement des nouvelles obligations auxquelles ils auront à satisfaire.

Etablissement des revues de liquidation des corps de troupe.

Ce retour aux principes suivis par le département
de la guerre devait amener la suppression des revues
de liquidation qui étaient établies par les commissaires
aux revues placés près des portions de corps détachées
aux colonies. Désormais ces documents seront dressés, conformément à l'art. 497 de l'ordonnance, par
les fonctionnaires du commissariat des ports dans lesquels sont stationnés les conseils d'administration
centraux.

Les commissaires aux revues chargés de la surveillance administrative des portions secondaires se
conformeront aux prescriptions des art. 490, 491, 492,
493 et 494 de l'ordonnance, pour la vérification des
feuilles de journées et pour la transmission de ces documents et des pièces qui doivent les accompagner
aux commissaires aux revues placés près des dépôts.

Au nombre des pièces dont les feuilles de journées
des portions de corps détachées aux colonies doivent
être accompagnées, figure, conformément à l'art. 492
de l'ordonnance, l'état des retenues opérées pour délégation sur le traitement des officiers.

*Imputation sur les revues de liquidation des paiements faits
pour délégation.*

Comme il importe que les revues de liquidation re-
produisent exactement les paiements faits à ce titre,
il y aura lieu de se conformer, selon les diverses positions dans lesquelles les délégants se trouveront
placés, aux prescriptions ci-après détaillées, pour
l'imputation desdites dépenses sur ces revues comme
pour le remboursement des sommes payées en excédant des retenues opérées, et *vice versâ* :

Officier présent dans la colonie.

RETENUES EXCÉDANT le montant des paiements effectués.	RETENUES MOINDRES que les paiements faits.
La revue de liquidation dressée au dépôt pour une portion de corps détachée ne sera débitée que du montant des paiements faits. Ce document fera ressortir, par conséquent, un moins perçu qui sera touché par le conseil d'administration secondaire, et l'officier sera remboursé, par les soins de ce conseil, de l'excédant de retenue qu'il a supporté.	Le montant des paiements faits sera imputé à la revue de liquidation dressée pour la portion détachée. Cette opération fera ressortir, dans la balance du crédit, avec le débit, un trop perçu que le conseil d'administration secondaire prélèvera sur la solde de l'officier.

Officier quittant la colonie pendant le trimestre pour lequel la revue de liquidation est établie.

RETENUES SUPÉRIEURES au montant des paiements effectués.	RETENUES INFÉRIEURES au montant des paiements effectués.
L'officier qui aura supporté l'excédant de retenue sera remboursé directement, s'il est présent, par les soins du commissaire aux revues, chargé de la rédaction de la revue de liquidation de la portion de corps détachée à laquelle cet officier appartenait. Dans le cas où l'officier n'aurait pas encore rejoint, l'excédant de retenue fera l'objet d'un versement à la caisse des gens de mer. Le montant des paiements faits au délégataire et à l'officier sera imputé à la revue de liquidation de la portion de corps détachée.	La revue de liquidation dressée pour la portion de corps détachée ne sera débitée que du montant de la retenue opérée. L'excédant du paiement fait sera imputé à la revue de liquidation de la portion centrale du corps à laquelle l'officier sera rattaché à son arrivée en France. Le conseil d'administration de la portion centrale du corps fera opérer, sur le traitement de l'officier, la retenue dont il est passible.

Officier effectuant son retour en France dans l'intervalle qui doit s'écouler entre l'envoi de la notification concernant la régularisation définitive d'un trimestre et l'arrivée de ce document à destination.

RETENUES SUPÉRIEURES au montant des paiements effectués.	RETENUES INFÉRIEURES au montant des paiements effectués.
La revue de liquidation dressée pour la portion de corps détachée, n'ayant dû être débitée que du montant de la somme payée, fera ressortir, au décompte de libération, un moins perçu qui sera touché par le conseil d'administration secondaire de ladite portion de corps. Dans ce cas, l'officier qui aura supporté l'excédant de retenue sera remboursé par les soins de ce conseil.	Le montant des paiements effectués a dû être imputé à la revue de liquidation de la portion de corps détachée, à raison de la présence de l'officier dans la colonie au dernier jour du trimestre pour lequel ce document est dressé. Il en résultera un trop perçu qui ressortira au décompte de libération, et que le conseil d'administration secondaire n'aura plus la faculté de retenir sur le traitement de l'officier. Dans ce cas, il donnera avis de cette circonstance au conseil d'administration central du corps, lequel fera opérer la retenue dont l'officier est passible, et en tiendra compte au conseil d'administration secondaire.

Officier arrivé en France avant l'arrêté de la revue de liquidation et la notification, au conseil d'administration secondaire d'une portion de corps détachée aux colonies, de la régularisation définitive d'un trimestre pendant lequel cet officier a été présent à ladite portion de corps.

RETENUES SUPÉRIEURES au montant des paiements effectués.	RETENUES INFÉRIEURES au montant des paiements effectués.
Suivre les dispositions relatives à l'officier qui quitte la colonie dans le courant d'un trimestre.	Suivre les dispositions prescrites pour l'officier qui quitte la colonie dans le courant d'un trimestre.

Officier décédé dans les colonies pendant le trimestre pour lequel la revue de liquidation est dressée.

RETENUES SUPÉRIEURES au montant des paiements effectués.	RETENUES INFÉRIEURES au montant des paiements effectués.
Le commissaire aux revues qui rédigera la revue de liquidation relative à la portion de corps détachée fera remise à la caisse des gens de mer de l'excédant de retenue. Le montant des paiements faits pendant le trimestre au délégataire, ainsi que celui que comportera la remise dont il s'agit, sera imputé à la revue dressée pour la portion de corps ci-dessus désignée.	La revue de liquidation dressée pour la portion de corps détachée sera débitée du montant de la somme payée. La différence existant entre la somme payée et la retenue opérée sera balancée par un crédit pour ordre établi sur le même document (tableau n° 12). On indiquera dans la colonne d'observations du même tableau l'article de l'ordonnance qui met ces excédants de dépenses à la charge de l'Etat.

Les dispositions qui précèdent relativement à l'imputation, sur les revues de liquidation des paiements faits pour délégation, sont applicables aux officiers des détachements embarqués sur les bâtiments de l'Etat, soit pour y tenir garnison, soit pour faire partie d'une expédition maritime.

Je vous ferai remarquer que les conseils d'administration secondaires des portions de corps détachées aux colonies auront toujours à leur disposition les renseignements nécessaires pour effectuer les opérations qui leur sont prescrites ci-dessus, puisque, aux termes de l'art. 522 de l'ordonnance, un extrait du décompte définitif de libération leur sera adressé avec une feuille indiquant les rectifications qui auront été faites tant sur les feuilles de journées que sur le décompte provisoire de libération.

Les commissaires aux revues, chargés de la rédaction des revues de liquidation à dresser pour les portions de corps détachées aux colonies, posséderont également les indications suffisantes pour établir la balance des paiements faits, à titre de délégation, avec les retenues opérées, attendu que les documents concernant ces diverses opérations leur seront transmis, soit par les fonctionnaires qui auront effectué les paiements, soit par les administrations coloniales qui auront opéré les retenues.

Je crois devoir également indiquer ici les opérations auxquelles donnera lieu la régularisation de la retenue qui, conformément à l'art. 126 de l'ordonnance, continuera d'être faite à l'officier rentré en France jusqu'à production d'un certificat constatant le montant des sommes payées à titre de délégation.

L'officier étant, dans ce cas, repris à l'effectif de la portion de corps à laquelle il est rattaché, à compter du jour de son départ de la colonie, sera compris sur la revue de liquidation de cette portion de corps pour toutes les allocations qu'il a acquises et pour le montant des sommes qui ont été payées à son acquit ou qu'il a personnellement perçues depuis l'époque précitée. Cette opération fera, en conséquence, ressortir, selon le cas, un trop ou un moins perçu qui sera régularisé définitivement par les soins du corps.

Il arrivera que des paiements de délégation seront effectués par la métropole pour des officiers qui, étant partis dans le courant du quatrième trimestre d'un exercice, ne seront arrivés dans la colonie que dans l'un des trimestres de l'année suivante.

Ces officiers, quoique repris, à compter de leur embarquement, à l'effectif de la portion de corps détachée aux colonies, ne seront cependant portés que sur les feuilles de journées du trimestre dans lequel aura lieu leur arrivée, de sorte qu'il y aura impossibilité de faire figurer les paiements dont il s'agit sur la revue de liquidation dressée pour la portion de corps détachée et afférente au trimestre de l'exercice sur lequel ces dépenses ont été imputées.

Dans ce cas, l'imputation n'aura lieu que sur la revue de liquidation du trimestre dans lequel l'officier aura effectué son arrivée dans la colonie, et alors les sommes payées seront inscrites au débit de ce document, dans la partie du tableau intitulé : *Mandats acquittés sur les crédits de l'exercice antérieur à celui au titre duquel la revue est établie.*

La même règle sera suivie, dans les mêmes circonstances, au sujet des à-comptes de solde payés, à titre d'avances, aux militaires isolés et aux détachements se rendant aux colonies.

Établissement des revues de liquidation des officiers sans troupe et des employés militaires.

Vous remarquerez que le chapitre 1er du titre IX de l'ordonnance maintient également les dispositions contenues dans l'ordonnance du 25 décembre 1837, en ce qui concerne l'établissement des revues de liquidation des officiers sans troupes et des employés militaires. Ces documents me seront adressés trimestriellement pour ces classes de militaires, ainsi que cela se pratique pour les revues de liquidation des corps de troupes; ils seront établis par les commissaires aux revues, qui trouveront dans les dispositions de l'ordonnance, ainsi que dans les notes consignées sur les modèles, tous les renseignements nécessaires pour les diriger dans la rédaction des revues en question.

Je vous ferai toutefois observer que le budget, ainsi que le compte définitif de chaque exercice, comporte la spécialité des crédits et des dépenses, et qu'il est essentiel que les revues de liquidation en question ne présentent que les allocations dont le paiement a été effectué sur les chapitres d'imputation pour lesquels ces documents sont dressés. Les commissaires aux revues assureront l'exécution de cette prescription, qui fait, du reste, l'objet des art. 344 et 450 de l'ordonnance.

Quant aux imprimés des feuilles de journées et des revues de liquidation, ils ont subi les modifications nécessaires pour qu'on puisse y décompter toutes les allocations que comportent les diverses positions dans lesquelles peuvent se trouver placés les officiers sans troupe, les employés militaires, ainsi que les militaires appartenant aux corps de troupe. Ces modèles sont, en outre, revêtus de notes et de renseignements qui doivent en faciliter la rédaction, et je recommande expressément que toutes les indications qui y sont consignées soient exactement observées, et qu'il ne soit apporté aucun changement au cadre de l'imprimé, à moins de nécessité absolue et dans des circonstances qui n'auraient pas été prévues.

Revues d'effectif.

D'après les prescriptions du dernier paragraphe de l'art. 462 de l'ordonnance, les commissaires aux revues ne peuvent se faire suppléer, en ce qui concerne les revues d'effectif, que par des officiers du commissariat ayant un grade au moins égal à celui du commandant du corps ou du détachement qui doit être passé en revue. Je vous ferai observer que les dispositions de ce paragraphe ne portent aucune atteinte au droit personnel attribué par le même article au commissaire aux revues titulaire ou intérimaire, quel que soit son grade.

Déclarations de quittances.

Les dispositions du titre III de la 3e partie de l'ordonnance du 25 décembre 1837 (chapitres 1er et 2e) sont maintenues par le titre X, mêmes chapitres de l'ordonnance ci-jointe. Les déclarations de quittance, que les commissaires aux revues conservent actuellement dans leurs bureaux, après l'expédition des mandats, seront remises par les parties prenantes aux payeurs des départements ou aux trésoriers des colonies, qui opéreront les paiements. Ces derniers se conformeront aux prescriptions des art. 510, 511, 512 et 513, en adressant trimestriellement aux ordonnateurs des dépenses un bordereau conforme au modèle n° 48, et appuyé des déclarations de quittance dont il s'agit.

Il résultera de l'adoption de cette mesure l'assurance que les revues de liquidation ne comporteront que des paiements qui auront été réellement effectués, et cette garantie ne pouvait exister avec le système suivi jusqu'à ce jour.

Les commissaires aux revues devront aussi se conformer aux prescriptions des art. 514 et 515, relatives à la transmission des documents en question qui auront pu être établis, pendant le trimestre, pour la perception d'allocations acquises par des détachements appartenant à des corps ou à des portions de corps dont les revues de liquidation doivent être décomptées dans d'autres localités.

Décompte provisoire de libération.

Dans le but de faciliter la rédaction des décomptes de libération établis sur les revues de liquidation des corps de troupe, l'art. 521 de l'ordonnance prescrit l'envoi au commissaire aux revues, chargé de l'établissement de ces documents, d'un décompte provisoire de libération, qui doit être dressé, pour chaque portion de corps secondaire ou éventuelle, par les fonctionnaires du commissariat ayant la surveillance administrative de ces détachements.

Ce décompte provisoire de libération, qui sera rédigé conformément au modèle n° 50 annexé à l'ordonnance, sera accompagné de toutes les pièces justificatives du crédit et du débit.

Je vous ferai observer qu'aux termes de l'article précité, l'envoi du document ci-dessus mentionné doit avoir lieu dans les dix premiers jours du second

3

mois qui suit le trimestre expiré. Ces dispositions devront être rigoureusement observées, afin que les revues de liquidation puissent être dressées, en ce qui concerne les portions de corps stationnées en France, dans les délais déterminés par l'art. 502; elles seront également suivies par les administrations coloniales auxquelles je recommande expressément d'apporter la plus grande célérité, tant dans la vérification des feuilles de journées que dans leur transmission en France avec les pièces déterminées par l'art. 492. Ces envois seront, au reste, effectués conformément aux dispositions de l'art. 558.

Intervention du contrôle.

Je dois aussi appeler votre attention sur l'intervention du contrôle dans la constatation des droits acquis par les corps de troupe. Ce principe est consacré par l'art. 3 de l'ordonnance; il est la conséquence de l'organisation du service de la marine, qui soumet aux investigations de ce corps des opérations qui ont déjà été contrôlées dans les bureaux de certains chefs de détail. Les fonctionnaires du contrôle pourront donc, conformément aux art. 472, 542, 808 et 809, passer des revues d'effectif, vérifier les revues de liquidation, ainsi que toutes les pièces qui ont servi à les établir, et soumettre la comptabilité intérieure des corps de troupe à toutes les vérifications qu'ils jugeront utiles, hors de la présence du commissaire aux revues.

Les attributions dont il s'agit seront toujours exercées par le contrôleur en personne.

Passation des marchés relatifs aux achats d'effets de petit équipement.

Il ne vous échappera pas que, d'après les dispositions de l'art. 582, les marchés relatifs aux achats d'effets de petit équipement sont passés par les conseils centraux pour toutes les portions du corps. Cet article consacre une dérogation au principe adopté dans l'armée de terre où les achats de l'espèce sont confiés à une commission de capitaines. Dans le département de la marine, ces fournitures ont une telle importance, vu l'effectif des régiments, qu'il convenait que le soin de pourvoir les corps des effets de cette nature fût laissé aux conseils d'administration centraux. Ces conseils ont, en effet, l'expérience de ces sortes de transactions, et, sous ce rapport, présentent plus de garantie qu'une commission de capitaines dont les membres sont appelés à se renouveler fort souvent, par suite des fréquentes mutations qu'éprouvent les officiers des corps de la marine, à raison de la spécialité du service auquel ils sont affectés.

Exécution des marchés passés au titre de la masse individuelle et de la masse d'entretien.

Vous remarquerez également que les marchés passés par les conseils centraux ou secondaires, au titre de la masse individuelle et de la masse d'entretien, deviennent exécutoires dès qu'ils ont été approuvés par les commissaires aux revues et sanctionnés par les commissaires généraux dans les ports et par les ordonnateurs dans les colonies. La sanction des intendants militaires n'est point exigée au département de la guerre, et ce n'est que lors de leurs inspections que ces fonctionnaires examinent les traités qui ont été passés par les conseils d'administration des corps; mais, dans le département de la marine, les commissaires généraux et les ordonnateurs résident toujours dans les localités où sont stationnés les corps ou portions de corps, et, dès lors, il a paru convenable que les marchés dont il s'agit fussent soumis immédiatement à leur examen ainsi qu'à leur sanction.

Par suite de la suppression des masses générale et de casernement, les conseils d'administration n'auront plus à traiter pour les fournitures dont la dépense était acquittée sur les fonds de ces masses. Désormais, les matières et objets relatifs à l'habillement et au grand équipement seront fournis au corps par l'administration des ports.

Vous recevrez incessamment une instruction spéciale ayant pour but de déterminer les formes qui devront être suivies dans la réception des matières, leur emmagasinement et leur délivrance aux conseils d'administration des corps ; quant au couchage des troupes, je vous ai déjà fait connaître plus haut qu'il est probable que ce service sera exécuté par la voie de l'entreprise, et que, dans le cas contraire, le commissaire aux approvisionnements sera chargé, à compter du 1er janvier 1848, de pourvoir aux achats et aux réparations que nécessitera l'entretien du casernement des divers corps de la marine, dans quelque localité qu'ils se trouvent stationnés.

Attributions, obligations et responsabilité des commandants de corps n'ayant pas de conseil.

L'art. 650 rend les obligations et la responsabilité des conseils, de leur président, du major et des officiers comptables, communes aux officiers commandant les corps organisés sous le titre de compagnie, et à ceux qui ont l'administration distincte d'une portion de corps.

Il ne convenait pas cependant que les officiers dont il s'agit intervinssent seuls dans les achats et les réceptions d'effets de petit équipement, et l'art. 651 dispose que, dans ce cas, les officiers dénommés dans l'art. 650 s'adjoindront les trois officiers les plus élevés en grade du corps, ou, s'il y en a moins de trois, les deux officiers ou le seul qui s'y trouvent.

C'est là, du reste, le maintien des dispositions suivies au département de la guerre dans les cas analogues.

Registres à tenir dans chaque corps ou portion de corps.

L'art. 678 détermine les registres qui devront être tenus par les comptables dans chaque corps ou portion de corps. Aucun changement n'a été apporté à l'ordonnance du 10 mai 1844, en ce qui concerne la nomenclature de ceux qui sont relatifs à la comptabilité des portions centrales ou éventuelles, des détachements composés d'une seule compagnie ou d'une fraction de compagnie, ainsi que des compagnies formant corps.

La seule modification importante est relative aux documents qui devront être tenus dans les portions de corps administrées par un conseil d'administration secondaire. A l'exception des registres matricules des officiers, de la troupe, de ceux qui concernent la centralisation et les avances faites aux militaires isolés, il sera tenu, dans ces portions de corps, les mêmes documents que dans les portions centrales.

Vous remarquerez, en conséquence, que chaque portion secondaire tiendra, outre les registres compris dans le deuxième paragraphe de l'article précité, ceux dont le détail suit :

Un contrôle des effets de la 1re catégorie;
Un contrôle des effets de la 2e catégorie;
Un contrôle des armes;
Un contrôle des instruments de musique;
Un contrôle du classement par ancienneté de durée des effets de la 2e catégorie.

Vous trouverez, dans l'analyse des dispositions de l'art. 693, l'explication des motifs pour lesquels il a paru nécessaire de prescrire la tenue des registres en question.

Registres matricules des officiers et de la troupe.

Le registre matricule des officiers, ainsi que celui de la troupe, sera tenu, pour chaque corps, par le conseil d'administration central ; c'est la disposition

3.

prévue par l'art. 682. Mais, pour l'accomplissement de cette mesure, il était indispensable que les portions secondaires, qui recevront directement les recrues, les engagés volontaires, etc., envoyassent aux conseils centraux les documents qui doivent servir à l'inscription de ces militaires sur la matricule générale du corps. Le dernier paragraphe de l'art. 698 y a pourvu, en prescrivant que les états signalétiques, les actes d'engagement et de remplacement, et toutes autres pièces qui auront servi aux conseils d'administrations secondaires pour l'incorporation des jeunes soldats, des engagés volontaires, etc., sur les matricules, seront adressés aux conseils centraux, qui, de leur côté, feront connaître aux conseils secondaires le numéro de la matricule que chaque homme aura reçu.

Quant aux renseignements dont l'envoi doit être fait à l'administration centrale pour la tenue des matricules suivies dans les bureaux du ministère, vous remarquerez que l'art. 682, quatorzième paragraphe, a apporté une modification aux dispositions en usage dans le département de la guerre. En effet, le dispositif de l'article précité maintient ce qui se pratique aujourd'hui, en prescrivant que des copies des registres matricules, modèles nos 65 et 65 bis, continueront d'être adressées au ministère de la marine, à la fin de chaque mois, par le soin des conseils centraux, qui devront également y joindre les états de mutations dont la rédaction est prescrite par le paragraphe suivant.

Ces derniers renseignements permettront de suivre, sur les matricules tenues par l'administration centrale, les mouvements éprouvés par les militaires de chaque corps.

Tenue des contrôles généraux des effets de la 2e catégorie.

Aux termes de l'art. 693, le contrôle général des effets de la 2e catégorie, celui des armes et celui des

instruments de musique, sont tenus à la portion centrale du corps. Ces documents présenteront, pour tout
le corps, la série des numéros dont ces effets recevront l'empreinte, lorsqu'ils entreront, pour la première fois, dans les magasins du corps; en conséquence, les numéros de série ne seront apposés sur les effets de l'espèce que les conseils d'administration secondaires pourront recevoir directement des magasins de
l'Etat ou d'autres corps, conformément à l'art. 783,
que d'après les indications du conseil d'administration
central.

Une modification a cependant été apportée à la
règle suivie par le département de la guerre en ce
qui concerne la rédaction de ces documents, qui,
pour les régiments de l'armée, présentent, en outre,
le numéro des compagnies auxquelles lesdits effets
sont délivrés.

Dans les corps de la marine, à raison des changements de compagnie fréquents qu'éprouvent les militaires, les contrôles généraux ne contiendront ce
renseignement que pour les effets en service dans la
portion centrale ; quant à ceux qui appartiennent aux
détachements du même corps stationnés dans d'autres localités, ils seront portés sur les contrôles généraux avec la simple indication de la portion de
corps dans laquelle ils se trouveront en service.

Par suite de l'adoption de cette mesure, qui aura
pour effet de diminuer les écritures du conseil d'administration central, il était indispensable que des registres
particuliers reproduisissent ce renseignement, afin
qu'un contrôle efficace pût être exercé sur les opérations
de détail effectuées par les capitaines sur les matricules du personnel, des armes et des effets en service
de chaque compagnie; c'est pour ce motif que l'art.
678 dispose que les conseils secondaires tiendront,
quant aux effets dont il s'agit, les mêmes documents
que les conseils centraux.

Paiement de l'excédant de masse individuelle aux militaires qui vont en congé de convalescence.

Vous remarquerez qu'aux termes du troisième paragraphe de l'art. 727, les militaires qui s'absentent du corps en vertu d'un congé de convalescence sont rangés dans la même catégorie que ceux qui sont envoyés en congé illimité, c'est-à-dire qu'ils reçoivent à leur départ l'excédant de masse individuelle qu'ils ont acquis.

Cette modification a paru devoir être adoptée principalement pour les militaires qui, à leur retour de nos établissements d'outre-mer, sont souvent obligés d'entrer dans les hôpitaux maritimes pour s'y faire soigner des affections qu'ils ont contractées pendant leur séjour aux colonies. Or, il résulterait des dispositions du premier paragraphe de l'article précité que des militaires ayant un excédant de masse pourraient ne le recevoir qu'à une époque fort éloignée, et cela, parce que ces militaires ne s'étant pas trouvés *présents* à leur compagnie lors du règlement de la feuille de décompte établie pour le trimestre pendant lequel ils seraient entrés à l'hôpital, ils auraient pu également être absents du corps, par congé de convalescence, lorsque la même opération aurait lieu pour le trimestre suivant.

C'est donc afin de ne pas priver ces militaires des ressources que peut réclamer l'état de leur santé pendant la position de congé, que la modification précitée a été apportée au principe consacré par l'ordonnance du 10 mai 1844.

Centralisation des fonds de masse individuelle dans chaque portion centrale.

D'après les dispositions contenues dans l'art. 736, le conseil d'administration central de chaque corps possédera en caisse ou aura à sa disposition les fonds de masse de tous les militaires faisant partie du corps, quelle que soit la portion secondaire à laquelle ils seront affectés : cette prescription modifie complétement le mode suivi jusqu'a ce jour.

En présence de la suppression de la masse générale, qui, ordinairement, faisait face aux dépenses qu'occasionnent les achats d'effets de petit équipement nécessaires aux détachements stationnés dans les colonies, il était indispensable que cette mesure fût adoptée, afin de mettre les conseils d'administration centraux en possession des fonds qui doivent satisfaire aux avances de l'espèce.

Les conseils d'administration secondaires se mettront donc immédiatement en mesure de faire parvenir au conseil central de leur corps les fonds de masse individuelle qu'ils ont en caisse au titre de la portion qu'ils administrent, et ils renouvelleront ces envois trimestriellement.

Les commissaires aux revues veilleront à ce que lesdits conseils ne conservent que la quotité de fonds déterminée en raison de l'effectif, et à ce que les versements qu'ils opéreront dans les caisses des receveurs des départements ou des trésoriers des colonies soient effectués d'après les formes et aux époques prescrites par l'art. 736.

Par suite du principe adopté, le passage des militaires d'une portion dans une autre du même corps ne donnera plus lieu à aucun mouvement de fonds; il sera fait envoi seulement, à titre de renseignement, de l'extrait du livre de détail mentionné à l'art. 728. Ce document fera connaître au conseil d'administration central ou secondaire de la portion de corps dans laquelle les militaires seront appelés à continuer leurs services la situation de leur masse individuelle, et permettra d'inscrire leur avoir ou leur débet sur les feuilles de masse trimestrielles des compagnies dans lesquelles ils seront placés.

L'importance de la mesure relative aux envois périodiques des fonds de masse individuelle ne saurait vous échapper. Vous comprendrez que toute négligence apportée dans l'accomplissement de cette prescription pourrait entraver les achats d'effets de petit équipement auxquels les conseils d'administration doivent pourvoir à des époques déterminées, afin de profiter des occasions de mer par lesquelles a lieu le transport des effets destinés à alimenter l'approvisionnement des détachements en garnison dans nos possessions d'outre-mer. Un fait de cette nature pourrait même compromettre la santé du soldat en le laissant manquer de certains vêtements dont l'usage est indispensable dans quelques-unes des contrées où il est appelé à servir.

Je recommande donc aux officiers du commissariat de surveiller spécialement l'exécution de la mesure dont je viens de vous entretenir.

Remplacement d'effets.

D'après les dispositions prescrites par l'ordonnance du 10 mai 1844 (art. 233), tout remplacement d'effets cesse à partir du trimestre qui précède celui de la libération.

Cette prescription peut sans inconvénient recevoir son application à l'égard des militaires de l'armée de terre qui sont toujours envoyés en congé provisoire de libération ; mais elle ne pouvait être maintenue à l'égard des corps de la marine, dont les sous-officiers, caporaux et soldats restent généralement présents sous les drapeaux jusqu'à l'époque de leur libération définitive. Le maintien d'une semblable disposition aurait été nuisible à la tenue des corps, et vous remarquerez que l'art. 776 a été modifié en ce sens que les remplacements dont il s'agit ne cesseront que dans le trimestre même de la libération.

Il résulte des prescriptions contenues au dernier paragraphe de l'art. 773, que le remplacement des effets, des armes et des instruments de musique perdus ou mis hors de service, s'opère dès que le fait a été dûment constaté.

La constatation des faits de cette nature continuera d'avoir lieu au moyen d'un procès-verbal dressé par le commissaire aux revues et soumis à la sanction du commissaire général, conformément aux dispositions de la circulaire du 4 octobre 1834 (*Journal militaire*, 2e semestre); mon autorisation ne sera ainsi réclamée, pour les remplacements en question, que lorsque les pertes ou les détériorations proviendront d'événements autres que naufrage, incendie, etc.

Parmi les mesures transitoires que nécessitera la mise en vigueur du nouveau règlement, voici celles qui m'ont paru exiger quelques développements :

Envoi au conseil d'administration central des contrôles relatifs aux portions de corps détachées.

Aux termes de l'art. 418 de l'ordonnance, le contrôle général des hommes est tenu en totalité par le major de la portion centrale de chaque corps. Pour l'exécution de cette mesure, les conseils d'administration secondaires feront dresser, au 1er janvier de l'année 1848, les contrôles des compagnies faisant partie de chaque portion de corps détachée, et les transmettront à leurs conseils d'administration centraux. Ces contrôles, qui seront soumis à la vérification du commissaire aux revues de chaque localité, seront établis d'après les prescriptions de la section 1re du chapitre 2 du titre VIII. Ils devront rappeler le dernier mouvement de chaque militaire, alors absent du corps.

Envoi aux conseils d'administration centraux des relevés concernant les effets de la 2e catégorie, etc.

Pour la rédaction des contrôles généraux des effets de la 2e catégorie, des armes et des instruments de musique, dont la tenue est prescrite, dans chaque portion centrale, par l'art. 693 de l'ordonnance, les conseils secondaires feront dresser, au 1er janvier 1848, des relevés des contrôles déjà établis, pour ces effets, dans chaque portion détachée. Ces documents seront transmis, dans le plus bref délai, aux conseils d'administration centraux, lesquels feront opérer la transcription de ces effets sur les contrôles généraux, en leur donnant les numéros de série qui doivent leur être affectés. Ce dernier renseignement sera, par les conseils d'administration centraux, immédiatement communiqué aux conseils d'administration secondaires, afin que ces derniers puissent faire porter les nouveaux numéros de chaque série sur les effets en service dans chacune des portions détachées.

Envoi d'un relevé sommaire des opérations relatives à la centralisation du 4e trimestre 1847.

D'après les prescriptions de l'art. 678, le registre de centralisation des recettes et dépenses faites au titre du corps n'est tenu que dans les portions de corps administrées par un conseil d'administration central.

Pour l'établissement de la centralisation relative au 1er trimestre 1848, il sera nécessaire que le dépôt connaisse, pour chaque portion secondaire, les excédants amenés par la récapitulation comparative des recettes et des dépenses établies pour le 4e trimestre 1847. En conséquence, les conseils d'administration des portions secondaires, ainsi que les chefs de détachement, adresseront au conseil central de leur corps, immédiatement après l'arrêté de la centralisation concernant le 4e trimestre 1847, un relevé sommaire des opérations relatives à ce trimestre.

Envoi à faire aux conseils centraux des fonds de masse générale et de masse de casernement. Prescriptions à ce sujet.

D'après les dispositions de la circulaire du 16 mars dernier, les conseils d'administration, ainsi que les chefs des portions de corps détachées, ont dû faire parvenir en France les fonds qu'ils possédaient, en excédant de leurs besoins, au titre de la masse générale et de celle de casernement; il convient que cette mesure soit complétée de manière que l'arrêté de la centralisation du 4ᵉ trimestre 1847 ne fasse ressortir, sous ce rapport, aucun excédant. Les conseils d'administration secondaires et les commandants de détachements feront donc, avant l'arrêté de la centralisation dont il s'agit, un dernier envoi des fonds en question, et le relevé sommaire qu'ils adresseront en France ne présentera, s'il y a lieu, que des excédants relatifs, soit à la solde, soit à la masse individuelle.

De leur côté, les conseils d'administration centraux feront passer dans la centralisation du 4ᵉ trimestre 1847, colonne *fonds divers*, les sommes qu'ils posséderont au titre de la masse générale et de celle de casernement; et, comme il est essentiel que des valeurs aussi importantes ne restent pas dans les caisses des conseils d'administration centraux, vous pourvoirez à ce qu'elles soient versées en dépôt dans celles des receveurs généraux ou particuliers des finances, conformément à l'art. 590 de l'ordonnance, et les conseils d'administration centraux ne feront aucune dépense au titre de ces fonds que sur mon autorisation.

Faire versement à la caisse des gens de mer du montant de la solde que les conseils d'administration ont perçu pour les sergents et caporaux d'armes.

En analysant les dispositions de l'art. 287 de l'ordonnance, je vous ai fait remarquer que les sergents et les caporaux d'armes ne recevront, pendant leur embarquement, aucun à-compte de solde ni de masse individuelle, et qu'ils ne seront rappelés des prestations qu'ils auront acquises pendant leur absence qu'à leur retour au corps.

Par suite de cette prescription, il convient également que les fonds que les conseils d'administration auront perçus, pour ces militaires disparaissent des écritures tenues par les corps, et que la centralisation du 4ᵉ trimestre 1847 ne fasse ressortir aucun excédant au titre de la solde de ces sous-officiers et caporaux.

Pour l'exécution de cette mesure, les conseils d'administration se conformeront aux prescriptions de la dépêche ministérielle du 28 février 1842, en faisant versement à la caisse des gens de mer, après le règlement des feuilles de journées du 4ᵉ trimestre 1847, du montant intégral de la solde appartenant aux sergents et aux caporaux d'armes.

Complet réglementaire de la masse individuelle. Prescriptions pour le paiement des excédants.

Je dois aussi appeler votre attention sur le complet réglementaire de la masse individuelle des militaires des corps d'infanterie et d'artillerie de marine. D'après le tarif n° 28, ce complet a été fixé indistinctement à 35 francs et à 40 francs, suivant l'arme, que le soldat serve en France ou aux colonies.

Je sais que les conseils d'administration secondaires des portions de corps stationnées aux colonies ont jusqu'à présent fait verser à la masse individuelle, à titre de versement volontaire, le produit des journées de travail acquis par les militaires travailleurs, de sorte que leur avoir présente des sommes fort élevées.

Ce mode de procéder pourra continuer d'être suivi, mais seulement jusqu'à concurrence du complet réglementaire ci-dessus mentionné, et tout excédant sera payé aux ayants droit après le règlement des feuilles de masse.

Les commissaires aux revues, lors de la vérification de ces documents, veilleront à ce que les conseils d'administration exécutent exactement cette disposition, qui sera mise immédiatement en vigueur, de manière qu'au 1ᵉʳ janvier 1848, l'avoir en caisse ne contienne que le produit des journées de masse indi-

viduelle, augmenté des versements volontaires autorisés, je le répète, jusqu'au complet réglementaire
de 35 francs et de 40 francs.

Toutes les sommes étrangères à la comptabilité du corps doivent
disparaître des écritures.

Je vous ferai également observer que la comptabilité des corps de troupe en station dans les colonies
ne devra reproduire, à compter du 1er janvier 1848,
que les diverses allocations décomptées sur les revues de liquidation et dont l'acquittement est actuellement opéré sur les fonds du chapitre 5. Les écritures relatives à la comptabilité des corps ne devront
donc plus comprendre les sommes allouées pour masse
de transport, pour salaires d'ouvriers, pour indemnité en remplacement de vivres et autres dont la
dépense incombe aux chapitres du service colonial.

Quant aux fonds de l'espèce que les conseils d'administration auraient en caisse, ils devront également
être portés en dépense avant l'arrêté de la centralisation du 4e trimestre 1847.

En terminant l'analyse des dispositions principales
des 1re et 2e parties de l'ordonnance, je crois devoir
vous signaler les articles contenant soit des dispositions nouvelles, soit des modifications qui ne m'ont
pas paru susceptibles d'une mention particulière.

Modifications de détail.

Ce sont les art. 11, 17, 22, 25, 26, 43. 51. 60,64,
65, 73, 77, 85, 109, 128, 132, 146, 153. 156, 163, 173,
174, 205, 225, 228, 244, 246, 247, 248, 252, 260, 296,
301, 339, 340 349, 351, 356, 360, 367. 372, 373, 374,
377, 379. 380. 382. 383, 384, 401, 402, 403, 404,
407, 408, 409. 418, 421, 426. 435, 448, 470, 474, 475,
477, 491, 494 496, 502, 517, 518, 522, 529, 532,
536, 537, 538, 539, 542, 543 et 558.

Recommandations générales.

Telles sont les explications que j'ai cru devoir vous

adresser sur l'ordonnance qui fait l'objet de cette circulaire. Les corps trouveront dans les modèles qui y sont annexés tous les renseignements propres à les diriger dans l'application des règles qu'elle prescrit, et je ne doute pas qu'à l'aide de ces indications le système du nouveau règlement ne soit parfaitement compris dans son ensemble comme dans ses moindres détails.

Vous tiendrez sévèrement la main à ce qu'aucune modification ne soit apportée aux dispositions qu'il a pour objet de consacrer.

Il faut aussi que chacun se tienne pour averti que je suis résolu à ne laisser passer aucune infraction sans répression, et à en faire peser la responsabilité sur les fonctionnaires qui l'auraient commise ou autorisée.

Il ne me reste, Messieurs, qu'à vous recommander de concourir à l'exécution de cette ordonnance, dans la limite de vos attributions respectives, avec le zèle éclairé que j'attends de vous, comme de vos subordonnés à divers degrés, et sur lequel je sais que je puis compter.

Je vous invite à m'accuser réception du présent envoi.

Recevez, Messieurs, l'assurance de ma considération très distinguée.

Le Pair de France,

Ministre Secétaire d'Etat de la marine et des colonies,

Signé : Duc DE MONTEBELLO.

Pour ampliation :

Le Sous-Secrétaire d'Etat,

JUBELIN.

RAPPORT AU ROI.

Du 22 juin 1847.

Sire,

Dès leur création, les divers corps de troupes de la marine ont été régis, quant à leur administration et à leur comptabilité, d'après les règles générales qui sont en vigueur au département de la guerre.

Mais les nécessités du service particulier auxquelles ces troupes doivent pourvoir, le séjour qu'elles font alternativement en France ou dans les colonies, et, par suite, leur fractionnement en détachements nombreux, placés le plus souvent à de grandes distances du point central, toutes ces causes réunies avaient conduit à les soumettre, sous plusieurs rapports, à un mode d'administration exceptionnel.

L'état actuel des choses, à cet égard, présente des avantages incontestables, quant à sa simplification et à la facilité du service; mais, je dois le reconnaître, il ne satisfait pas au même degré à des nécessités nouvelles qui se sont produites depuis quelques années pour le département de la marine.

Il devenait indispensable de modifier plusieurs parties importantes de l'administration des corps, en vue d'une centralisation plus complète et de la possibilité de produire les justifications rigoureuses de leurs opérations comptables.

Cette tâche considérable, car il s'agissait de la révision de toute l'organisation administrative des troupes de la marine, exigeait la connaissance des faits généraux et celle des moindres détails d'un service étendu et compliqué. Elle a été confiée à une commission composée d'hommes spéciaux choisis tant dans le service des ports que dans l'administration centrale. Cette commission, dans laquelle l'élément militaire et l'élément administratif se balançaient à peu près, s'est réunie à Paris, sous la présidence du maréchal de camp inspecteur général de l'infanterie de marine.

Son travail a été communiqué aux ministres de la guerre et des finances, qui doivent, avec le ministre de la marine, coopérer à son exécution.

Le projet d'ordonnance que je soumets au Roi se divise en deux parties :

La première traite du service de la solde et des revues;

La seconde est relative à l'administration et à la comptabilité.

Ce travail a pour but, dans son ensemble, de faire application aux corps de troupes de la marine des dispositions qui sont consacrées, pour les armes correspondantes de l'armée de terre, par les ordonnances royales des 25 décembre 1837 et 10 mai 1844, autant, toutefois, que le comporte la spécialité du service de la marine.

Les modifications à apporter tant aux ordonnances de la guerre qu'à celles qui sont aujourd'hui en vigueur dans le département de la marine ont dû être nombreuses.

Ce sont, pour la plupart, des dispositions de détail dont la nomenclature ne saurait trouver place dans le présent rapport, et je me bornerai à citer ici celles de ces modifications qui me paraissent de nature à être l'objet d'une mention spéciale à raison de leur importance.

Les troupes de la marine ont pourvu, jusqu'à présent, à la totalité des dépenses de l'habillement, du grand équipement, du casernement, du chauffage, des écoles régimentaires et de l'entretien des armes, au moyen d'allocations spéciales qui leur sont attribuées à titre d'abonnement, sur le pied de l'effectif réel de chaque corps calculé d'après les feuilles de journées. Ce mode, qui remonte à l'époque de l'organisation de ces troupes, différait essentiellement du système suivi au département de la guerre, et avait pour résultat de rendre, dans certains cas, l'exécution du service plus facile; mais cet avantage était balancé par des inconvénients réels, lesquels se sont surtout révélés au moment où le département de la marine a dû se préoccuper de produire à la Cour des comptes des justifications pour toutes les dépenses du matériel et du personnel, dans une forme aussi rapprochée que possible de celle qui est employée par les autres services publics dans les circonstances analogues.

Cette nécessité a entraîné la suppression de la masse générale actuelle et de la masse de casernement. Certaines dépenses auxquelles ces fonds étaient destinés à pourvoir ont été reportées à la solde proprement dite; d'autres seront, suivant les règles admises pour les régiments de l'armée de terre, acquittées au moyen d'un abonnement avec les corps, sous le titre de masse générale d'entretien, et il en sera justifié dans la même forme que pour la solde, c'est-à-dire sur revues trimestrielles. Les dépenses relatives à l'habillement et au grand équipement (les frais d'entretien non compris), à l'armement, aux écoles et au chauffage des casernes, ont été mises en dehors de la comptabilité des corps, et il en sera justifié suivant les formes que chacune d'elles comporte d'après sa nature spéciale.

Le budget de l'exercice 1848 a été préparé en vue de ce système nouveau.

Par suite de l'examen dont les différentes parties

de l'administration des troupes de la marine ont été l'objet, des modifications importantes doivent aussi avoir lieu, quant au mode actuellement suivi pour le service du casernement de ces corps. Il est admis, en principe que ce service sera exécuté, désormais, à l'entreprise, en France, et, autant que faire se pourra, dans nos établissements d'outre-mer. Toutefois, les changements projetés ne peuvent être immédiats; les nombreuses dispositions de détail qui doivent les précéder sont aujourd'hui à l'étude. Le département ne négligera rien pour que cette question, dont les commissions des Chambres se sont préoccupées à plusieurs reprises, reçoive, le plus tôt possible, une solution définitive.

Aucun changement n'a été apporté aux dispositions en vigueur au département de la guerre, pour ce qui concerne l'entrée en solde des officiers et des employés militaires promus à un nouveau grade, lorsqu'ils sont en activité de service en France.

Quant aux officiers, sous-officiers et employés militaires élevés à un grade nouveau, quand ils sont stationnés ou employés aux colonies, ou lorsqu'ils sont embarqués comme faisant partie des garnisons des bâtiments de l'État, le projet d'ordonnance que je soumets à V. M. maintient les principes déjà consacrés à leur égard par l'ordonnance royale du 26 octobre 1813, laquelle dispose que, dans les cas dont il s'agit, l'entrée en solde a lieu à compter de la date de l'ordonnance de nomination.

La même règle est applicable à l'officier ou à l'employé militaire appartenant au service colonial, et qui, au moment de sa promotion, se trouve en France en congé de convalescence ou embarqué, soit comme étant envoyé en mission, soit pour rejoindre sa portion de corps aux colonies, soit enfin comme rentrant définitivement en Europe pour y continuer ses services, ou pour y jouir d'un congé de convalescence.

Cette exception était commandée par la nature même des choses inhérentes au département de la marine. Il ne serait pas juste, en effet, de faire l'application de règles établies pour les troupes stationnées dans l'intérieur du royaume, ou employées à des distances qui peuvent être franchies en quelques jours, aux portions des régiments de la marine détachés sur différents points du globe, dont quelques-uns sont éloignés de la métropole de plusieurs milliers de lieues.

Le bénéfice de la mesure exceptionnelle dont il s'agit n'a pas dû être étendu aux officiers, sous-officiers et employés militaires du service colonial, qui, à l'époque de leur promotion, sont absents de la colonie par suite d'un congé délivré pour affaires personnelles. Il a été pourvu aux divers cas compris dans cette catégorie par des dispositions résultant de l'application des principes généraux en matière de concession de la solde.

Les officiers et employés militaires appartenant au service colonial, qui obtiennent, dans certains cas déterminés, des congés de convalescence par suite de maladies contractées dans nos établissements d'outre-mer, jouissent de plein droit, pendant les six premiers mois de ce congé, de l'intégralité de leurs appointements sur le pied d'Europe, et peuvent recevoir des prolongations de congé avec le même traitement. Ces dispositions ne sont, au reste, que la reproduction de celles qu'a déjà établies l'ordonnance royale du 16 août 1839, à l'égard de tous les fonctionnaires, sans exception, qui composent le personnel des colonies. Je croirais sans objet d'insister sur les motifs qui les ont fait adopter.

Il a été pourvu à la fixation des indemnités spéciales à payer aux sous-officiers embarqués, autres que les sergents et caporaux d'armes, dont la solde est déterminée par un tarif particulier. Aucune disposition d'ensemble n'avait encore été prise à cet égard, et les règlements en vigueur laissaient à désirer sous ce rapport, comme sous celui de l'appréciation exacte des positions individuelles.

Une distinction devait être nécessairement établie entre les adjudants ou les sergents-majors et les militaires pourvus seulement du grade de sergent : les premiers devront toujours être admis à la table des maîtres du bord, et recevront le même supplément que ceux-ci ; les seconds, qui, le plus souvent, mangent entre eux ou avec les seconds maîtres, recevront une indemnité qui, bien que moins forte, leur permettra aussi d'améliorer leur ordinaire. Les fixations du projet, telles qu'elles ont été réglées, me paraissent à la fois satisfaire aux convenances du service et aux droits respectifs des intéressés.

Une indemnité spéciale pour achat de lit de bord est accordée, lors de leur embarquement, aux officiers et employés militaires auxquels il n'est pas fait de délivrance d'objets de couchage des magasins de l'Etat. Le projet ne fait en cela que consacrer des dispositions réglementaires aujourd'hui en vigueur ; mais il a dû, pour prévenir le retour d'incertitudes qui sont quelquefois résultées de leur application, spécifier d'une manière formelle que l'indemnité dont il s'agit n'est payée qu'une seule fois pour chaque mission, lors même que cette mission nécessiterait plusieurs débarquements successifs.

Il y avait lieu de statuer sur les indemnités auxquelles auraient droit les officiers devant être montés, qui sont pourvus de chevaux au moment où ils reçoivent l'ordre de se déplacer pour suivre une nouvelle destination outre-mer.

Les régiments de la marine se trouvent, à cet égard, dans d'autres conditions que celles où sont placés les régiments de l'armée de terre, tant sous le rapport des points de station qu'à raison de la nature spéciale du service des premiers, qui s'exécute alternativement en France et dans les colonies. Les dispositions que le projet comprend, pour le cas dont il s'agit, me paraissent propres à concilier, dans une juste mesure, les intérêts des officiers et ceux du Trésor.

Des différences notables existent aussi entre les troupes de la marine et celles de la guerre, sous le rapport de la répartition de leur personnel, par suite des obligations qu'elles sont respectivement destinées à remplir. Cette circonstance appelait des modifications à l'état de choses établi par l'ordonnance du 10 mai 1844, en ce qui concerne la composition des conseils d'administration.

Les propositions que j'ai l'honneur de soumettre au Roi sur cette partie essentielle de l'organisation administrative des corps ont donc eu pour objet de satisfaire aux nécessités résultant d'une situation toute exceptionnelle, et je les crois propres à garantir complètement l'exécution du service.

Aux termes des tarifs, les officiers payeurs et d'habillement des portions détachées des régiments d'infanterie et d'artillerie de la marine jouiront, comme les comptables des bataillons de chasseurs d'Orléans, d'une solde supérieure, selon le cas, à celle de leur classe, ou même de leur grade. Cette concession est une conséquence naturelle du surcroît de travail et de responsabilité qui pèse sur ces officiers, eu égard à l'emplacement et à l'effectif des détachements dont ils font partie.

Les officiers d'artillerie de la marine embarqués éventuellement pour faire partie de l'état-major des bâtiments de la flotte, ou d'une expédition maritime, reçoivent aujourd'hui un supplément égal au quart de leur solde de grade, aux termes d'une décision royale du 29 février 1836.

Il y avait à décider si cette disposition devait être maintenue à l'égard des officiers d'artillerie, ce qui eût nécessairement conduit à l'appliquer aux officiers

d'infanterie de la marine dans les mêmes circonstances.

La question a été résolue par la négative, après un
examen approfondi.

Aucune analogie ne peut être établie, sous le rapport
de la nécessité d'un accroissement d'allocations, entre
la position des officiers dont il s'agit et celle des fonctionnaires du département qui sont appelés à servir à
terre dans les colonies. D'un autre côté, les officiers de
vaisseau et autres des corps embarquants de la marine
se trouvent aussi placés dans d'autres conditions que
les officiers de troupe, quant aux principes qui ont
présidé à la rédaction des tarifs portant fixation de
leur solde respective.

Les règles de concessions, en ce qui concerne les
derniers, doivent être déterminées abstraction faite
de toute considération puisée en dehors de leur spécialité. C'est au département de la guerre qu'elles
doivent être empruntées : or, la solde des officiers de
toutes armes de ce département ne subit aucune va-
riation pour les troupes en campagne, et l'on ne saurait penser à faire l'application d'un principe contraire aux officiers des corps organisés de la marine.

Il y avait lieu de déterminer d'une manière précise
la nature de l'intervention des contrôleurs de la marine et des contrôleurs coloniaux, soit dans la partie
du service administratif des troupes qui se rattache,
par l'ordonnancement ou par les justifications, à la
comptabilité générale du département, soit dans la
comptabilité intérieure des corps, tenue sous la surveillance immédiate et personnelle des commissaires
aux revues et des commissaires généraux.

La répartition des attributions respectives a été
faite en se conformant au principe fondamental de
l'institution du contrôle, qui lui donne accès partout,
sans, toutefois, porter atteinte au caractère spécial
dont les officiers du commissariat sont revêtus dans
leurs rapports avec les corps organisés de la marine.

En résumé, Sire, le projet d'ordonnance ci-joint, que M. le vice-amiral baron de Mackau, mon prédécesseur, m'a laissé le soin de soumettre à la sanction de Votre Majesté, paraît devoir garantir à la marine les avantages qui sont résultés, pour le département de la guerre, de la constitution administrative de ses corps de troupes.

Je prie Votre Majesté de revêtir ce projet de sa signature, ainsi que les tarifs qui y sont annexés.

Le Pair de France,

Ministre Secrétaire d'Etat de la marine et des colonies,

DUC DE MONTEBELLO.

TABLEAU ANALYTIQUE

DE L'ORDONNANCE SUR LA SOLDE, LES REVUES,
L'ADMINISTRATION ET LA COMPTABILITÉ
DES CORPS DE TROUPE DE LA MARINE.

PREMIÈRE PARTIE.
De la Solde et des Revues.

5.

DU RÈGLEMENT DES DÉPENSES.

Tɪᴛ. XI. — De la vérification des revues.

Tɪᴛ. XII. — Dispositions particulières.

DEUXIÈME PARTIE.

De l'Administration et de la Comptabilité.

Tɪᴛʀᴇ PRÉLIMINAIRE.

Tɪᴛ. Iᵉʳ. — Des conseils d'administration.

Tɪᴛ. II. — Des agents des conseils.

Tɪᴛ. III. — Des commandants des corps ou portions de corps n'ayant pas de conseil.

Tɪᴛ. IV. — Des commandants de compagnie.

DISPOSITIONS GÉNÉRALES.

ORDONNANCE DU ROI

PORTANT

RÈGLEMENT

SUR LA SOLDE, LES REVUES, L'ADMINISTRATION ET LA COMPTABILITÉ

DES CORPS DE TROUPE DE LA MARINE.

LOUIS-PHILIPPE, Roi des Français,

A tous présents et à venir, Salut.

Considérant que les ordonnances constitutives des divers corps organisés de la marine, autres que les équipages de ligne, déterminent en principe qu'ils seront institués, quant au régime administratif, d'après les règles en vigueur pour les armes correspondantes de l'armée de terre;

Vu les ordonnances des 25 décembre 1837 et 10 mai 1844, portant règlement sur la solde, les revues, l'administration et la comptabilité des troupes de la guerre;

Voulant appliquer dans toutes leurs parties les dispositions de ces ordonnances aux troupes de la marine, autant que le comporte la spécialité respective du service dans les deux départements;

Sur le rapport de notre ministre secrétaire d'État de la marine et des colonies,

Nous avons ordonné et ordonnons ce qui suit:

PREMIÈRE PARTIE.

DE LA SOLDE ET DES REVUES.

TITRE PRÉLIMINAIRE.

Définition générale du service de la solde.

ART. 1er. Le service de la solde a pour objet de pourvoir à toutes les prestations qui entrent dans la composition du traitement en deniers, soit des militaires considérés individuellement, soit des corps de troupe.

2. Les prestations qui ressortissent au service de la solde sont :

La solde ;

Les accessoires de solde ;

La masse individuelle ;

La masse générale d'entretien.

3. Les droits aux prestations de solde et accessoires varient en raison des positions dans lesquelles peuvent se trouver les officiers sans troupe, les employés militaires et les corps de troupe.

4. Les positions et les droits qui en dérivent sont constatés par les officiers du commissariat remplissant près des troupes de la marine les fonctions dévolues dans l'armée à l'intendance militaire.

Cette constatation s'opère sans préjudice de la surveillance attribuée au contrôle de la marine, par notre ordonnance du 14 juin 1844.

5. Des comptes établis sous le titre de *Revues de liquidation* constatent, par trimestre, les dépenses du service de la solde.

6. Les revues de liquidation servent, en outre, à constater les consommations de prestations en nature qui se distribuent à la ration, telles que le pain,

les vivres de campagne, les liquides, le chauffage et les fourrages.

7. Les diverses prestations qui composent le traitement de chaque grade sont fixées, pour chaque arme, par les tarifs annexés à la présente ordonnance.

Ces prestations sont allouées suivant les règles ci-après déterminées.

DES RÈGLES D'ALLOCATION.

TITRE PREMIER.

DES POSITIONS.

Enumération des positions.

8. Les positions sont générales ou individuelles.

Positions générales.

9. Les positions générales sont :
Le pied de paix,
Le pied de guerre.

10. La position du pied de paix se subdivise, pour les corps et les détachements de troupe, en position de station et en position de route.

Positions individuelles.

11. Les positions individuelles sont :
L'activité ...., pour les militaires et employés militaires de tout grade ;
La disponibilité, tant pour les officiers généraux que pour les officiers supérieurs et autres faisant partie des états-majors ;
La non-activité et la réforme } pour tous les officiers, sans distinction d'armes ou de corps spéciaux.

6

12. Pour les militaires en activité de service, les positions individuelles se divisent en position de présence et en position d'absence.

13. La position de présence est celle de tout militaire ou employé militaire

Présent au drapeau, soit en station, soit en route ;

Présent au poste qui lui est assigné, ou en route pour s'y rendre ;

En mission.

14. La position d'absence est celle du militaire

En congé ;

A l'hôpital ;

A l'hôpital étant en congé ;

En jugement ou détenu ;

En captivité à l'ennemi.

TITRE II.

DES PRESTATIONS EN DENIERS.

CHAPITRE PREMIER.

DE LA SOLDE.

DISPOSITIONS GÉNÉRALES.

Désignation des différentes espèces de solde.

15. On distingue deux espèces principales de solde :

La solde d'activité ;

Et la solde de non-activité.

16. La solde d'activité se divise en solde de présence, en solde d'absence et en solde de disponibilité.

17. La solde de présence diffère dans les circonstances ci-après :

    1° En station, sur le pied de paix, en France ou dans les colonies;

    2° En route, sur le pied de paix, en France ou dans les colonies;

3° Sur le pied de guerre, en garnison ou en état de passage sur les bâtiments de l'Etat ou du commerce.

18. La solde d'absence se modifie dans les positions suivantes :

1° En congé ou en semestre ;
2° A l'hôpital ;
3° A l'hôpital en congé ;
4° En jugement ou en détention ;
5° En captivité à l'ennemi.

19. La solde de disponibilité ne se modifie que dans le cas d'emprisonnement ou de séjour à l'hôpital.

20. La solde de non-activité varie dans sa fixation, selon les causes pour lesquelles les officiers ont été placés dans cette position.

Principes généraux sur les droits à la solde d'activité.

21. Aucun militaire ou employé militaire ne peut jouir d'une solde quelconque d'activité s'il n'est pas en activité de service.

22. En France, les officiers sans troupe et employés militaires entrent en solde lorsqu'ils prennent possession de leur emploi, ou lorsqu'ils se mettent en route pour aller en prendre possession.

L'officier de troupe entre en solde du jour où il est reçu sous les drapeaux, ou lorsqu'il se met en route pour se rendre à sa destination.

Dans les colonies ou quand ils sont à la mer, les mêmes officiers et employés en activité entrent en solde, conformément aux dispositions spéciales mentionnées aux art. 32, 33, 34 et 35 de la présente ordonnance.

23. Les jeunes soldats appelés à l'activité entrent en solde du jour où, étant formés en détachement, ils sont mis en route pour rejoindre les corps auxquels ils sont destinés.

Les jeunes soldats isolés et les engagés volontaires entrent en solde du jour même de leur incorporation, s'ils n'ont point eu droit à l'indemnité de route, ou du lendemain de leur arrivée au corps, quand ils ont eu droit à cette indemnité.

Le remplaçant d'un militaire sous les drapeaux entre en solde à partir du jour de la radiation du remplacé.

Cessation des droits à la solde.

24. Les droits à la solde d'activité cessent, pour les officiers et employés militaires, le lendemain du jour où ils reçoivent l'ordre de rentrer dans leurs foyers, et pour les sous-officiers, caporaux et soldats, du jour où leur congé définitif leur est remis.

Ils cessent, pour l'officier démissionnaire, le lendemain du jour où l'acceptation de sa démission lui a été notifiée, sauf le cas prévu par l'art. 211.

25. Les aides de camp ou officiers d'ordonnance des officiers généraux et gouverneurs qui, par suite du décès ou de mutation de leur chef, se trouvent sans emploi, conservent la solde d'activité de leur position jusqu'au jour où ils reçoivent une nouvelle destination.

26. L'officier rentré de captivité à l'ennemi n'a droit qu'à la solde de non-activité à compter du jour de son arrivée en France ou dans les colonies françaises, s'il a été remplacé dans son emploi.

27. Les sous-officiers, caporaux et soldats prisonniers de guerre ne cessent point d'être en activité de service au jour de leur rentrée, à moins qu'ils ne soient renvoyés dans leurs foyers par libération ou pour toute autre cause emportant radiation des contrôles.

Interdiction de tout cumul.

28. Aucune solde d'activité, de disponibilité ou de non-activité ne peut être cumulée avec une pension civile ou militaire, accordée à quelque titre que ce soit, ni avec un traitement quelconque à la charge

de l'Etat (1) ou des communes, sauf la pension des
donataires (2) et le traitement des membres de l'ordre
royal de la Légion d'honneur.

Militaire remplissant les fonctions d'un grade supérieur ou inférieur au sien.

29. Tout militaire ou employé militaire commissionné pour remplir temporairement des fonctions
attribuées à un grade supérieur ou inférieur au sien
a droit à la solde du grade dont il a le brevet, sauf
l'exception prévue par l'art. 44.

Toutefois, les sous-lieutenants d'artillerie employés
comme lieutenants en second reçoivent la solde du
grade dont ils remplissent les fonctions.

Militaire proposé pour la retraite.

30. Tout militaire proposé pour la pension de retraite cesse, à moins d'ordres contraires émanés du
ministre de la marine, de jouir de la solde de présence
à partir du jour où il reçoit son brevet de pension.

L'officier en expectative de la retraite, qui obtient
un congé pour se retirer immédiatement dans ses
foyers, sans cesser de faire partie des cadres d'activité, reçoit, dans cette position, la demi-solde de son
grade et de sa classe sans accessoires.

Solde due aux militaires décédés.

31. La solde due par l'Etat aux officiers et aux employés militaires décédés est acquise, jusqu'au jour
inclus de leur décès, à leurs héritiers ou ayants droit.

La solde due, à quelque titre que ce soit, aux sous-
officiers, caporaux et soldats morts ou désertés ou
rayés des contrôles, soit pour longue absence, soit
par suite de condamnation, est acquise à l'Etat.

---

(1) Art. 27 de la loi de finances du 25 mars 1817.
(2) Art. 5 et 6 de la loi du 26 juillet 1821.

C.

CHAPITRE II.

DE LA SOLDE D'ACTIVITÉ.

SECT. Iʳᵉ. — DE LA SOLDE DE PRÉSENCE.

§ Iᵉʳ. — *De la solde en station sur le pied de paix en France ou dans les colonies.*

Officiers mis en activité ou promus à un grade supérieur.

32. L'officier sans troupe ou l'employé militaire qui est mis en activité dans le lieu de son domicile, ou qui, promu à un grade supérieur étant en activité de service, ne change pas de résidence, jouit de la solde affectée à son emploi ou à son nouveau grade à compter du jour où il a reçu l'avis de sa nomination.

Toutefois, la réception de cet avis n'a de date légale que celle du visa du commissaire aux revues employé sur les lieux.

Si l'officier ou l'employé militaire remis en activité ou promu change de résidence par suite de sa nomination, il n'a droit à cette solde qu'à compter du jour de son départ, constaté par sa feuille de route.

Dans les colonies, l'officier sans troupe ou l'employé militaire promu à un grade supérieur jouit de la solde attribuée à son nouveau grade à compter du jour de sa nomination.

33. L'officier sans troupe ou l'employé militaire qui, à l'époque de sa promotion, se trouve absent par congé, jouit de la solde affectée à son nouveau grade à compter du lendemain du jour où il est de retour à son poste, et l'officier qui appartient à un corps de troupe, à compter du jour où il est reçu dans son nouveau grade, après son retour au corps.

La même règle est applicable à celui qui, promu étant en congé, change de résidence ou de corps par l'effet de sa promotion.

Si le corps est divisé, l'officier n'est considéré

comme ayant rejoint que du jour de son arrivée au détachement dont il fait ou doit faire partie.

L'époque du retour ou de l'arrivée est constatée par la date du visa du commissaire aux revues sur la pièce qui a autorisé l'absence, ou sur la lettre de nomination. En conséquence, cette pièce doit lui être présentée aussitôt après l'arrivée de l'officier ou de l'employé militaire.

Cependant, si l'officier ou l'employé militaire en congé reçoit, avec l'avis de sa promotion, l'ordre de se rendre immédiatement à sa destination, et s'il l'exécute dans les quarante-huit heures, il est rappelé de la solde attribuée à son nouveau grade, à compter du jour de son départ dûment constaté.

Les dispositions du présent article sont applicables aux officiers promus étant à l'hôpital.

En ce qui concerne le service colonial, l'officier sans troupe, l'officier de troupe, le sous-officier ou l'employé militaire qui, au moment de sa promotion, se trouve absent par congé, jouit de la solde affectée à son nouveau grade, conformément aux règles ci-après détaillées :

1° S'il est en congé de convalescence en France ou dans les colonies, du jour de sa nomination ;

2° S'il est en congé pour affaires personnelles, à compter du lendemain de son arrivée, soit au corps, soit au port où il doit s'embarquer pour retourner à son poste.

Officiers présents qui montent à de nouveaux grades.

34. Les officiers présents qui montent à de nouveaux grades dans leurs corps, et les sous-officiers également promus dans leur corps au grade d'officiers, sont payés de la solde affectée à leur nouveau grade à compter du jour où leur réception a lieu, conformément à ce qui est prescrit par les ordonnances sur le service intérieur des troupes.

Aussitôt après la réception des officiers promus,

leur titre de nomination est présenté par eux au visa du commissaire aux revues.

Quant aux officiers et sous-officiers faisant partie des portions de corps employées dans les colonies, ils reçoivent leur nouvelle solde à compter du jour de l'ordonnance de nomination. Le sous-officier promu officier supporte sur sa solde une retenue égale à la valeur des prestations en deniers qu'il a reçues depuis la date de son brevet jusqu'au jour de sa réception.

Officiers promus étant embarqués.

35. Les officiers et sous-officiers embarqués comme faisant partie des garnisons des bâtiments de l'Etat, qui montent à de nouveaux grades, sont payés de la solde affectée à leur nouveau grade, à compter du jour de leur nomination.

L'officier, le sous-officier et l'employé militaire embarqués pour tout autre motif que celui désigné dans le paragraphe précédent, jouissent de la solde affectée à leur nouveau grade, savoir :

Celui qui est envoyé en mission, qui rejoint la portion coloniale à laquelle il appartient, qui rentre définitivement en France ou qui est porteur d'un congé de convalescence, du jour de sa nomination ;

Celui qui se trouve en mer par suite d'un congé pour affaires personnelles, du jour du débarquement, soit en France, soit dans les colonies.

Officiers promus étant absents par mission.

36. L'officier ou l'employé militaire qui, à l'époque de sa promotion, se trouve absent par mission autorisée, ainsi qu'il sera indiqué à l'art. 46, ou détaché pour le service, entre en jouissance de la solde affectée à son nouveau grade à compter du jour où il reçoit l'avis de sa promotion. La réception de cet avis doit être constatée comme il est prescrit à l'art. 32 (1).

(1) Dans les localités où il n'y a pas de commissaire aux re-

Cette disposition est applicable à l'officier promu étant retenu dans une place en état de siége.

Si l'officier promu est aux colonies, il entre en solde du jour même de sa nomination.

37. A droit à la solde d'activité, comme étant en mission, tout officier ou employé militaire absent de son poste, soit pour exercer les fonctions de membre d'une des Chambres législatives, d'un conseil général de département, d'un collége électoral, d'un conseil de guerre ou d'enquête, soit pour déposer devant un tribunal civil ou militaire siégeant hors du lieu de sa résidence ou garnison.

Officier présent passant d'un corps dans un autre ou d'une portion de corps dans une autre par promotion.

38. L'officier passant d'un corps dans un autre ou d'une portion de corps dans une autre par l'effet d'une promotion est payé de la solde affectée à son ancien grade jusqu'au jour exclu de son départ ; à dater de cette époque, et après son arrivée à destination, il est rappelé de la solde attribuée à son nouveau grade. L'arrivée doit être constatée par le visa du commissaire aux revues sur la feuille de route de l'officier.

Officier en congé, changeant de corps ou de résidence.

39. L'officier ou employé militaire qui, étant en congé, reçoit une nouvelle destination avec l'ordre de s'y rendre sans délai, recouvre ses droits à la solde entière, à compter du jour de son départ, s'il se met en route immédiatement, ainsi qu'il est dit à l'art. 33, pour le cas de promotion.

Elèves des écoles militaires nommés officiers.

40. Les élèves sortant de l'Ecole royale spéciale mi-

vues, le visa doit être donné par le sous-intendant militaire, le sous-préfet ou le maire.

litaire avec le grade de sous-lieutenant, les élèves du corps royal de l'artillerie, sortant de l'école d'application pour passer à des emplois d'officier, ont droit à la solde de congé du grade qui leur a été conféré, ou de l'emploi qu'ils sont destinés à remplir, à compter du jour déterminé par leurs lettres de nomination jusqu'à celui de leur arrivée à destination.

Cette disposition est commune aux élèves de l'Ecole polytechnique passant à l'école d'application d'artillerie, ou nommés sous-lieutenants dans l'infanterie.

Toutefois, ceux de ces officiers qui, après leur sortie de l'Ecole, reçoivent l'ordre de se rendre immédiatement au corps ou à la portion de corps dont ils font partie, et qui exécutent cet ordre dans les quarante-huit heures, sont rappelés de la solde attribuée à leur grade, à compter du jour de leur départ dûment constaté.

Sous-officiers, caporaux et soldats promus ou passant dans les compagnies d'élite.

41. Les sous-officiers, caporaux et soldats promus sans changer de corps sont payés de la solde affectée à leur nouvelle position, à compter du jour de leur réception.

Cette disposition est applicable à ceux qui, devant passer à une portion de leur corps éloignée de celle où ils se trouvent, sont retenus par des raisons de service, et dont la réception immédiate est autorisée par le préfet maritime de l'arrondissement. S'ils ne sont pas reçus dans leur nouveau grade avant de rejoindre leur destination, la solde de ce grade ne leur est allouée qu'à dater du jour de leur départ.

Les hommes passant des compagnies du centre dans celle d'élite, et les soldats d'artillerie qui montent à une classe supérieure, ont droit à l'augmentation de solde, s'ils sont présents, les premiers du jour de la nomination faite par les chefs de corps ou de portions de corps, les seconds du jour de la nomination faite par le chef de corps. En cas d'absence, la solde de la classe supérieure n'est allouée aux hommes qu'à compter du lendemain de leur rentrée au corps.

Sous-officiers, caporaux et soldats promus changeant de corps ou de portion de corps.

42. Les sous-officiers, caporaux et soldats passant isolément d'un corps dans un autre ou d'une portion de corps dans une autre par l'effet d'une promotion, sont rappelés à leur nouveau corps pour le temps de la route, de la solde attribuée à leur nouveau grade, à compter du jour de leur départ.

Ce rappel a lieu sur le pied de la solde sans vivres.

Hommes passant dans des corps d'une autre arme, recrues et engagés volontaires.

43. Les sous-officiers, caporaux et soldats passant d'une arme dans une autre, ont droit à la solde de l'arme et de la classe dans lesquelles ils entrent, à compter du jour de leur départ pour rejoindre leur nouveau corps.

Les hommes de recrues et les engagés volontaires reçoivent pendant le temps de leur route, lorsqu'ils forment détachement, et jusqu'au jour exclu de leur admission, la solde fixée par le tarif (§ 1er *des observations générales*).

Colonel nommé maréchal de camp.

44. Le colonel qui, promu au grade de maréchal de camp, continue à commander son régiment, n'a droit qu'à la solde de son ancien grade jusqu'à ce qu'il ait cessé d'en exercer les fonctions.

Militaires rappelés avant l'expiration de leur congé.

45. Les militaires et les employés militaires qui, étant en semestre ou en congé, sont rappelés avant l'expiration de leur semestre ou de leur congé, ont droit, à compter du jour de leur départ, à la solde de

présence, cumulativement avec l'indemnité de route.

Le rappel de solde, en ce qui concerne les sous-officiers, caporaux et soldats, s'effectue sur le pied de la solde sans vivres.

Ces dispositions sont applicables aux militaires en congé illimité qui reçoivent l'ordre de rejoindre.

Officiers en mission.

46. Tout officier envoyé en mission par ordre supérieur a droit à la solde d'activité pendant le temps de son absence; mais, à moins d'ordres contraires du ministre, il ne peut en être rappelé qu'à son retour à son corps ou à son poste.

L'ordre ou l'autorisation dont il est porteur doit être visé par le commissaire aux revues, tant au moment de son départ qu'à celui de son retour, à l'effet de constater le temps de son absence.

Si, sans cause légitime, il dépasse le temps fixé pour sa mission, il ne peut obtenir le rappel de sa solde qu'en vertu d'une décision ministérielle.

Officiers membres de tribunaux militaires.

47. Tout officier en activité de service appelé à faire partie d'un conseil de guerre ou de révision, ou d'un conseil d'enquête, continue à recevoir son traitement d'activité.

L'officier de troupe remplissant près d'un tribunal militaire les fonctions de commissaire du Roi, de rapporteur ou de substitut, et qui, nonobstant le départ de son corps, se trouve retenu pour l'instruction ou le jugement d'une affaire, conserve également ses droits au traitement d'activité, comme s'il était présent à son corps. La durée de sa mission doit être constatée par un certificat du président du tribunal.

Militaires appelés en témoignage.

48. Les officiers et les employés militaires appelés en témoignage devant les tribunaux civils ou les con-

seils de guerre, continuent d'avoir droit à la solde
d'activité. Ils en sont rappelés, à leur retour, sur la
production du certificat du président, constatant le
jour où leur présence a cessé d'être nécessaire, et
sous la condition toutefois qu'ils auront rejoint leur
corps ou leur poste dans les délais fixés.

49. Dans le cas prévu par l'article précédent, les
sous-officiers, caporaux et soldats, quel que soit leur
nombre, sont mis en subsistance dans un corps de la
garnison et y reçoivent la solde de station pour toutes
les journées de séjour.

S'il n'est pas possible de les mettre en subsistance,
ils sont traités comme isolés pour le temps de leur
séjour dans la place où siége le tribunal où le conseil
de guerre, et, à leur rentrée au corps, ils sont rappelés de la solde, pour le temps de leur absence sur le
pied déterminé par l'art. 45. Ce rappel donne préalablement lieu aux mêmes justifications que celles ci-
dessus prescrites à l'égard des officiers.

Hommes cités étant en congé ou en semestre.

50. Tout militaire ou employé militaire, en congé
ou en semestre, qui est cité en témoignage devant un
tribunal civil ou militaire siégeant hors du lieu de sa
résidence, est rappelé de sa solde d'activité depuis le
jour de son départ dudit lieu jusqu'à celui de sa rentrée dans ses foyers ou à son corps.

S'il est cité dans le lieu de son domicile, la disposition ci-dessus ne lui est point applicable; mais, s'il y est
retenu au-delà du terme de son congé ou de son semestre, il a droit au rappel de la solde d'activité à dater
du lendemain de l'expiration dudit congé ou semestre.

Ces rappels ne peuvent être effectués que sur la
production du certificat exigé par l'article précédent.

Militaires s'absentant du corps pour souscrire un acte de rengagement ou de remplacement.

51 Les militaires des corps de troupe qui ont à se

7

rendre au lieu où siége le conseil d'administration de leur corps et devant le commissaire aux revues, pour souscrire un acte de rengagement, ont droit à la solde d'isolés sans vivres. Quant aux militaires obligés de se déplacer pour faire constater leur aptitude comme remplaçant, ou pour signer un acte de remplacement, ils ne peuvent être traités que comme permissionnaires.

Garnisaires.

52. Les sous-officiers, caporaux et soldats employés comme garnisaires ont droit à la solde d'activité depuis le jour de leur départ jusqu'à celui de leur rentrée, sur le pied déterminé par l'art. 45.

Militaires rentrant des prisons de l'ennemi.

53. L'officier ou l'employé militaire qui rentre des prisons de l'ennemi reçoit l'indemnité de séjour à compter du jour de son arrivée dans le lieu où il lui serait prescrit d'attendre que sa position fût fixée, sans que, dans aucun cas, cette allocation puisse se prolonger au-delà de quinze jours.

Si l'officier ou l'employé militaire n'a pas été remplacé à son corps ou à son poste, et qu'il le rejoigne immédiatement, la solde d'activité de son grade lui est allouée à dater du jour de sa rentrée en France.

S'il a été mis en non-activité, il reçoit la solde affectée à cette position, également à compter du jour de sa rentrée en France.

L'employé militaire qui n'est pas susceptible d'être mis en non-activité reçoit, s'il est licencié, une indemnité une fois payée, égale à un mois de traitement sur le pied de guerre.

54. Les sous-officiers, caporaux et soldats venant des prisons de l'ennemi rentrent en solde à compter du jour de leur arrivée en France, ou dans une colonie française s'ils sont en nombre suffisant pour former détachement, ou s'ils sont mis en subsistance dans un des corps de la garnison.

Dans le cas contraire, ils n'ont droit qu'à l'indemnité de route jusqu'au jour inclus de leur retour au corps.

Tambours et clairons.

55. L'accroissement de dix centimes par jour, qui fait partie de la solde des sergents-tambours, caporaux-tambours, tambours et clairons, leur est payée dans toutes les positions autres que celles de congé et de captivité.

Enfants de troupe.

56. Les enfants de troupe entrent en solde du jour de leur admission.

A l'âge de quatorze ans, ceux qui font titulairement le service de tambour ou clairon, ont droit à la solde affectée à ces emplois.

S'ils font le même service sans être titulaires, ou s'ils sont employés, soit dans la musique, soit dans les bureaux des officiers comptables ou dans les ateliers du corps, ils reçoivent une solde spéciale qui est déterminée par le tarif.

Classement des officiers.

57. Les droits des capitaines et des lieutenants à la solde de la première classe de leur grade sont fixés conformément aux règles qui déterminent le mode de classement des officiers.

L'allocation première de cette solde aux ayants droit a lieu d'après les mêmes principes que ceux applicables au cas de promotion.

§ II. — De la solde en route sur le pied de paix en France ou dans les colonies.

A qui allouée.

58. Les corps et détachements ont seuls droit à la

solde de route. Pour former un détachement, il faut au moins six hommes réunis du même corps. Cependant, le détachement qui est réduit en route au-dessous de six hommes continue à recevoir la solde de route jusqu'à sa destination.

59. La solde de route est allouée pour toutes les journées de marche de 12 kilomètres au moins et de séjour indistinctement, y compris le jour du départ et celui de l'arrivée à destination. Elle cesse d'être due lorsque, durant la route, le séjour se prolonge au-delà de deux jours.

60. Lorsque les hommes mis en route ne sont pas en nombre suffisant pour former détachement, ils sont rappelés, à destination, de la solde de leur grade, conformément à l'art. 45.

Cette disposition est applicable aux hommes envoyés en ordonnance à plus de six lieues de leur corps, et généralement à tout militaire voyageant isolément pour objet de service.

§ III. — *De la solde sur le pied de guerre, en garnison ou de passage sur les bâtiments de l'État ou du commerce.*

Cas où la solde de guerre est due.

61. Aucun rassemblement de troupes ne peut jouir de la solde de guerre, ni passer du pied de guerre au pied de paix, qu'en vertu d'une décision royale.

Les troupes formant la garnison d'une place mise en état de siége, et les employés militaires attachés au service de cette place, ne peuvent avoir droit à la solde de guerre, ni passer du pied de guerre au pied de paix qu'en vertu de la décision de l'autorité compétente, qui a constitué l'état de siége, où qui l'a fait cesser.

62. Les officiers sans troupe, les employés militaires et les corps ne peuvent jouir de la solde de guerre, sauf l'exception résultant de l'art. 63, qu'autant qu'ils

font partie d'un rassemblement mis sur le pied de guerre, ou de la garnison d'une place en état de siége, et seulement pour les journées de présence dans ces rassemblements ou places.

En conséquence, lorsqu'ils reçoivent l'ordre de se rendre à un rassemblement de troupes mis sur le pied de guerre, ils ne commencent à jouir du supplément de guerre qu'à compter du lendemain du jour où ils sont arrivés au lieu de destination indiqué dans leurs feuilles de route.

Quand ils reçoivent l'ordre de quitter les rassemblements, ils cessent d'avoir droit à la solde de guerre, à compter du jour de leur départ.

63. Les officiers sans troupe qui ont doit à une solde de guerre en conservent la jouissance, sans interruption, lorsqu'ils passent immédiatement d'un rassemblement à un autre rassemblement jouissant de la même solde.

Militaires embarqués.

64. Les officiers faisant partie des détachements des troupes d'infanterie et d'artillerie de marine embarqués comme garnison des bâtiments de l'État, jouissent pendant le temps de leur embarquement de la solde dite *en campagne*.

La même solde est allouée à tout officier ou employé militaire embarqué comme passager sur un bâtiment de l'État ou sur un bâtiment du commerce.

Les sous-officiers, caporaux et soldats faisant partie des garnisons des bâtiments de l'État ou embarqués comme passagers, sur des bâtiments de guerre ou sur des bâtiments de commerce, jouissent pendant la durée de leur embarquement, de la solde dite *avec vivres de campagne*.

SECT. II. — DE LA SOLDE D'ABSENCE.

§ Ier. — *De la solde de congé.*

Nul ne peut s'absenter qu'en vertu d'une permission ou d'un congé.

65. Hors les cas de maladie constatée, d'entrée à l'hôpital ou de mission, les militaires ne s'absentent de leur poste ou de leur corps qu'en vertu de permissions ou de congés.

L'absence par congé des officiers sans troupe et des employés militaires, n'a lieu qu'en vertu d'autorisations du ministre ou des gouverneurs des colonies.

Durée des congés.

66. La durée des permissions et congés comprend le temps de l'aller et du retour.

Toutefois, pour les militaires et les employés militaires attachés au service colonial ou embarqués, cette durée est indépendante du temps de la traversée et de celui de la quarantaine, quand elle est exigée. En conséquence, le congé ne prend date que du jour du débarquement ou de la sortie du lazaret; et, à son retour, le militaire est considéré comme rentré à son corps ou à son poste du jour de son arrivée au port indiqué par sa feuille de route.

Permissions; par qui accordées.

67. Les permissions sont accordées, savoir :

Aux officiers sans troupe, par les préfets maritimes, par les officiers généraux et les gouverneurs des colonies, sous les ordres desquels ils sont placés;

Aux officiers, sous-officiers, caporaux et soldats des corps de troupe, conformément aux dispositions des ordonnances portant règlement sur le service intérieur des troupes.

Les permissions n'excèdent jamais, pour les officiers sans troupe, le terme de huit jours; et pour les militaires des corps de troupe, celui de trente jours.

Lorsque l'absence doit être de plus de huit ou de trente jours, selon le cas, elle est autorisée par un congé.

Différentes espèces de congés.

68. On distingue quatre espèces de congés :

Les congés de semestre,

Les congés de convalescence,

Les congés pour affaires personnelles,

Les congés illimités.

Droits résultant des congés et permissions.

69. Les militaires en permission et en congé de semestre ou de convalescence ont droit à la solde de congé fixée par les tarifs. Le ministre de la marine peut, dans des cas particuliers, accorder des congés de convalescence avec solde de présence.

Les congés pour affaires personnelles ne sont accordés que par le ministre; ils donnent droit à la solde de congé dans la limite de six mois.

Les prolongations qui ont pour objet d'étendre au-delà de six mois la durée totale de l'absence par permissions, congés de semestre ou congés pour affaires personnelles, ne donnent point droit à la solde.

Les officiers et employés militaires appartenant au service des colonies qui obtiennent dans ce service des congés de convalescence, ou qui, à leur débarquement en France, se trouvent dans le cas d'obtenir des congés de même nature, pour maladies contractées dans les colonies, jouissent, pendant les six premiers mois de leur congé, de l'intégralité de leurs appointements réglés sur le pied d'Europe : le ministre de la marine peut accorder des prolongations de congé avec le même traitement.

Officiers allant exercer leurs droits d'électeur ou siéger aux conseils généraux.

70. Les dispositions de l'article précédent ne sont

point applicables aux officiers qui s'absentent par congé pour aller exercer leurs droits d'électeurs, ou siéger aux conseils généraux des départements comme membres de ces conseils, ou qui, étant déjà en congé, obtiennent des prolongations pour le même objet.

Dans le premier cas, les officiers jouissent, si leur position militaire ne change pas durant les élections ou les sessions des conseils généraux, de la solde et des accessoires de solde comme s'ils étaient présents à leurs corps ou à leur poste, à l'exception toutefois du supplément de Paris et des indemnités en rassemblement ou pour frais de représentation.

Dans le cas de prolongation de congé, les officiers ont droit au même traitement pour le temps de la prolongation seulement.

La durée de l'absence des uns et des autres ne peut excéder le temps nécessaire pour le voyage et la tenue du collège électoral ou du conseil général. S'ils outrepassent ce temps, ils perdent leurs droits à tout rappel.

Les officiers en congé qui se rendent aux élections ou aux conseils généraux n'ont droit, pendant la durée dudit congé, qu'au traitement affecté à leur position.

Officiers appelés à siéger dans les chambres législatives.

71. Les officiers appelés à siéger dans l'une des Chambres législatives conservent, durant les sessions, si leur position militaire n'est point changée dans cet intervalle, la jouissance du traitement dont ils sont en possession au moment de la convocation des Chambres. Ceux qui, à cette époque, sont absents par congé, recouvrent dès lors leurs droits au traitement d'activité.

Toutefois, dans l'un ni dans l'autre cas, il n'est point dérogé aux dispositions des art 151 et 153, concernant l'indemnité de représentation.

Congés à l'étranger et aux colonies.

72. Les congés accordés pour aller en pays étranger ne donnent droit à aucune solde.

Les congés pour aller aux colonies ne peuvent donner droit à la solde pendant plus d'une année, y compris le temps de la traversée pour l'aller et le retour.

Congés de semestre.

73. En France, les congés de semestre sont accordés aux officiers, sous-officiers, caporaux et soldats des corps de troupe par les inspecteurs généraux d'armes seuls, lors de leur revue d'inspection.

Le nombre de ces congés est fixé par des ordonnances et instructions spéciales.

La saison des semestres commence au 1er octobre, ou le lendemain de la revue d'inspection, si elle n'a pu être close à cette époque, et finit au 31 mars.

Le jour du départ des semestriers est déterminé par le procès-verbal arrêté par l'inspecteur général.

Lorsqu'il y a lieu de déroger à ces règles, le ministre fait connaître l'époque où les congés de semestre doivent commencer et finir.

Dans aucun cas, les officiers, sous-officiers et soldats formant les garnisons des colonies ne peuvent obtenir de congés de semestre.

Officiers absents par congé à l'époque des semestres.

74. Les officiers qui se trouvent en permission ou en congé pour affaires personnelles au moment de la délivrance des semestres sont considérés comme semestriers pour le temps de leur congé qui dépasse le 1er octobre ou l'époque à laquelle le corps a pris le semestre. En conséquence, s'ils acceptent le semestre, la solde de congé leur est allouée à compter de cette époque, sans toutefois qu'ils puissent en jouir pendant une durée totale de plus de six mois. S'ils

n'acceptent pas le semestre, ils doivent être de retour
au corps le jour même de l'expiration de leur congé,
sous peine de perdre tout droit au rappel de la solde
qui peut leur être due.

Semestriers devançant ou retardant l'époque de leur départ.

75. Les officiers, sous-officiers, caporaux et soldats
qui, désignés pour aller en semestre, partent avant
le jour fixé pour le départ des semestriers du corps,
n'ont droit à aucune espèce de rappel pour tout le
temps de leur absence anticipée.

Lorsque, sans cause légitime constatée par l'officier
général commandant, l'officier qui a demandé et obtenu un semestre ne part pas le jour indiqué par le
procès-verbal des semestres, il n'a droit, à compter de
ce jour, qu'à la solde de congé, à moins qu'il ne re-
nonce au semestre.

76. Les colonels, lieutenants-colonels, majors, officiers comptables et officiers de santé, ne peuvent,
sauf les cas de permissions délivrées conformément
aux dispositions de l'art. 67, s'absenter sans un congé
spécial du ministre de la marine. Ceux d'entre eux
auquel il est accordé un congé pour tenir lieu de semestre, et à quelque époque que ce soit, sont traités,
quant à la solde, comme les semestriers.

Les officiers comptables ne peuvent obtenir de
congé sans produire un certificat du conseil d'administration, revêtu de l'avis motivé du commissaire aux
revues, constatant que la situation de leurs écritures
ne s'oppose point à leur absence.

Congés de convalescence.

77. En France, les congés de convalescence et les
prolongations de ces congés sont accordés par le ministre de la marine ; néanmoins, les officiers de troupe,
autres que ceux désignés en l'article précédent, ainsi
que les sous-officiers, caporaux et soldats, peuvent en
obtenir des préfets maritimes.

Dans ce dernier cas, la durée du congé peut être de six mois ; mais si elle est moindre, les préfets ont la faculté d'accorder, au même titre, des prolongations avec solde de congé pour compléter ce laps de temps.

Dans les colonies, les congés de convalescence sont accordés par les gouverneurs. La durée n'en peut être prolongée que par le ministre de la marine.

Les lieutenants généraux commandant les divisions militaires peuvent également accorder des prolongations de congé de convalescence, en donnant avis de leur décision au ministre de la marine.

78. A l'égard des militaires déjà absents de leur corps par congé ou permission, les congés ou prolongations de congé de convalescence qu'ils sont susceptibles d'obtenir sont également renfermés dans la limite de six mois, à compter du jour de leur départ du corps, et lors même qu'ils auraient passé une partie de leur congé à l'hôpital.

L'absence par congé ne peut jamais se prolonger au-delà de ce terme, sans une autorisation spéciale du ministre de la marine, sauf les cas prévus par les art. 74 et 93.

79. Les demandes de congés de convalescence et de prolongations, adressées aux préfets maritimes et lieutenants généraux, sont appuyées de certificats de visite et de contre-visite, ces derniers délivrés par les officiers de santé en chef de l'hôpital militaire, et, à leur défaut, par ceux de l'hospice civil du chef-lieu de l'arrondissement. Ces certificats sont visés par le commissaires aux revues ou le sous-intendant militaire.

80. Lorsqu'il s'agit de militaires désignés par les médecins ou chirurgiens des hospices civils comme ayant besoin d'un congé ou d'une prolongation de congé de convalescence, les préfets ou les officiers généraux les font contre-visiter par les chirurgiens des corps, ou, en cas d'impossibilité, par des officiers de santé de leur choix.

81. Quant aux militaires en congé dans une commune où il n'existe ni hôpital militaire ni hospice civil, et qui sont hors d'état d'être transportés, leur demande de prolongation de congé est appuyée d'un certificat du médecin du lieu ou de l'arrondissement, et d'une attestation du maire de la commune.

Aides de camp des officiers généraux en congé.

82. L'aide de camp ou l'officier d'ordonnance d'un officier général ou d'un gouverneur en congé, qui continue à exercer ses fonctions près l'officier général ou supérieur chargé du commandement en l'absence du titulaire, conserve la jouissance de sa solde de présence.

Visa des congés et permissions avant le départ.

83. Tout militaire qui obtient une permission de s'absenter ou un congé, de quelque espèce qu'il soit, est tenu, avant son départ, de le présenter au visa du commissaire aux revues, lequel doit en même temps lui délivrer une feuille de route.

S'il s'agit d'un officier sans troupe, le commissaire aux revues indique sur le livret de cet officier, quel que soit son grade, la date, la nature et la durée du congé, indépendamment du visa qu'il doit toujours apposer sur le congé même.

Ces visa sont toujours datés. Les officiers du commissariat doivent s'abstenir de viser les congés ou prolongations qui seraient délivrés contrairement aux règles établies.

Militaires en congé; comment payés de leur solde.

84. Les militaires qui obtiennent des congés sont payés de leur traitement d'activité jusqu'au jour de leur départ exclusivement. A leur retour, ils sont rappelés de la solde à laquelle ils ont droit pour le temps de leur absence.

85. Les officiers semestriers, et ceux qui obtiennent

des congés de convalescence pour maladie contractée dans les colonies, ont spécialement la faculté de recevoir leur solde à l'expiration de chaque mois, sauf les justifications prescrites par l'art. 88. Toutefois, le paiement de la solde du dernier mois de leur congé n'a lieu qu'après leur retour au corps, s'ils y sont rentrés dans le délai fixé.

86. Les militaires qui reçoivent une autre destination pendant le temps de leur congé, sont, à leur arrivée, rappelés de la solde qui leur reste due, au titre du nouveau corps ou de la classe d'officiers sans troupe à laquelle ils appartiennent. Cependant, s'ils passent d'un corps de troupe à l'état-major, et *vice versâ*, le rappel s'effectue sur les revues du corps ou de la classe d'officiers sans troupe dont ils faisaient partie.

87. Quand il s'agit de militaires passant dans la gendarmerie, la garde municipale, les sapeurs-pompiers de la ville de Paris ou les équipages de ligne, le rappel de la solde d'absence a lieu sur des états imputables à leur ancien corps.

88. Hors le cas de semestres ou de congés de convalescence obtenus pour maladie contractée dans les colonies, les officiers ne peuvent être payés de leur solde de congé, pendant leur absence, sans une décision spéciale du ministre et sans la production d'un certificat de cessation de paiement délivré par le conseil d'administration de leur corps, constatant qu'ils sont ou ne sont pas passibles de retenue pour débet envers l'État ou le corps.

89. Tout militaire en congé, en permission ou en semestre, qui use de la faculté qui lui est acquise de rentrer à son corps ou à son poste avant l'expiration de son congé ou de sa permission, recouvre ses droits à la solde de présence à compter du lendemain de son retour à la portion de corps dont il fait partie, ou du lendemain du jour de son arrivée au port d'embarquement qui lui a été désigné.

Cas où le corps change de garnison.

90. Lorsqu'un corps change de garnison, les militaires de ce corps, qui se trouvent alors en congé ou en semestre, sont considérés comme rendus à leur poste quand, n'ayant point été informés à temps de ce mouvement, ils arrivent au lieu de l'ancienne garnison à l'expiration de leur congé.

Ils ont droit, à partir du lendemain, à la solde sans vivres, cumulativement avec l'indemnité de route, s'ils ne forment pas un détachement.

91. Les militaires qui, étant en congé de semestre ou autres, sont informés du changement de garnison de leurs corps, se dirigent sur le lieu de la nouvelle garnison. Ils rentrent en jouissance de la solde de présence à dater du lendemain de leur arrivée dans ce lieu, lors même qu'ils y devanceraient le corps.

Néanmoins, il leur suffit d'être arrivés en même temps que le corps, nonobstant l'expiration de leur congé; dans ce cas, le congé est considéré comme expiré seulement du jour où ils ont rejoint.

Mais, dans tous les cas, la solde de présence ne peut leur être allouée pour un temps antérieur à leur arrivée, quel que soit le nombre de gîtes d'étape pour lequel ils auraient eu droit à l'indemnité de route.

Militaires qui dépassent les limites de leur congé.

92. Les militaires qui, étant en congé avec solde, rentrent après l'expiration de leur congé, ne reçoivent point le rappel de la solde qui peut leur être due, à moins que le retard n'ait été causé par maladie et qu'ils n'en justifient, savoir:

Les officiers, par un billet de sortie d'hôpital, ou par un certificat des officiers de santé de l'hôpital militaire ou maritime, et, à défaut d'hôpital militaire ou maritime, du médecin et du chirurgien de l'hospice civil du lieu ou de l'arrondissement, indiquant la nature de leur maladie et le temps qu'a exigé leur traitement;

Les sous-officiers, caporaux et soldats, par des billets de sortie d'hôpital, ou, s'ils n'ont pu se faire traiter à l'hôpital, par des certificats des officiers de santé ci-dessus indiqués.

Ces certificats doivent être soumis, dans les ports, au visa motivé du commissaire aux revues, dans l'intérieur, au visa du sous-intendant militaire ou de l'officier général de l'arrondissement. Ce visa fait mention, en ce qui concerne les sous-officiers, caporaux et soldats, de l'impossibilité qu'il y aurait eu de les admettre dans les hôpitaux.

93. Le militaire qui, étant en congé avec solde ou sans solde, n'a pu, pour cause de maladie constatée de la manière prescrite par l'article précédent, rejoindre son corps ou son poste avant l'expiration de son congé, est considéré comme étant encore en congé, avec ou sans solde, pour tout le temps écoulé depuis le jour de l'expiration de son congé jusqu'au jour inclus de sa rentrée à son corps ou à son poste.

Toutefois, l'officier qui jouit d'un congé de convalescence avec solde de présence, cesse d'avoir droit à cette solde dès l'expiration de son congé. Il n'a droit ensuite qu'à la solde de congé, sauf l'exception prévue par l'art. 69.

Époque de la rentrée en jouissance de la solde d'activité.

94. Les militaires en congé, avec solde ou sans solde, ne peuvent rentrer en jouissance de la solde de présence que le lendemain du jour où ils ont rejoint leur corps ou leur poste, sauf les cas prévus par les art. 33, 39 et 45.

Certificat de bonne conduite à produire par les sous-officiers, caporaux et soldats.

95. Les sous-officiers, caporaux et soldats en congé de semestre ou autre qui, à leur retour, ne rapportent pas un certificat de bonne conduite délivré par le maire de la commune dans laquelle ils ont résidé, sont

privés de tout rappel pour le temps de leur absence.
Cette disposition est applicable à ceux qui reviennent des eaux thermales.

Visa des congés au retour.

96. Tout militaire rentrant de congé est tenu de se présenter devant le commissaire aux revues pour faire constater par un visa sur son congé la date de son retour à son corps ou à son poste.

Sous-officiers, caporaux et soldats en congé illimité.

97. Les congés illimités délivrés aux sous-officiers, caporaux et soldats ne donnent droit à aucune solde.

§ II. — *De la solde d'hôpital.*

Du droit à la solde d'hôpital.

98. La solde d'hôpital est allouée aux militaires désignés au tarif comme ayant droit à cette solde, depuis le jour de leur admission à l'hôpital jusqu'à celui de leur sortie exclusivement, et ils en sont rappelés sur la présentation de leur billet de sortie. Le rappel est ajourné à l'égard du militaire qui sort de l'hôpital pour jouir d'un congé.

Ceux qui rentrent dans un hôpital externe sont, en outre, rappelés, tant pour l'aller que pour le retour, savoir :

Les officiers, de la solde de présence de leur grade ;

Les sous-officiers, caporaux et soldats, de celle déterminée par l'art. 45.

Décompte de la solde d'hôpital.

99. Le décompte des journées d'hôpital est fait, pour les officiers et employés militaires, sur le pied de trente jours par mois ; et, pour les sous-officiers, caporaux et soldats, à raison du nombre effectif de jours dont se compose chaque mois.

Cas où il n'est pas dû de rappel.

100. Tout militaire qui, sans motif légitime, ne re-

joint pas son corps ou son poste immédiatement après sa sortie de l'hôpital, n'a droit à aucun rappel pour le temps de son absence.

Jeunes soldats et engagés volontaires.

101. Les jeunes soldats et les engagés volontaires qui, avant leur arrivée au corps, sont admis dans les hôpitaux, n'ont droit à aucun rappel pour le temps écoulé depuis leur entrée à l'hôpital jusqu'à leur arrivée au corps, si, pour le rejoindre, ils ont voyagé isolément.

Militaires allant aux eaux.

102. Les militaires autorisés à aller prendre les eaux dans les lieux où il existe des établissements militaires, sont assimilés, sous le rapport de la solde, à ceux qui se rendent aux hôpitaux externes.

Les officiers conservent la solde de présence lorsque, faute de place dans ces établissements, ils ont été obligés de se faire traiter à leurs frais, ce qui doit être constaté par un certificat du sous-intendant militaire.

Le même avantage peut être accordé à ceux qui se rendent aux eaux en vertu d'un congé ministériel. Dans ce cas, le congé indique d'une manière expresse si la solde de présence est accordée pour toute la durée du congé, ou seulement pour le temps passé aux eaux.

Lorsque, après avoir fait usage des eaux, les officiers ne rejoignent pas dans la limite de leur congé, ils sont privés de tout rappel de solde pour le temps écoulé depuis le jour de leur sortie de l'établissement où ils ont été traités.

103. Lorsque des officiers malades ont besoin d'aller prendre les eaux dans les lieux où il n'existe point d'établissement militaire, le ministre de la marine peut leur en accorder l'autorisation et leur conserver la solde de présence. Le congé qui leur est délivré à cet effet

détermine le temps pendant lequel ils auront droit à cette solde.

Ceux qui demandent une semblable autorisation doivent justifier, par un certificat des officiers de santé de l'hôpital maritime ou militaire le plus voisin du lieu de leur résidence, que l'usage des eaux auxquelles ils veulent se rendre leur est indispensable.

Pour obtenir ensuite le rappel de leur solde, ils ont à produire un certificat du médecin en chef de l'établissement, constatant le temps pendant lequel ils y ont été traités. Ce certificat doit être visé par le maire du lieu.

Si ces officiers ne passent pas aux eaux tout le temps qu'ils doivent y passer d'après la durée de leur congé, la solde de présence ne leur est allouée que pour le temps du séjour qu'ils y ont fait.

S'ils ne rejoignent pas à l'expiration de leur congé, les dispositions du quatrième paragraphe de l'article précédent leur sont applicables.

§ III. — De la solde d'hôpital en congé.

Militaires en congé avec solde.

104. Les militaires qui tombent malades étant en congé avec solde, sont admis dans les hôpitaux sur la présentation de leurs congés. Le jour de l'admission et celui de la sortie sont annotés sur lesdits congés par le commissaire aux revues ou le sous-intendant militaire qui a délivré le billet d'entrée.

A leur retour, les militaires ayant droit à la solde de congé à l'hôpital en sont rappelés pour tout le temps pendant lequel ils y ont séjourné. Ils sont également rappelés de la solde de congé pour les journées antérieures à leur entrée, et pour celles postérieures à leur sortie.

A l'égard des militaires qui entrent à l'hôpital lorsque le nombre de jours restant sur la durée du congé ne leur aurait pas suffi pour rejoindre dans le délai fixé, même en doublant les étapes, ils sont privés de tout rappel de solde pour le temps antérieur à leur entrée à l'hôpital.

Militaires en congé sans solde.

105. Les militaires qui tombent malades étant en congé sans solde, peuvent également être admis à l'hôpital. Leur entrée et leur sortie sont constatées suivant le mode prescrit par l'article précédent.

Après leur rentrée à leur corps ou à leur poste, les officiers et les employés militaires subissent sur leur solde courante la retenue fixée par le tarif pour le temps de leur séjour à l'hôpital, et ce à raison de trente jours pour chaque mois.

Il n'est fait aucune retenue aux sous-officiers, caporaux et soldats.

S. IV. — De la solde des militaires en jugement ou détenus correctionnellement.

Officiers et employés militaires mis en jugement.

106. Les officiers et employés militaires en jugement reçoivent, pendant le temps de leur emprisonnement et jusqu'au jour inclus où la décision judiciaire rendue à leur égard est devenue définitive, la moitié de la solde d'activité de leur grade sans accessoires, s'ils étaient en activité de service ou en disponibilité au moment de leur arrestation.

En cas d'acquittement, ils sont rappelés du surplus de leur solde selon leur position antérieure d'activité ou de disponibilité, pour tout le temps pendant lequel ils ont été détenus. S'ils sont condamnés, ils n'ont droit à aucun rappel.

Dans ce dernier cas, si la condamnation n'entraîne pas la perte du grade, l'officier ou l'employé continue à recevoir la moitié de la solde d'activité jusqu'au moment où sa position militaire est de nouveau fixée, s'il y a lieu, ou jusqu'à l'expiration de sa peine.

Si, au contraire, la condamnation entraîne la perte du grade, l'officier ou l'employé qui en est l'objet cesse d'avoir droit à tout traitement à partir du jour où le jugement est devenu définitif.

107. L'officier en non-activité qui est mis en jugement reste en possession de sa solde jusqu'au jour du jugement. S'il est condamné, et que sa position militaire ne change point, il conserve la jouissance de la même solde.

Ces dispositions sont applicables aux officiers en congé illimité.

108. Tout officier ou employé détenu qui vient à mourir avant son jugement, étant présumé innocent, ses héritiers ont droit au rappel auquel il aurait eu droit lui-même s'il avait été acquitté.

Sous-officiers, caporaux et soldats dans la même position, ou conduits par la gendarmerie.

109. Les sous-officiers, caporaux et soldats ne reçoivent aucune solde pendant le temps de leur détention; mais, s'ils sont acquittés, ils sont rappelés, à leur retour au corps, de la solde de congé pour tout le temps de leur absence, sauf le cas prévu par l'art. 209. S'ils sont condamnés, ils n'ont droit à aucun rappel.

N'ont également droit à aucun rappel pour tout le temps de la route, ceux qui rejoignent après avoir subi une détention par suite de jugement, ou qui voyagent sous l'escorte de la gendarmerie pour quelque cause que ce soit.

Toutefois, ceux qui, après avoir subi une peine disciplinaire de détention, retournent librement à leurs corps, ont droit, pour la route, à la solde sans vivres, cumulativement avec l'indemnité de route.

§ V. — *De la solde de captivité.*

Droits à la solde de captivité.

110. La solde de captivité est due à tout officier ou

employé militaire fait prisonnier de guerre, à dater
du lendemain du jour où il est tombé au pouvoir de
l'ennemi, jusqu'au jour exclu de sa rentrée en France.

Paiements à faire aux officiers rentrant de captivité.

111. Les officiers et les employés militaires qui
sont restés au moins deux mois au pouvoir de l'ennemi reçoivent, à leur rentrée en France, une avance
de deux mois de la solde de captivité de leur grade.
Il est fait mention de ce paiement sur la feuille de
route qui leur est délivrée.

À leur arrivée à destination, ils sont rappelés de
cette solde pour tout le temps de leur captivité, sauf
déduction de l'avance qui leur a été faite.

Ceux qui sont restés moins de deux mois chez
l'étranger reçoivent, à leur rentrée, le paiement de
ce qui leur est dû pour la durée de leur captivité.

Sous-officiers, caporaux et soldats.

112. Les sous-officiers, caporaux et soldats rentrant des prisons de l'ennemi ont droit, à titre de
secours, à deux mois de solde, s'ils sont restés pendant deux mois au moins au pouvoir de l'ennemi;
dans le cas contraire, la solde leur est due pour le
temps de leur captivité seulement.

Cette allocation a lieu sur le pied de la solde avec
vivres de campagne.

Pièces à produire par les prisonniers rentrés.

113. Les militaires de tous les grades rentrant des
prisons de l'ennemi sont payés, par les soins du
premier commissaire aux revues ou sous-intendant
militaire auquel ils se présentent, de l'avance ou
du décompte énoncé aux articles précédents.

Pour obtenir ce paiement, ils doivent produire,
savoir : chaque officier, à défaut de son brevet ou de
sa lettre de service, un certificat du commissaire de
la puissance chez laquelle il a été détenu, constatant

son grade et le temps pendant lequel il est resté en captivité; et chaque sous-officier ou soldat, un semblable certificat : faute de quoi le paiement de ce qui peut être dû aux uns et aux autres est ajourné jusqu'à ce que leurs droits aient été reconnus. Dans ce cas, les officiers ne reçoivent que l'indemnité de séjour pour les journées de station, et ensuite que l'indemnité de route jusqu'à leur arrivée à la destination qui leur a été assignée par l'autorité militaire. Les sous-officiers et soldats n'ont droit qu'à cette dernière indemnité.

Avances autorisées pour les familles des prisonniers de guerre.

114. Lorsque des officiers ou employés militaires ont été faits prisonniers de guerre, le ministre de la marine peut autoriser leurs familles à recevoir la moitié de leur traitement de captivité.

Les autorisations accordées en vertu de la disposition précédente ne peuvent avoir d'effet que pour une année, si elles ne sont pas renouvelées.

Ces paiements ont lieu à titre d'avance, et la retenue en est opérée sur le décompte de la solde des officiers ou employés, lors de leur retour en France.

En cas de décès d'un officier ou d'un employé militaire prisonnier de guerre, si les avances reçues par sa famille jusqu'au jour où elle est officiellement informée du décès dépassent le montant du décompte de la solde de captivité, les paiements effectués sont considérés comme définitifs, et le trop perçu ne donne lieu à aucune reprise.

SECT. III. — DE LA SOLDE DE DISPONIBILITÉ.

À qui due.

115. La solde de disponibilité est due aux officiers généraux du cadre d'activité, et aux officiers supérieurs et autres faisant partie des états-majors de l'infanterie et de l'artillerie, qui ne sont pas pourvus de lettres de service.

Officier promu à un grade supérieur.

116. L'officier en disponibilité qui est promu à un grade supérieur sans changer de position reçoit la solde de disponibilité de son nouveau grade à compter du jour où lui est parvenu l'avis de sa promotion, et conformément à ce qui est prescrit par l'art. 32.

Solde payable au lieu de la résidence.

117. Les officiers en disponibilité jouissent de leur traitement dans le lieu où ils résident avec l'autorisation du ministre de la marine.

Changement de résidence et absence légale.

118. L'officier qui jouit de la solde de disponibilité ne peut changer de domicile ni s'absenter de son département qu'après en avoir obtenu la permission du ministre de la marine.

119. L'officier en disponibilité qui s'absente régulièrement de son domicile est rappelé de sa solde à son retour; il ne peut en être payé, pendant la durée de son absence, qu'en vertu d'une décision spéciale du ministre de la marine.

Cas d'absence irrégulière.

120. L'officier en disponibilité qui s'absente de son domicile sans autorisation régulière, ou qui dépasse la limite de sa permission, n'a droit à aucun rappel de solde pour tout le temps de son absence.

SECT. IV. — DES DÉLÉGATIONS.

Cas où les délégations sont autorisées, et formes à suivre.

121. Les officiers et les employés militaires destinés à aller servir aux colonies, ceux qui sont embarqués ou qui font partie d'une expédition maritime, ont la faculté de déléguer en faveur de leur famille ou d'un tiers, jusqu'à concurrence du quart de la solde du grade dont ils sont pourvus au moment de leur départ.

Toutefois, cette proportion peut être dépassée lorsque, sur la demande motivée des officiers, le ministre de la marine juge convenable d'autoriser une exception.

Ceux qui veulent souscrire des délégations doivent en faire, avant leur départ, la déclaration au commissaire aux revues ou à l'officier du commissariat chargé de le suppléer. Cette déclaration porte énonciation des noms, prénoms, armes, grades ou emplois des délégants; du montant de leur solde; de la portion déléguée; de l'époque à commencer, de laquelle elle doit être payée; des noms, prénoms et demeures des personnes autorisées à la toucher, et de celles qui doivent leur être substituées en cas de mort ou de refus.

Dans aucun cas les sous-officiers, caporaux et soldats ne peuvent déléguer une portion de leur solde.

122. Le commissaire aux revues fait mention des délégations et de leur montant d'une manière détaillée, sur les livrets des officiers sans troupe et employés militaires qui ont délégué, ou sur le livret du corps ou détachement dont le délégant fait partie. Cette mention doit être répétée au dos des lettres de service, commissions ou certificats de cessation de paiement de l'officier de troupe qui voyage isolément. Lorsque les livrets sont renouvelés, conformément à l'art. 314, ou lorsque les délégants obtiennent de nouvelles commissions ou lettres de service, la mention est répétée sur les nouveaux livrets et sur les nouvelles commissions ou lettres de service.

123. Les déclarations de délégations sont visées par les commissaires aux revues, qui énoncent sur cette pièce après avoir fait, sur les livrets, lettres de service ou commissions et cessations de paiement, les mentions ci-dessus prescrites; elles sont ensuite envoyées par ces fonctionnaires au ministre de la marine qui donne les ordres nécessaires pour le paiement des sommes déléguées.

Durée et renouvellement des délégations.

124. La durée des délégations ne peut être que d'une année pour les colonies de l'Océan Atlantique et de deux années pour les possessions qui se trouvent au delà des caps de Horn et de Bonne-Espérance. Néanmoins, si l'absence des délégants se prolonge au delà de ces termes, la délégation peut être renouvelée pour une ou pour deux années, par-devant l'officier du commissariat, sous la surveillance administrative duquel les officiers ou employés se trouvent placés. Si la déclaration de délégation n'est pas renouvelée, il ne doit plus être fait aucun paiement après le terme.

Déclarations de délégations après départ.

125. Les officiers ou employés partis sans faire de déclaration de délégation peuvent user ensuite de cette faculté, en remplissant à leur destination les formalités prescrites par les articles précédents.

126. Toute délégation cesse de plein droit à partir du premier jour du trimestre dans lequel l'officier rentre en France.

Toutefois et jusqu'à production d'un certificat indiquant les sommes payées à ce titre, la retenue du montant de la délégation continue à lui être faite.

127. Hors les cas énoncés ci-dessus, nulle délégation ne peut être autorisée que par une décision spéciale du ministre de la marine.

CHAPITRE III.

DES ACCESSOIRES DE SOLDE.

SECT. Iʳᵉ. — DES SUPPLÉMENTS.

§ 1ᵉʳ — *Des suppléments pour ancienneté de grade.*

À qui dus.

128. Les professeurs des écoles du corps de l'ar-

9

tillerie de marine ont droit à un accroissement progressif de solde pour ancienneté de service dans leur emploi.

Cet accroissement de solde est acquis aux ayants droit à dater du jour où ils ont accompli le temps de service qui en motive l'allocation, conformément aux indications du tarif; mais ils ne peuvent en être payés qu'en vertu d'une autorisation spéciale du ministre de la marine.

§ II. — *Du supplément à la solde de route.*

Supplément pour distances d'étapes parcourues en sus de la première.

129. Le supplément à la solde de route accordé pour les distances d'étapes parcourues dans un même jour, en sus de la première, est dû aux corps et détachements lorsque le mouvement a lieu d'après un ordre spécial du ministre de la marine, ou, en cas d'urgence, du préfet maritime ou du gouverneur de la colonie.

Les troupes transportées par relais ont droit à ce supplément; mais il n'est point dû à celles qui sont transportées par eau.

§ III. — *Du supplément à l'ordinaire de la troupe pour la fête du Roi.*

Comment alloué.

130. Il est alloué, le jour de la fête du Roi, aux sous-officiers, caporaux et soldats présents sous les armes, un supplément de solde destiné à l'ordinaire, et qui consiste dans la moitié d'une journée de solde, suivant la position où les troupes se trouvent le jour même, soit en station, soit en route, soit sur le pied de guerre, en garnison, ou en état de passage sur les bâtiments de l'État ou du commerce.

Les enfants de troupe participent à cette allocation.

§ IV. — *Du supplément de solde pour résidence dans Paris.*

Positions donnant droit à ce supplément.

131. Le supplément de solde pour séjour à Paris est dû aux officiers, jusqu'au grade de colonel inclusivement, aux sous-officiers, caporaux et soldats des corps de troupes stationnés, soit dans la capitale, soit dans la banlieue.

132. Les officiers sans troupe jusqu'au grade de colonel inclusivement, et les employés militaires qui se trouvent en service, soit à Paris, soit dans la banlieue, ont droit au même supplément.

133. Aucune autre position ne peut donner droit au supplément de solde pour séjour à Paris.

134. Le supplément de solde de Paris n'est dû que pour les journées de présence dans cette place ou dans la banlieue. En conséquence, les militaires jouissant de ce supplément qui vont en mission, en congé, ou qui entrent aux hôpitaux, cessent d'y avoir droit à compter du jour de leur départ ou de leur entrée à l'hôpital.

§ V. — *Du supplément de solde aux officiers avec ou sans troupe. Employés à terre dans les colonies.*

En quoi consiste ce supplément.

135. Il est alloué aux officiers avec ou sans troupe pendant la durée de leur service aux colonies, un supplément colonial fixé ainsi qu'il suit :

1° Pour les lieutenants et sous-lieutenants, à une quotité égale à leur solde d'Europe sans accessoires;

2° Pour les capitaines, aux trois quarts de leur solde d'Europe sans accessoires;

3° Pour les officiers supérieurs, à la moitié de leur solde d'Europe sans accessoires.

136. Il est alloué dans la même position aux em-

ployés militaires un supplément colonial, égal à la quotité de leur solde d'Europe sans accessoires.

SECT. II. — DES HAUTES-PAYES.

§ 1er. — *Haute-paye journalière d'ancienneté.*
Désignation de la haute-paye.

137. Une haute-paye journalière d'ancienneté, désignée sous le titre de haute-paye de premier, de deuxième et de troisième chevron, est due aux sous-officiers, caporaux et soldats en activité de service. Elle est déterminée, pour chaque degré d'ancienneté, par le tarif, tableau n° 12.

Le premier chevron est acquis à sept ans révolus de service;

Le double chevron à onze ans;

Et le triple chevron à quinze ans.

Dans les colonies, cette haute-paye journalière est doublée.

Mode de procéder dans le calcul des services donnant droit à la haute-paye.

138. Lorsqu'il s'agit de déterminer les droits des sous-officiers, caporaux et soldats à la haute-paye, les services doivent être comptés de la manière suivante :

Pour les engagés volontaires, à partir du jour où ils ont contracté leur acte d'engagement;

Pour les appelés et les substituants, à compter du 1er janvier de l'année de leur inscription sur les registres matricules des officiers de recrutement;

Pour les remplaçants admis, soit par les conseils de révision, soit par les corps, à compter de la date de l'acte de remplacement, lorsqu'ils se sont ensuite liés au service par un engagement volontaire ou un rengagement;

Pour les sous-officiers, caporaux et soldats venus

des enfants de troupe, un jour où ils ont accompli leur 18e année d'âge.

Les sous-officiers, caporaux et soldats présents sous les drapeaux, à quelque titre que ce soit, et qui sont retenus dans les colonies après l'expiration de leur temps de service, ont droit à la haute-paye comme s'ils avaient contracté un rengagement.

Hommes en congé illimité.

139. Les sous-officiers, caporaux et soldats qui obtiennent des congés illimités sont admis à compter pour la haute-paye le temps passé dans cette position.

Dispensés rentrés au service.

140. Le jeune soldat dispensé du service militaire en vertu des paragraphes 3, 4 et 5 de l'art. 14 de la loi du 21 mars 1832 sur le recrutement, et qui a perdu ses droits à la dispense, ne peut se prévaloir, pour l'admission à la haute-paye, du temps écoulé depuis le jour de la cessation des services, fonctions ou études qui lui avaient fait accorder la dispense, jusqu'à celui de la déclaration à laquelle il est obligé par l'article précité, ou, à défaut de ladite déclaration, jusqu'au jour où il aura reçu une feuille de route pour se rendre à son corps.

Déduction du temps d'absences illégales.

141. Les services admissibles pour le droit à la libération du service militaire peuvent seuls être comptés pour le droit à la haute-paye, et sauf les restrictions contenues dans les art. 138 et 142 de la présente ordonnance, relativement aux remplaçants.

Le temps pendant lequel un militaire a subi une peine correctionnelle quelconque en vertu d'un jugement d'un tribunal civil ou militaire, doit être déduit à partir du jour où sa condamnation est devenue définitive. Toutefois, si la condamnation d'un jeune soldat était antérieure au 1er janvier de l'année où il

9.

a été immatriculé, la déduction ne sera faite qu'à partir de cette dernière époque.

Les déserteurs et les insoumis condamnés ne peuvent compter le temps qui s'est écoulé jusqu'au moment où ils ont subi leur peine ou ont été graciés, savoir :

Les déserteurs, depuis le jour de leur désertion ;

Les insoumis, depuis l'époque à laquelle ils ont été déclarés insoumis.

142. Il est tenu compte aux appelés et aux engagés volontaires servant en personne du service actif qu'ils peuvent avoir fait antérieurement à leur appel ou à leur engagement.

Les remplaçants sont exclus de cette faveur ; toutefois, ils peuvent compter leurs services antérieurs, à quelque titre que ce soit, lorsqu'ils contractent un rengagement après avoir accompli le temps stipulé dans l'acte de remplacement.

Dans aucun cas, les remplaçants ne peuvent faire valoir, pour établir leurs droits à la haute-paye, les services déjà faits par les militaires dont ils ont pris la place sous les drapeaux.

Services dans les corps étrangers.

143. Les hommes ayant servi dans des corps étrangers soldés par la France sont admis à compter pour la haute-paye leurs services dans ces corps.

Cas de changement de corps.

144. Lorsque, par l'effet de rengagement ou de désignation, un sous-officier, caporal ou soldat, change de corps, il a droit à la haute-paye attribuée à l'arme pour laquelle il se rengage ou pour laquelle il est désigné, à compter du jour où il en reçoit la solde.

Hommes ayant servi comme marins.

145. Les militaires ayant des services comme marins ou comme ouvriers classés ne sont admis à les compter,

pour la haute-paye journalière, que de l'âge de dix-huit ans, et seulement pour le temps passé sur les vaisseaux ou dans les chantiers et arsenaux de l'Etat.

Dispositions spéciales aux musiciens et maîtres ouvriers.

146. Les maîtres ouvriers n'ont aucun droit à la haute-paye, s'ils ne sont liés au service comme appelés ou comme engagés volontaires.

Toutefois, après avoir contracté un engagement légal, les maîtres armuriers peuvent compter pour la haute-paye le temps qu'ils ont précédemment passé au service comme armuriers commissionnés par le ministre.

147. L'engagé qui, antérieurement à son engagement, a servi pendant sept ans comme musicien ou maître ouvrier gagiste, soit dans le corps pour lequel il s'engage, soit dans des corps différents, a droit à la haute-paye journalière attribuée à la classe à laquelle le porte la durée de ses services; mais la jouissance de cette haute-paye ne date que du jour de l'engagement, sans qu'il y ait lieu à aucun rappel pour le temps antérieur.

La haute-paye se décompte par jour.

148. La haute-paye journalière est décomptée pour chacun des jours dont se compose le mois; elle est allouée dans toutes les positions qui donnent droit à une solde d'activité quelconque, et même dans le cas de prolongation de congé sans solde.

Hommes rentrant des prisons de l'ennemi.

149. Les sous-officiers, caporaux et soldats jouissant de la haute-paye journalière, et qui sont faits prisonniers de guerre, sont, à leur retour en France, rappelés de cette haute-paye, sans progression de classe, pour tout le temps de leur captivité.

§ II. — *Hautes-payes spéciales aux tambours-majors et aux sapeurs.*

Fixation de la haute-paye.

150. Il est accordé aux tambours-majors, aux caporaux-sapeurs et aux sapeurs, une haute-paye spéciale et journalière fixée par le tarif, tableau n° 12. Elle est doublée aux colonies.

Cette haute-paye est décomptée et allouée comme il est dit à l'art. 148 pour la haute-paye d'ancienneté ; elle n'est pas due pour le temps de captivité à l'ennemi.

SECT. III. — DES INDEMNITÉS.

§ Ier. — *Des frais de représentation.*

Officiers généraux.

151. L'indemnité pour frais de représentation attribuée aux officiers généraux en activité de service, tant en France que dans les colonies, leur est accordée pour le temps de présence à leur poste.

Les officiers supérieurs appelés à remplacer temporairement les commandants militaires des colonies reçoivent, à titre de frais de représentation, pendant qu'ils exercent ces fonctions, la moitié de la solde des titulaires ; mais ils ne peuvent la cumuler avec l'indemnité de représentation qui est fixée par les tarifs pour l'exercice des fonctions de leur grade.

152. Le maréchal de camp promu au grade de lieutenant général, et le colonel promu au grade de maréchal de camp n'ont droit à l'indemnité de représentation affectée à leur nouveau commandement que du jour où ils prennent possession de ce commandement. En conséquence, s'ils restent provisoirement chargés des fonctions de leur ancien grade, l'indemnité continue de leur être allouée sans augmentation.

Chefs de corps.

153. L'indemnité de représentation attribuée aux

colonels des régiments de toute arme et aux officiers supérieurs commandant des portions de corps, leur est allouée lorsqu'ils commandent une partie quelconque de leur corps ou portion de corps, d'après les fixations du tarif n° 13.

En l'absence du colonel, l'indemnité est due au lieutenant-colonel qui le remplace.

En l'absence du colonel et du lieutenant-colonel, l'indemnité est due à l'officier supérieur commandant le corps ou la portion de corps.

Aucune indemnité à titre de commandant de corps ou de portion de corps, n'est due lorsque l'officier supérieur commandant, tout en conservant son commandement, remplit simultanément les fonctions de commandant militaire.

L'indemnité ne peut jamais être donnée à un officier qui n'est pas pourvu du grade d'officier supérieur.

Cumul de deux indemnités interdit.

154. Dans aucun cas, et sous aucun prétexte, un officier général ou supérieur remplissant des fonctions distinctes ne peut cumuler deux indemnités de représentation.

§ II. — *De l'indemnité représentative de fourrages.*

Positions dans lesquelles cette indemnité est due.

155. Les officiers ou employés militaires à qui les tarifs attribuent l'indemnité représentative de fourrages, en jouissent dans toutes les positions qui leur donnent droit à une solde quelconque d'activité.

Elle leur est due même pendant la durée des congés ou des prolongations de congé sans solde.

Pour l'officier employé aux colonies, l'indemnité de fourrages est double de celle qui est déterminée par le tarif n° 14.

Elle continue à être due dans les rassemblements sur le pied de guerre.

156. Dans les rassemblements mis sur le pied de

guerre, l'indemnité représentative de fourrages continue à être payée aux officiers d'infanterie et d'artillerie de marine faisant partie de ces rassemblements, à moins d'ordres contraires du ministre de la marine.

Cette indemnité leur est acquise en raison du nombre de chevaux dont ils doivent être pourvus conformément au tarif n° 27.

Officiers et employés se rendant à une expéditoin de guerre ou en revenant.

157. Les officiers et employés auxquels l'indemnité de fourrages est attribuée, et qui reçoivent l'ordre de se rendre à un rassemblement mis sur le pied de guerre, ont droit à cette indemnité pour le nombre de chevaux qui leur est attribué sur le pied de guerre, à compter du jour de leur départ et pendant leur séjour au rassemblement, à moins qu'ils ne reçoivent les fourrages en nature.

158. Les officiers qui s'éloignent momentanément du rassemblement par suite de mission jouissent également de l'indemnité de fourrages pour le nombre de chevaux qui leur est attribué sur le pied de guerre, pendant tout le temps de leur absence du rassemblement, s'ils justifient qu'ils ont emmené et conservé leurs chevaux.

159. L'indemnité sur le pied de guerre est due, sous les conditions prescrites par l'article précédent, aux officiers qui passent d'un rassemblement à un autre.

Officier passant de la non-activité à l'activité.

160. Les officiers sans troupe et ceux des corps de troupe à qui l'indemnité de fourrages est attribuée, commencent à en jouir lorsqu'ils passent de l'état de non-activité à celui d'activité, à compter du jour où ils ont droit à la solde de leur nouvelle position.

Officiers promus.

161. Les officiers promus à un grade qui leur donne

droit à l'indemnité de fourrages, ou à un accroissement de cette même indemnité, reçoivent celle qui est affectée à leur nouveau grade à compter du jour où la solde de ce grade leur est allouée.

Officier en retard de rejoindre.

162. L'officier de toute arme voyageant isolément, et à qui l'indemnité de fourrages est attribuée, n'en reçoit point le rappel, s'il rentre après les délais fixés par sa feuille de route.

§ III. — De l'indemnité de logement et d'ameublement.

Règles d'allocation.

163. L'indemnité de logement est due, en France ou dans les colonies, aux officiers et employés militaires qui ne sont ni campés, ni baraqués, ni logés dans les bâtiments de l'État, ou aux frais des communes.

Ceux logés dans les bâtiments non meublés, et ceux campés ou baraqués en France ou dans les colonies, ont droit seulement à l'indemnité d'ameublement.

Toutefois, l'adjudant-major, qui n'est que momentanément logé au quartier pour le service de semaine, conserve son indemité de logement ou d'ameublement.

Inspecteurs généraux d'armes.

164. Les inspecteurs généraux d'armes et leurs officiers d'ordonnance ont droit à l'indemnité de logement pendant toute la durée de leur mission.

Officiers remplissant les fonctions de commandant militaire.

Dans les colonies, les officiers qui remplissent les fonctions de commandants militaires cessent d'avoir droit à l'indemnité de logement de leur grade.

Officiers sans troupe en mission, en congé, aux hôpitaux, ou changeant de résidence.

165. Les officiers sans troupe et les employés militaires en congé ou en prolongation de congé, en mission ou aux hôpitaux, continuent d'avoir droit sans interruption, s'ils restent titulaires de leur résidence, à l'indemnité de logement ou d'ameublement dont ils jouissaient au moment de leur départ.

Dans le cas de changement de résidence, ces officiers ou employés ne conservent l'indemnité, s'ils sont présents, que pour la quinzaine commencée au jour de leur départ, et, s'ils sont absents, que pour la quinzaine dans laquelle leur est parvenu leur nouvel ordre de service, sans toutefois que la même indemnité puisse être allouée aux uns et aux autres, pour la même quinzaine, à leur destination.

Officiers appelés en témoignage.

166. Les officiers et employés militaires appelés en témoignage près d'un conseil d'enquête, d'un tribunal civil ou militaire séant hors du lieu de leur garnison ou de leur résidence, ont droit à l'indemnité de logement pendant leur absence, s'ils en jouissaient précédemment.

Officiers changeant de position.

167. L'officier passant de la non-activité à l'activité, celui qui vient d'une résidence où il était logé et meublé aux frais de l'État, n'ont droit à l'indemnité de logement ou d'ameublement qu'à compter du lendemain de leur arrivée à leur poste.

168. Tout officier passant de l'activité à la non-activité, à la retraite, à la réforme, ou qui est mis en jugement ou détenu, continue d'avoir droit à l'indemnité de logement ou d'ameublement jusqu'à l'expiration de la quinzaine pendant laquelle son service cesse.

Cette disposition est applicable au cas de décès.

Officier nommé à un grade supérieur.

169. L'officier qui, jouissant déjà de l'indemnité de logement, est promu à un grade supérieur, reçoit

l'indemnité affectée à son nouveau grade à compter
du jour où il a droit à la solde de ce grade.

Officiers de troupe allant aux hôpitaux, en congé, ou qui
changent de garnison.

170. Les officiers de corps de troupe qui entrent
aux hôpitaux, qui vont en congé ou qui se rendent
à une nouvelle garnison, ne cessent d'avoir droit à
l'indemnité de logement ou d'ameublement, s'ils en
jouissaient, qu'après l'expiration de la quinzaine pendant laquelle leur changement de position a lieu,
et sans que cette allocation puisse être renouvelée
pour la même quinzaine, ainsi qu'il est dit à l'art. 165.

L'officier changeant de garnison ou de résidence
par suite de promotion, et qui arrive à sa destination
avant l'expiration de la quinzaine pour laquelle l'indemnité lui a été allouée à son départ, est rappelé, à
dater du lendemain de son arrivée, du complément
de l'indemnité de logement ou d'ameublement qui lui
revient d'après son nouveau grade.

Officiers allant aux eaux.

171. Les officiers de corps de troupe qui obtiennent des congés avec solde de présence pour aller
prendre les eaux dans des établissements militaires
ou civils, et qui n'y sont point traités aux frais de
l'Etat, ont droit à l'indemnité de logement pour le
temps effectif de leur séjour dûment constaté dans ces
établissements.

Officiers démissionnaires.

172. L'officier démissionnaire cesse d'avoir droit à
l'indemnité de logement ou d'ameublement à compter
du lendemain du jour où il a reçu l'avis de l'acceptation de sa démission.

Supplément pour séjour à Paris.

173. Les suppléments aux indemnités de logement
et d'ameublement accordés pour le séjour à Paris sont

10

dus à tout officier ayant droit au supplément de solde dans cette place, s'il y est logé ou meublé à ses frais ; mais ils ne sont pas dus aux officiers des corps de troupe qui se trouvent stationnés dans les différentes places de la banlieue pour le temps pendant lequel ces officiers ne sont point de service dans Paris.

Les officiers généraux qui sont pourvus de lettres de service pour exercer leurs fonctions à Paris, ou qui y sont appelés ou retenus temporairement par ordre de notre ministre de la marine, pour raison de service, ont droit aux suppléments d'indemnité de logement ou d'ameublement.

Ces suppléments sont alloués par quinzaine, dans les cas prévus par les art. 165 et 170.

Supplément pour séjour aux colonies.

174. L'indemnité de logement et d'ameublement, déterminée par le tarif n° 15, est doublée pour les officiers et employés militaires servant aux colonies.

Supplément pour emplacement de bureaux.

175. Il est accordé aux majors des portions centrales, aux trésoriers et aux capitaines d'habillement des corps un supplément d'indemnité de logement pour l'emplacement de leurs bureaux, lorsque cet emplacement n'a pu leur être fourni dans les bâtiments de l'État.

Les officiers payeurs et les officiers chargés de l'habillement ont droit à un supplément de même nature quand ils sont employés près d'une portion de corps ayant un conseil d'administration secondaire ou éventuel, et qu'en outre leur bureau n'est pas établi dans un bâtiment militaire.

Ce supplément est réduit à la moitié si le local est fourni sans meubles.

Officiers qui refusent le logement ou les meubles qui leur sont assignés.

176. L'officier qui refuse d'occuper le logement qui

lui est assigné dans un bâtiment de l'Etat ne peut prétendre à l'indemnité représentative de logement.

Il ne peut pas non plus prétendre à l'indemnité d'ameublement, s'il refuse les meubles qui lui sont fournis au compte de l'Etat.

§ IV. — De l'indemnité pour frais de bureau.

Elle est due pour la durée des fonctions.

177. L'indemnité, attribuée pour frais de bureau aux officiers sans troupe, leur est allouée à dater du jour de leur entrée en fonctions; elle cesse avec ces mêmes fonctions.

En conséquence, celui qui passe d'une résidence à une autre n'a point droit à cette indemnité pour le temps de la route.

Les absences légales n'en suspendent pas la jouissance.

178. Les officiers désignés en l'article précédent qui s'absentent momentanément de leur poste, en vertu d'une autorisation régulière, conservent leur droit à l'indemnité de frais de bureau pendant tout le temps de leur absence, à la charge par eux de pourvoir à la dépense de leurs bureaux. S'ils ne remplissent pas cette condition, l'indemnité est acquise de droit à leurs suppléants.

En cas de vacance d'emploi, ou d'absence des colonies par congé, l'indemnité est due à l'intérimaire.

Officiers exerçant des fonctions supérieures.

179. Lorsqu'un officier d'artillerie est commissionné pour remplir les fonctions de directeur, il a droit également à l'indemnité attribuée à ces fonctions.

Majors et officiers comptables des corps.

180. Des indemnités de frais de bureau sont personnellement accordées dans les corps de troupes aux

majors, trésoriers, officiers d'habillement et officiers payeurs, ainsi qu'aux commandants des compagnies formant corps.

L'allocation de ces indemnités a lieu conformément aux règles déterminées par les art. 177 et 178. Accordées à titre d'abonnement, elles doivent subvenir à toutes les dépenses de frais de bureau qui se rattachent à l'exercice des fonctions de chaque emploi, d'après les indications du tarif, tableau n° 16, et sans que, dans aucun cas, des dépenses de cette nature puissent être prélevées sur la masse générale d'entretien.

Corps de nouvelle formation.

181. Il est alloué aux corps de nouvelle formation et à ceux dont le nombre de compagnies se trouve augmenté, une indemnité spéciale pour les dépenses de premier achat de registres et autres objets nécessaires à la comptabilité et à l'administration du corps.

Cette indemnité est fixée par le tarif, tableau n° 16.

Disposition spéciale à l'état de guerre.

182. Sur le pied de guerre, les officiers désignés en l'art. 177 ne jouissent également de l'indemnité de frais de bureau que pendant la durée effective de leurs fonctions.

§ V.— Des indemnités en remplacement de vivres.

Fournitures qu'elles représentent.

183. Des indemnités peuvent être accordées en remplacement des vivres de campagne, de l'eau-de-vie ou du vin.

Cas où elles sont dues.

184. Ces indemnités sont dues aux corps de troupe et aux militaires dans les mêmes positions où ils ont droit aux distributions en nature qu'elles représentent.

Par qui autorisées.

185. Aucune indemnité en remplacement de vivres ne doit être allouée, soit en France, soit aux colonies, sans une décision spéciale, ou du ministre de la marine, ou du gouverneur de la colonie.

§ VI. — *Des indemnités accordées aux sous-officiers embarqués à bord des bâtiments de l'Etat.*

Cas où elles sont dues.

186. Les sous-officiers embarqués à bord des bâtiments de l'Etat, soit comme passagers, soit comme faisant partie de la garnison, ont droit aux indemnités fixées par le tarif n° 18. Cette dépense est payable comme la solde.

Ces indemnités ne sont pas dues aux militaires remplissant les fonctions de sergents et caporaux d'armes.

§ VII. — *De l'indemnité extraordinaire allouée en cas de rassemblement.*

Règles d'allocation.

187. Lorsque des rassemblements extraordinaires de troupes ont lieu, il est accordé aux officiers, sous-officiers, caporaux et soldats, ainsi qu'aux employés militaires qui font partie de ces rassemblements, une indemnité motivée sur la cherté des vivres. Cette allocation doit préalablement être autorisée par une décision royale.

L'indemnité n'est due que pour les journées passées dans la circonscription du rassemblement, soit en marche, soit en station. Elle est fixée, selon les grades ou emplois, et pour toutes les armes indistinctement, par le tarif, tableau n° 19.

Cette indemnité est due aux enfants de troupe qui ont accompli leur quatorzième année.

§ VIII. — *Des indemnités pour pertes de chevaux et d'effets.*

Perte de chevaux.

188. Les officiers qui, en raison de leur grade, doivent avoir des chevaux, et qui ont été faits prisonniers de guerre autrement que par capitulation, reçoivent, à leur retour des prisons de l'ennemi, pour la perte de leurs chevaux, l'indemnité déterminée par le tarif, tableau n° 20.

Perte d'effets.

189. L'indemnité pour perte d'effets est due aux officiers qui, ayant été faits prisonniers de guerre autrement que par capitulation, et étant de retour des prisons de l'ennemi, reçoivent l'ordre de rentrer immédiatement en campagne.

Les pertes de cette nature éprouvées par les officiers dans d'autres circonstances dérivant d'un service commandé, et par suite d'événements de force majeure dûment constatés, n'ouvrent de droit à indemnité qu'en vertu d'une décision spéciale du ministre de la marine, rendue sur un rapport motivé.

Justification des pertes.

190. Les indemnités pour perte de chevaux ou d'effets, en cas de captivité, ne peuvent être allouées aux officiers sans troupe que sur des extraits des contrôles annuels délivrés par les dépositaires de ces contrôles, constatant l'époque de la captivité ainsi que l'affaire où chaque officier a été fait prisonnier de guerre. Si les contrôles annuels ont été envoyés au ministère de la marine, conformément aux dispositions de l'art. 405, les indemnités ne peuvent être accordées que sur une autorisation du ministre.

Pour les officiers de troupe, les indemnités de pertes ne peuvent être accordées que sur un certificat du conseil d'administration de leur corps, constatant également l'époque de la captivité et l'affaire où elle a eu lieu. Ce certificat doit être visé par le commissaire aux revues ou par le sous-intendant militaire, après vérification, tant sur les contrôles annuels que sur le contrôle particulier des prisonniers de guerre et le registre de service des officiers.

Chevaux tués dans une action.

191. Les officiers qui, dans une affaire contre l'ennemi, ont eu des chevaux tués, reçoivent pour chaque cheval l'indemnité fixée par le tarif, tableau n° 19. La perte est constatée par des certificats qui en précisent la date et indiquent l'affaire où elle a eu lieu. Les certificats sont délivrés, savoir :

Pour les officiers sans troupe, par les chefs d'état-major ;

Pour les officiers des corps, par les conseils d'administration de ces corps, ou, à défaut de conseil, par le commandant de la troupe.

Ces certificats sont visés par le commandant en chef. Ils doivent, sous peine de déchéance, être remis, dans les quinze jours qui suivent l'événement, à l'officier du commissariat chargé d'ordonnancer le paiement de la solde des officiers qui ont éprouvé les pertes.

§ IX. — *De l'indemnité de lit de bord.*

A qui allouée.

192. Les officiers sans troupe, les officiers de troupe et les employés militaires désignés au tarif n° 21, ont droit, au moment de leur embarquement, à une indemnité pour achat de lit de bord.

Cette indemnité n'est allouée qu'une seule fois pour chaque mission, lors même que cette mission nécessite plusieurs débarquements successifs. Elle n'est pas due à l'officier embarqué par suite de congé pour affaires personnelles.

Cette indemnité n'est pas payée lorsque des effets

de couchage sont délivrés en nature des magasins de l'Etat.

§ X. — *De l'indemnité allouée pour le transport des chevaux.*

Comment allouée.

193. Les officiers ayant droit d'être montés, et qui sont pourvus de chevaux au moment où ils reçoivent l'ordre de se rendre de France aux colonies, ou des colonies en France, perçoivent, pour le transport de chaque cheval, une indemnité déterminée par le tarif n° 22.

Toutefois, cette indemnité n'est payée que quand les bâtiments de l'Etat sur lesquels les officiers prennent passage ne peuvent recevoir les chevaux, et lorsqu'il est constaté que le transport a été effectué sur un bâtiment de commerce.

§ XI. — *De l'indemnité attribuée aux vaguemestres des corps.*

Fixation de l'indemnité.

194. Les vaguemestres des corps de troupe reçoivent, suivant leur position, une indemnité journalière fixée par le tarif, tableau n° 23. Dans les colonies, cette allocation est augmentée d'une somme égale.

195. L'indemnité attribuée aux vaguemestres ou à leurs suppléants leur est allouée pour les journées effectives de service dans cet emploi.

SECT. IV. — DES GRATIFICATIONS.

§ Ier. — *De la première mise d'équipement aux sous-officiers promus officiers.*

Fixation de la gratification.

196. Les sous-officiers promus officiers jouissent

d'une gratification de première mise qui est fixée, selon l'arme, par le tarif, tableau n° 24.

Dans tous les cas où cette gratification est payée dans une colonie, elle est augmentée de moitié.

A qui allouée.

197. La gratification de première mise est allouée à tout sous-officier en activité au moment de sa promotion au grade de sous-lieutenant dans un des corps de la marine, quelle que soit la durée de ses services. S'il passe immédiatement à un autre corps, la gratification lui est payée avant son départ.

§ II. — *Des gratifications aux sous-officiers et caporaux instructeurs.*

A qui et comment allouées.

198. Des gratifications annuelles sont accordées, dans les corps de troupes, aux sous-officiers et caporaux chargés spécialement de l'instruction.

Ces gratifications sont fixées, selon l'arme et le corps, par le tarif, tableau n° 25.

Répartition.

199. Les inspecteurs généraux d'armes arrêtent, à la fin de l'inspection de chaque corps, la répartition de la gratification entre les instructeurs qu'ils ont jugés les plus méritants.

Les officiers ne peuvent, en aucun cas, participer à cette répartition.

§ III. — *De la gratification d'entrée en campagne.*

Cas où elle est due.

200. L'officier ou l'employé militaire qui reçoit l'ordre de se rendre à une armée active, ou de faire partie d'une expédition de guerre, et qui exécute cet ordre, a droit à la gratification d'entrée en campagne affectée à son grade par le tarif, tableau n° 26. Elle n'est point due à l'officier chargé d'une mission temporaire.

Dans tous les cas où cette gratification est payée dans une colonie, elle est augmentée de moitié.

Droits des sous-officiers promus officiers.

201. Tout sous-officier promu au grade de sous-lieutenant, faisant partie d'une expédition de guerre, a droit à la gratification, s'il y reste employé dans son nouveau grade ou s'il passe à une autre expédition.

Dans la même position, l'officier qui avance en grade, sans cesser non plus de faire partie d'une expédition, reçoit le complément de la gratification affecté à son nouveau grade.

Retour des officiers à une expédition de guerre.

202. Tout officier ou employé militaire rentré d'une expédition de guerre, autrement que par congé ou mission, et qui reçoit l'ordre d'y retourner ou de se rendre à une autre expédition, après avoir séjourné plus d'un an, soit en France, soit dans les colonies, a droit à une nouvelle gratification d'entrée en campagne, selon le grade dont il est alors pourvu.

Paiement de la gratification.

203. La gratification d'entrée en campagne ne peut être payée aux officiers et employés militaires y ayant droit que d'après un ordre spécial du ministre de la marine.

204. L'officier qui, après avoir touché la gratification d'entrée en campagne, reste dans le lieu où il a reçu son ordre de départ, est passible du remboursement de cette gratification, à moins qu'il n'y soit retenu par une circonstance indépendante de sa volonté.

CHAPITRE IV.

DE LA SOLDE DE NON-ACTIVITÉ.

Définition de la solde de non-activité.

205. La solde de non-activité est due à tout officier appelé à la recevoir dans les cas déterminés par la loi du 19 mai 1834.

Cette solde varie suivant les causes d'admission spécifiées par la même loi, et s'applique au grade selon la spécialité des armes. Lorsque le grade ou l'emploi se divise en classes, la solde n'est allouée que sur le pied de la dernière classe, à moins que la classe ne corresponde à un grade différent.

Cette solde, à l'égard des officiers retenus dans les colonies par des circonstances indépendantes de leur volonté, est établie proportionnellement à la solde d'activité, augmentée du supplément colonial déterminé par l'art. 135.

Autorisation de paiement réservée au ministre.

206. Nul ne peut recevoir la solde de non-activité ailleurs que dans le lieu de sa résidence, et sans l'autorisation préalable du ministre de la marine, laquelle est indépendante du titre dont l'officier doit être pourvu.

207. Les officiers en non-activité sont soumis, en cas d'absence, aux règles déterminées par les art. 119 et 120, concernant les officiers en disponibilité.

CHAPITRE V.

DES POSITIONS OU CAS PARTICULIERS ENTRAINANT PRIVATION DE LA SOLDE.

Absence irrégulière.

208. Le militaire ou l'employé militaire qui s'absente de son corps ou de son poste sans autorisation régu-

lière ne reçoit aucune solde pour le temps de son absence.

Les hommes manquant à l'appel cessent d'avoir droit à la solde à compter du lendemain de leur disparition. Elle ne leur est point due, quand ils rentrent, pour le jour de leur retour au corps.

Désertion.

209. N'ont droit à aucun rappel les sous-officiers, caporaux et soldats qui, déclarés déserteurs, seraient acquittés par le tribunal militaire devant lequel ils auraient été traduits.

Officier arrivant après les délais fixés par sa feuille de route.

210. L'officier ou l'employé militaire qui, se rendant à son corps ou à son poste, a droit à une solde quelconque pour le temps de sa route, ne peut être rappelé de cette solde s'il n'a rejoint dans les délais fixés par sa feuille de route, sauf le cas d'empêchement légitime dûment constaté.

Officier démissionnaire.

211. L'officier ou l'employé militaire qui donne sa démission étant en congé ou en prolongation de congé, perd ses droits à tout rappel de traitement pour le temps de son absence, si sa démission est acceptée.

Militaires réformés ou congédiés en position d'absence.

212. Il n'est dû aucun rappel de solde, depuis le jour de leur départ du corps, aux sous-officiers, caporaux et soldats désertés, réformés, congédiés définitivement, ou pensionnés, étant en congé ou à l'hôpital.

Dans ce dernier cas, il n'est également dû aucun rappel à ceux qui, par suite d'une éventualité quelconque, rentreraient au corps avant d'avoir reçu leur congé.

Militaires rentrant après les délais fixés par leur feuille de route.

213. Sont également privés de tout rappel pour le

temps de leur absence, sauf le cas d'empêchement légitime dûment constaté, les sous-officiers, caporaux et soldats qui rentrent à leur corps après l'expiration des délais déterminés par leur feuille de route.

Toutefois, quand il s'agit d'un militaire rentrant d'un hôpital externe, et qui a été forcé, par le mauvais état de sa santé, de s'arrêter en route, le commissaire aux revues peut, sur la proposition du chef du corps, lui allouer le rappel de sa solde et de la prime d'entretien de la masse individuelle, pourvu que le retard qu'il aura mis à rejoindre ne dépasse pas le terme d'un à quatre jours, selon le plus ou moins d'étendue de la distance parcourue. En dehors de cette limite, le ministre de la marine a seul le droit d'autoriser de semblables rappels.

214. Le militaire qui ne rapporte pas sa feuille de route et son congé ne peut prétendre à aucun rappel avant l'expiration d'un délai de six mois, à partir de sa rentrée au corps.

Prescription.

215. Conformément à l'art. 9 de la loi du 29 janvier 1831, sont prescrites et définitivement éteintes au profit de l'Etat toutes créances de solde, accessoires de solde et indemnités quelconques qui, à défaut de justifications suffisantes, n'auraient pu être liquidés, ordonnancés et payés dans un délai qui est fixé à cinq années pour les créanciers domiciliés en Europe, et à six années pour les créanciers résidant hors du territoire européen. Ce délai court du 1er janvier de l'année à laquelle les créances appartiennent.

Toutefois, aux termes de l'art. 10 de la même loi, la prescription ne peut avoir lieu à l'égard des créances dont l'ordonnancement et le paiement auraient été différés au delà des délais déterminés, par le fait de l'administration ou par suite de pourvois formés devant le conseil d'Etat.

Autres cas emportant privation de la solde.

216. La privation de solde est étendue aux militaires des différents grades qui se trouvent dans l'une des positions spécifiées aux art. 28, 46, 69, 70, 72, 74, 75, 92, 95, 100, 102, 103, 109 et 120.

CHAPITRE VI.

DES MASSES.

SECT. I. — DE LA MASSE INDIVIDUELLE.

§ Ier. — Première mise de petit équipement.

Due à chaque homme nouveau.

217. Chaque soldat nouveau a droit, suivant l'arme à laquelle il appartient, à une première mise de petit équipement déterminée par le tarif, tableau n° 28. Cette allocation forme le premier fonds de la masse individuelle.

218. Sont considérés comme nouveaux soldats ayant droit à la première mise de petit équipement :
1° Les jeunes soldats, leurs substituants et remplaçants;
2° Les engagés volontaires;
3° Les hommes rentrant des prisons de l'ennemi;
4° Les déserteurs amnistiés, rayés des contrôles;
5° Les hommes sortant des équipages de ligne.

Maîtres-ouvriers.

219. Ont droit à une première mise spéciale d'habillement et de petit équipement, les hommes admis dans un corps comme maîtres-ouvriers. Elle est également déterminée par le tarif.

Première mise provisoire des hommes jugés impropres au service.

220. L'homme de recrue qui, en arrivant dans un corps, paraît susceptible de réforme, a droit à une première mise provisoire uniformément fixée par le tarif, sans distinction d'arme.

S'il est ensuite jugé propre au service, le complément de la première mise réglementaire lui est alloué selon l'arme dans laquelle il doit continuer à servir.

Celui auquel la première mise entière a été allouée, et qui est ultérieurement réformé pour des causes déjà existantes, mais inconnues à l'époque de son incorporation, subit, sur le décompte de sa masse individuelle, et quelle que soit la durée de son séjour au corps, la retenue de la moitié de la première mise, si cette masse en offre les moyens; dans le cas contraire, l'avoir à la masse est retenu en totalité. Cette disposition est applicable à l'engagé volontaire renvoyé dans ses foyers par suite de l'annulation de son acte d'engagement.

En ce qui concerne les hommes réformés après avoir reçu la première mise provisoire, la retenue à exercer comprend le montant intégral de leur masse.

La reprise du montant de ces diverses déductions s'opère par voie d'imputation sur la solde du corps.

Enfants de troupe.

221. Les enfants de troupe ont droit à la première mise lorsque, ayant atteint l'âge de quatorze ans, ils font le service de tambours, clairons ou musiciens, ou sont employés, soit dans les bureaux des officiers comptables, soit dans les ateliers du corps; mais elle ne leur est pas allouée de nouveau à l'âge de dix-huit ans, s'ils contractent un engagement volontaire.

S'ils se refusent ou s'ils ne sont pas admis à contracter un engagement, il est fait reprise de la totalité de leur avoir à la masse, suivant le mode indiqué à l'article précédent.

Hommes changeant d'arme ou promus.

222. Les hommes passant d'un service à cheval à

un service à pied reçoivent un supplément de première mise déterminé par le tarif, tableau n° 25.

Un supplément de première mise, augmenté de moitié dans les colonies, est également alloué aux sous-officiers promus adjudants.

Exclusions.

223. N'ont pas droit à une nouvelle première mise de petit équipement :

1° Les hommes en congé illimité rappelés au service;

2° Ceux qui, après s'être absentés de leur corps, rejoignent avant l'expiration des délais fixés pour la prévention de désertion ;

3° Ceux qui, après avoir été mis en prévention de désertion, sont absous par jugement, ou ont été l'objet d'un refus d'information de la part du commandant supérieur sur les lieux ;

4° Ceux qui sortent des ateliers de condamnés aux travaux publics et au boulet, et généralement tous ceux qui ont subi, par suite d'un jugement, une peine correctionnelle n'entraînant pas la radiation des contrôles ;

5° Ceux qui, à l'expiration de leur temps de service, restent sous les drapeaux comme remplaçants.

224. Il n'est point dû de première mise de petit équipement au remplacé qui, ayant fait un court séjour au corps, n'y a point été équipé.

La première mise n'est pas due non plus :

1° Aux remplaçants autres que ceux désignés en l'article précédent, lorsque l'allocation en a déjà été faite pour l'homme qu'ils remplacent;

2° A l'homme de recrue nouvellement incorporé qui aurait été rayé des contrôles, par suite d'une éventualité quelconque, avant d'avoir reçu des effets de petit équipement.

Dans le cas où l'homme de recrue entre à l'hôpital

sans avoir été équipé, l'allocation de la première mise
n'a lieu qu'à son retour au corps.

Hommes passant aux compagnies de discipline.

225. Les marins passant des équipages de ligne
dans la compagnie de discipline ont droit à une première mise de petit équipement déterminée par le
tarif n° 25.

Les militaires qui passent d'un corps de troupe
dans cette compagnie n'ont droit ni à une nouvelle
première mise ni à un supplément.

§ II. — *Prime journalière d'entretien de la masse
individuelle.*

Dans quelles positions elle est due.

226. La masse individuelle est alimentée au moyen
d'une prime journalière d'entretien allouée aux sous-
officiers, maîtres-ouvriers, caporaux et soldats, ainsi
qu'aux enfants de troupe agés de 14 ans, dans toutes
les positions de présence, soit à leur corps, soit en
subsistance dans un autre corps.

227. La prime journalière est également allouée,
dans toutes les positions d'absence légale, aux hommes
faisant partie de l'effectif.

Les militaires en congé illimité y ont pareillement
droit à dater du jour de leur départ pour rejoindre,
quand ils sont rappelés sous les drapeaux.

228. La prime journalière est due, sans interruption, aux militaires conduits par la gendarmerie à
une prison externe pour y subir une peine disciplinaire, ainsi qu'à ceux qui, étant en route, sont mis
entre les mains de la gendarmerie pour être conduits
à destination.

229. La prime journalière est allouée aux jeunes
soldats et aux engagés volontaires à dater du lendemain de leur arrivée au corps, ou à compter du jour
même de leur incorporation, s'ils étaient domiciliés
dans le lieu où le corps tient garnison.

Hommes libérés.

230. Les hommes libérés du service cessent d'avoir droit à la prime journalière d'entretien à compter du jour de leur départ du corps, alors même que, pour rentrer dans leurs foyers, ils seraient formés en détachement.

Cas où se perd le droit au rappel.

231. Le droit au rappel de la prime se perd dans les mêmes circonstances qui donnent lieu à la privation du rappel de solde.

Exclusions.

232. N'ont pas droit à la prime journalière :

1° Le remplacé qui, ayant fait un court séjour au corps, n'y a point été équipé;

2° L'homme de recrue nouvellement incorporé qui aurait été rayé des contrôles avant d'avoir reçu des effets de petit équipement.

SECT. II. — DE LA MASSE GÉNÉRALE D'ENTRETIEN.

Allocation et objet de la masse.

233. Il est alloué à tous les corps de troupe, sous la dénomination de masse générale d'entretien un fonds commun destiné à subvenir à leurs dépenses intérieures.

Cette masse se divise en deux portions distinctes : la première est exclusivement affectée aux dépenses de la musique; la seconde aux dépenses diverses d'entretien, y compris les frais de culte, lorsqu'il y a lieu.

Fixation.

234. La masse d'entretien est réglée par le tarif, tableau n° 29, selon l'arme et l'organisation de chaque corps.

Corps de nouvelle formation.

235. Les corps de nouvelle formation et ceux dont

le nombre de compagnies se trouve augmenté reçoivent, à titre de secours à leur masse d'entretien, une somme fixe qui est également déterminée par le tarif.

A qui payée.

236. La masse d'entretien est payée au conseil d'administration central de chaque corps. Quand, à raison de son organisation, un corps se trouve divisé, chaque portion de corps est autorisée à effectuer, sur le fonds commun, pour ses propres besoins, des dépenses qui ne peuvent, dans aucun cas, excéder la quotité déterminée par notre ministre de la marine, sur la proposition du conseil central.

237. Lorsqu'une ou plusieurs compagnies se séparent de la portion de corps à laquelle elles appartiennent, le conseil de cette portion de corps détermine, sous l'approbation du commissaire aux revues, les sommes à effectuer aux dépenses des compagnies détachées.

Cette formalité remplie, le nouveau conseil éventuel formé au moment de la séparation, ou, à défaut de conseil éventuel, le commandant du détachement est autorisé à faire des dépenses sur le fonds commun, mais seulement jusqu'à concurrence des sommes déterminées, et à la charge d'en rendre compte au conseil d'administration central.

CHAPITRE VII.

DISPOSITIONS PARTICULIÈRES CONCERNANT LES TROUPES MISES A LA DISPOSITION DU DÉPARTEMENT DE LA GUERRE.

Troupes mises à la disposition de la guerre, payées par ce département à titre d'avances remboursables par la marine.

238. Lorsque les troupes de la marine sont mises temporairement à la disposition du département de la guerre, elles reçoivent, à compter du jour de leur

départ d'un port, et par les soins des agents de ce département, la solde et les masses auxquelles elles ont droit, mais à titres d'avances remboursables par le département de la marine.

Fournitures en nature.

239. Les fournitures en nature qui sont faites depuis le jour du départ sont à la charge du département de la marine, qui en rembourse le montant à celui de la guerre.

Officiers sans troupe.

240. Les dispositions relatives aux troupes sont applicables aux officiers sans troupe et aux employés militaires.

TITRE III.

DES PRESTATIONS EN NATURE.

CHAPITRE PREMIER.

DES SUBSISTANCES ET DU CHAUFFAGE.

SECT. Ire. — DES SUBSISTANCES.

§ Ier. — Du pain.

A qui dû sur le pied de paix.

241. Le pain de munition est dû sur le pied de paix, à raison d'une ration par homme et par jour, à tous les sous-officiers, caporaux, soldats et enfants de troupe des corps de toutes armes, tant en station qu'en route, lorsqu'ils marchent en corps ou en détachement.

A qui dû sur le pied de guerre.

242. Le pain de munition est dû sur le pied de

guerre aux officiers, sous-officiers, caporaux et soldats, ainsi qu'aux employés militaires.

Le nombre de rations attribuées à chaque grade ou emploi est réglé par le tarif, tableau n° 30.

Militaires détenus.

243. Sur le pied de guerre, le pain est dû à tout militaire détenu ; sur le pied de paix, il n'est dû, dans le même cas, qu'aux sous-officiers, caporaux et soldats.

Cas où le pain n'est pas dû.

244. Le pain n'est point dû aux hommes en congé, en semestre, en permission, à l'hôpital ou marchant isolément, ni aux hommes employés en France comme garnisaires.

Il n'est pas dû non plus, en temps de guerre, aux militaires nourris chez l'habitant.

Exception.

Cependant, dans les colonies, le pain est dû aux hommes employés comme garnisaires, et il est également alloué, le jour de l'entrée à l'hôpital, aux militaires qui y sont admis extraordinairement après la visite réglementaire des officiers de santé.

Composition de la ration.

245. La composition et le poids de la ration de pain sont déterminés par le règlement sur le service des subsistances.

§ II. — *Des vivres supplémentaires accordés dans les colonies.*

A qui dus.

246. En outre du pain de munition, une ration de vivres supplémentaire est allouée, sur le pied de paix, aux sous-officiers, caporaux, soldats et enfants des corps de troupe stationnés dans les colonies.

Les enfants de troupe, à l'exception de ceux qui

ont accompli leur quatorzième année, n'ont pas droit
à la ration de vin.

Leur nature.

247. La composition de la ration de vivres supplémentaire est fixée dans chaque colonie par un arrêté
du gouverneur, sous l'approbation de notre ministre
de la marine.

Comment alloués.

248. La ration de vivres supplémentaire est allouée
dans toutes les positions qui donnent droit à la ration
de pain.

§ III. — Des vivres de campagne.

Dus généralement sur le pied de guerre.

249. Sur le pied de guerre, tant en France qu'aux
colonies, les vivres de campagne sont dus, dans la
position de présence, aux officiers et employés militaires, sous-officiers, caporaux et soldats de toute
arme, suivant les règles prescrites pour l'allocation
de la solde de guerre. Les militaires détenus y ont
également droit.

Le nombre de rations attribuées à chaque grade ou
emploi est fixé par le tarif, tableau n° 30.

Cas où ils peuvent être alloués sur le pied de paix.

250. Sur le pied de paix, en France, les vivres de
campagne peuvent être accordés éventuellement, en
vertu de décisions spéciales du ministre de la marine,
aux sous-officiers, caporaux et soldats tenant garnison
dans les forts ou îles en mer. Dans ce cas, la troupe
n'a droit qu'à la solde avec vivres de campagne.

Indemnité substituée à la fourniture des vivres.

251. La fourniture de vivres de campagne, accordés
en vertu de l'article précédent, peut être remplacée
par une indemnité en deniers représentative de la
ration. Cette substitution n'a lieu que lorsqu'elle est

autorisée par une décision spéciale du ministre de la marine.

Militaires embarqués.

252. Les officiers, sous-officiers, caporaux et soldats en garnison et de passage à bord des bâtiments de l'Etat ou du commerce, participent, pendant la durée de leur embarquement, au titre et au compte des bâtiments, à la distribution des vivres de bord.

Les employés militaires passagers ont également droit aux vivres de bord.

§ IV. — *Des liquides.*

Distributions; par qui autorisées.

253. Le droit aux rations de liquides est acquis aux hommes de troupe présents sous les armes, lorsque des décisions du ministre de la marine ou des ordres des commandants en chef des expéditions en ont prescrit la distribution.

En France et dans les colonies, les préfets maritimes et les gouverneurs peuvent, en cas d'urgence, autoriser des distributions de liquides, sous la condition d'en rendre compte sans délai au ministre de la marine.

Distributions aux revues d'inspection.

254. A l'époque de la revue annuelle d'inspection d'un corps de troupe, l'inspecteur général autorise la distribution extraordinaire d'une ration de vin ou d'eau-de-vie par homme aux sous-officiers, caporaux et soldats présents à la revue d'honneur. Cette allocation ne peut avoir lieu qu'une seule fois pour la même inspection.

Remplacement par une indemnité.

255. Sur le pied de paix, les distributions extraordinaires de liquide accordées aux troupes peuvent, d'après l'ordre du ministre de la marine, être remplacées par des indemnités individuelles en argent, ainsi qu'il est dit à l'art. 183.

Les enfants de troupe, à l'exception de ceux qui ont accompli leur quatorzième année, ne participent point à ces distributions extraordinaires.

Distribution de liquides pendant les chaleurs

256. Chaque année, pendant la saison des chaleurs, les troupes stationnées en France ou dans les colonies reçoivent des distributions journalières d'eau-de-vie pour assainir l'eau qu'elles boivent.

Cette prestation est due pour chaque sous-officier, caporal, soldat ou enfant de troupe présent au corps.

Les militaires détenus y ont également droit.

257. Les distributions de liquides mentionnées à l'article précédent sont autorisées par les préfets maritimes ou les gouverneurs, qui convoquent préalablement le commissaire général ou l'ordonnateur et les officiers de santé en chef des hôpitaux maritimes, afin de prendre leur avis sur la nécessité actuelle de ces distributions et sur le terme à leur assigner. Le résultat de la conférence est constaté par un procès-verbal, dont une expédition doit être immédiatement adressée au ministre de la marine.

Dans aucun cas, les préfets ou gouverneurs ne peuvent, sans une décision spéciale du ministre, autoriser des distributions de cette nature en dehors des limites fixées par le tarif. Mais ils doivent ou les différer ou en abréger la durée, lorsque l'état de la température ne les rend pas nécessaires.

258. Les distributions d'eau-de-vie accordées aux troupes durant les chaleurs sont faites en nature par le service des subsistances de la marine.

Ces distributions peuvent être remplacées par l'allocation d'une indemnité représentative, dont la quotité est déterminée, selon les localités, par le tarif, tableau nᵒ 17.

§ V. — *Des fourrages.*

Règles générales d'allocation.

259. Les officiers qui doivent avoir des chevaux, et qui ne reçoivent pas l'indemnité représentative de fourrages, ont droit, dans toutes les positions, à des rations de fourrages dont la composition est déterminée par une décision spéciale du ministre de la marine.

Cas où l'indemnité représentative peut être remplacée par les rations en nature.

260. Les officiers sans troupe et les officiers supérieurs des corps d'artillerie et d'infanterie auxquels l'indemnité de fourrages est attribuée cessent de recevoir cette indemnité lorsque, dans les rassemblements mis sur le pied de guerre, il leur est délivré des rations de fourrage en nature.

Dans ce cas, ces rations leur sont allouées pendant le temps déterminé par le ministre de la marine.

Officiers promus dans le corps.

261. Les officiers promus à un grade auquel est attribué un nombre de rations de fourrages supérieur à celui qu'ils recevaient auparavant ont droit à ce nombre supérieur de rations à compter du jour où leur est allouée la solde de leur nouveau grade, pourvu qu'ils aient le nombre de chevaux déterminé pour ce grade.

Officiers d'infanterie âgés de plus de cinquante ans.

262. Les capitaines, lieutenants et sous-lieutenants d'infanterie, âgés de plus de cinquante ans, ont droit à une ration de fourrages pour un cheval, lorsqu'ils font partie d'une expédition de guerre et qu'ils justifient être montés.

12

SECT. II. — DU CHAUFFAGE.

A qui dû.

263. Sur le pied de paix, les sous-officiers, caporaux et soldats des corps, et les enfants de troupe, ont seuls droit aux rations de chauffage.

Elles ne peuvent être accordées, en temps de guerre, aux officiers et employés militaires, qu'en vertu d'une décision prise par l'autorité supérieure.

Deux systèmes de chauffage.

264. Le service du chauffage des troupes comporte deux systèmes différents d'allocation : les rations collectives pour les corps mis en possession de fourneaux économiques, et les rations individuelles.

Fourneaux économiques.

265. Dans les localités où il existe des fourneaux économiques, les allocations collectives de combustibles se composent :

1° De rations dites de l'ordinaire, pour la cuisson des aliments ;

2° De rations dites de compagnie, pour le chauffage des chambres.

Ration collective d'ordinaire.

266. La ration d'ordinaire est collective pour les caporaux, tambours, sapeurs, soldats et enfants de troupe. Elle est allouée aux corps en raison du nombre de marmites mises à leur disposition.

A l'arrivée d'un corps de troupe ou d'une portion de corps dans un place où il existe des foyers économiques, le commissaire aux revues détermine, de concert avec le directeur des travaux maritimes en France, et le commandant du génie dans les colonies, et contradictoirement avec le major ou tout autre officier désigné par le conseil d'administration, le nombre de marmites à lui accorder d'après les dispositions réglementaires concernant cette partie du service. Cette opération est constatée par un procès-verbal que dresse le commissaire aux revues.

Les mutations individuelles qui surviennent, tant en gains qu'en pertes, dans l'intérieur des compagnies, n'apportent aucun changement au nombre de marmites en service. Néanmoins, il y a lieu à réduction lorsque, par le résultat balancé des mutations, les allocations supplémentaires qui auraient été accordées en raison de l'élévation de l'effectif cessent d'être en rapport avec les besoins actuels du service.

En cas de départ d'une ou de plusieurs compagnies, le commissaire aux revues réduit proportionnellement les droits du corps aux fournitures de combustibles, et fait opérer le retrait des marmites devenues inutiles.

Ce retrait est constaté par un nouveau procès-verbal.

Dans les localités où il n'existe pas de foyers économiques, il est alloué, pour l'ordinaire, des rations individuelles d'après le nombre de journées de présence des sous-officiers, caporaux, soldats et enfants de troupe.

Chauffage des infirmeries et des hommes mariés.

267. Les chefs de corps sont autorisés à prélever sur la distribution générale des ordinaires la quantité de combustible nécessaire pour les besoins de l'infirmerie régimentaire et des hommes mariés.

Rations individuelles des sous-officiers.

268. Les sous-officiers, élèves-fourriers, tambours-majors, sergents et caporaux-tambours, caporaux-sapeurs et maîtres-ouvriers, ont droit à des rations individuelles qui sont allouées d'après le complet d'organisation du corps.

Lorsque des sous-officiers sont détachés isolément, ou que les compagnies auxquelles ils appartiennent reçoivent les rations individuelles, le nombre de ces sous-officiers est déduit du complet à compter du jour où le changement de position s'effectue.

Pareille déduction a lieu, à dater du jour du départ et pour le temps de la route, quand il s'agit d'une troupe mise en mouvement pour quelque cause que ce soit.

Chauffage des chambres.

269. La ration destinée au chauffage des chambres est fixée par compagnie, comprenant les sous-officiers, caporaux, soldats et enfants de troupe.

Elle est due, quel que soit l'effectif, à chaque compagnie faisant usage de fourneaux économiques.

Elle est également due aux compagnies qui n'ont point de fourneaux économiques, lorsque la troupe est pourvue de poêles pour le chauffage des chambres.

Il est alloué des rations spéciales pour le chauffage du petit état-major des ateliers, de l'infirmerie, des hommes mariés, des écoles et des enfants de troupe.

Lorsque, à défaut de poêles, les troupes non pourvues de fourneaux économiques se chauffent à la cheminée, elles reçoivent, pour les journées de présence, des rations individuelles.

Ces rations sont pareillement allouées aux parties prenantes isolées lorsqu'elles sont logées dans les casernes, et aux compagnies ou détachements dont la force n'est que de trente-cinq hommes et au-dessous.

Troupes campées, baraquées ou logées en station chez l'habitant.

270. Les troupes campées, baraquées ou logées en station chez l'habitant ont toujours droit à des rations individuelles. Cependant, elles ne sont dues aux sous-officiers, caporaux et soldats logés chez l'habitant, qu'à compter de l'expiration du troisième jour de leur entrée dans la place ou le cantonnement, y compris le jour de l'arrivée.

Troupes casernées le jour de leur arrivée.

271. — Lorsque les troupes sont casernées le jour de leur arrivée dans une place, elles ont droit au chauffage à compter du même jour.

Garnisaires.

272. Les militaires employés comme garnisaires n'ont aucun droit au chauffage.

Droits des sous-officiers à la double ration.

273. Lorsque les allocations de chauffage ont lieu selon le système des rations individuelles, les sous-officiers, les fourriers, les caporaux-tambours, les caporaux-sapeurs, les maîtres-ouvriers et les chefs de musique reçoivent, pour le chauffage des chambres, une ration double de celle du soldat.

Nombre et composition des rations.

274. Le nombre et la composition des rations de chauffage, soit collectives, soit individuelles, ainsi que les variations qu'elles subissent, sont déterminées par les dispositions réglementaires sur le service du chauffage.

SECT. III.— DISPOSITION COMMUNE AUX FOURNITURES DE SUBSISTANCE ET DE CHAUFFAGE.

Moins perçus.

275. Les moins perçus en vivres, fourrages et chauffage, ne peuvent donner lieu à aucun rappel.

CHAPITRE II.

DU LOGEMENT.

Sous-officiers, caporaux et soldats.

276 Le logement est dû aux sous-officiers, caporaux et soldats de toute arme, dans toutes les positions qui leur donnent droit à une solde de présence.

Officiers sur le pied de guerre.

277. Dans les expéditions de guerre, le logement est dû aux officiers de tout grade et de toute arme, ainsi qu'aux employés militaires. A défaut de bâti-

12.

ments militaires, il y est pourvu par le soin des autorités locales.

Officiers sur le pied de paix.

278. Sur le pied de paix, tout officier en activité a droit au logement meublé, conformément aux règlements sur le logement et l'ameublement, dans les bâtiments militaires. A défaut d'emplacement dans les bâtiments de l'Etat, ou de meubles dans ces mêmes bâtiments, il y est suppléé par les indemnités représentatives déterminées par l'art. 163.

Militaires en route.

279. Les officiers, sous-officiers, caporaux et soldats de toute arme, marchant isolément ou avec leur corps, et généralement tout militaire porteur d'une feuille de route, ont droit au logement fourni par les autorités locales, avec éclairage pour les officiers, et place au feu et à la chandelle pour les hommes de troupe.

DES RÈGLES A SUIVRE POUR LES PAIEMENTS.

TITRE IV.

DISPOSITIONS GÉNÉRALES RELATIVES AUX PAIEMENTS.

CHAPITRE PREMIER.

DES ÉPOQUES DES PAIEMENTS.

SECT. Ire. — DE LA SOLDE DES OFFICIERS ET DE SES ACCESSOIRES.

Solde.

280. La solde des officiers sans troupe et des employés militaires de toute classe en activité de ser-

vice, des officiers des corps de troupe et des officiers
en non-activité ou en congé illimité, se paie par
mois et à terme échu. Tout paiement de cette nature
à titre d'avance est formellement interdit, sauf le cas
spécial prévu par l'art. 282.

Accessoires de solde.

281. Les indemnités de représentation, de logement et de fourrages, les frais de bureau et autres
accessoires de solde inhérents aux positions respectives des officiers ou employés militaires, sont également payés par mois, à terme échu, et compris sur
les mêmes mandats ou états de paiement que la solde.

Avances de solde aux officiers et employés militaires qui embarquent.

282. Les officiers et employés militaires qui, pour
cause de service, sont embarqués sur un bâtiment
de l'Etat ou du commerce, reçoivent les avances ci-
après déterminées :
Ceux qui sont destinés pour les établissements d'A-
frique en deçà du cap de Bonne-Espérance, un mois
de solde ;
Ceux qui sont destinés pour les colonies d'Améri-
que, deux mois de solde ;
Ceux qui sont destinés pour les colonies situées au
delà des caps de Horn et de Bonne-Espérance, trois
mois de solde.

Délégations et avances sur la solde de captivité.

283. Les délégataires sont payés par trimestre des
sommes qui leur ont été déléguées, mais seulement
après constatation de la retenue faite sur la solde du
délégant.
Cette restriction n'est pas applicable aux délégations consenties par les officiers et employés militaires en faveur de leurs femmes, descendants et
ascendants.
Les avances accordées conformément à l'art. 114,

sur la solde des officiers et employés militaires prisonniers de guerre, sont payées aux ayants droit, par mois et à terme échu.

Ces divers paiements ne donnent pas lieu à la production préalable d'un certificat d'existence.

SECT. II. — DE LA SOLDE DE LA TROUPE.

Comment payée.

284. En France et dans les colonies, la solde de la troupe et les suppléments acquittables avec la solde, la haute-paye à l'ancienneté, ainsi que l'indemnité en cas de rassemblement, sont perçus par quinzaine à l'avance, les 1er et 16 de chaque mois.

285 En cas de rassemblement, et lorsque les troupes reçoivent les vivres de campagne, la perception de la solde de la troupe et des suppléments acquittables avec la solde a lieu aux mêmes époques, mais seulement à terme échu, à moins que la situation de la caisse du corps ne permette pas de faire l'avance du prêt.

286. La solde et les suppléments des troupes embarquées pour tenir garnison sur les bâtiments de l'État ou pour faire partie d'une expédition maritime sont payés par mois et à terme échu, sauf le cas déterminé par l'article suivant.

Avances de solde aux détachements qui embarquent.

287. Les sous-officiers, caporaux et soldats qui sont destinés à aller servir aux colonies et ceux qui doivent former la garnison des bâtiments reçoivent, au moment de leur embarquement, des avances de solde et de haute-paye dans la proportion déterminée par l'art. 282.

Les sergents et caporaux embarqués en qualité de sergents et caporaux d'armes ne reçoivent la solde militaire de leur grade et la haute-paye qu'ils ont acquises que lorsqu'ils sont de retour à leur corps.

Ce rappel leur est fait sur les feuilles de journées

du trimestre dans lequel a lieu leur entrée au corps.

Pendant la durée de leur service à bord, ils perçoivent intégralement, au titre et au compte du bâtiment, le complément de solde déterminé par l'ordonnance du 16 septembre 1841.

SECT. III. — DISPOSITIONS COMMUNES A LA SOLDE DES OFFICIERS ET A CELLE DE LA TROUPE.

Cas où les avances sont renouvelées.

288. Si le départ des troupes, des officiers sans troupe et des employés militaires embarqués éprouve plus de quinze jours de retard, les avances payées sont renouvelées de manière à ce qu'elles soient entières au moment de la mise à la voile.

289. Lorsque, après la mise à la voile, le bâtiment qui porte des militaires et employés militaires est obligé de relâcher dans un port étranger, il ne peut leur être fait aucun paiement pendant tout le temps que dure la relâche.

En cas de relâche dans un port de France, il est procédé comme l'indique l'article précédent.

Reprise des avances.

290. Si les militaires ou employés militaires arrivent au lieu de leur destination avant l'expiration du temps pour lequel ils ont reçu les avances déterminées par les art. 287 et 288, la portion de ces avances qui excède la solde acquise pendant le temps de la traversée est précomptée aux officiers et employés militaires sur leurs appointements courants, et aux sous-officiers, caporaux et soldats à raison du quart, pour chacun des quatre mois qui suivent leur débarquement dans les colonies.

291. Tout militaire ou employé militaire qui, après avoir reçu des avances, ne suit pas sa destination, subit sur sa solde des retenues égales à la partie des avances qu'il n'a pas acquises, et ne peut prétendre à aucune indemnité.

Cas où il n'y a pas lieu à reprise des avances.

292. L'avance faite à un militaire ou employé militaire qui meurt pendant la traversée, et le paiement de délégation effectué postérieurement à la mort de l'officier ou employé militaire, ne donnent lieu à aucun recours contre ses héritiers.

CHAPITRE II.

DU DÉCOMPTE DES DIVERSES ALLOCATIONS.

SECT. Iʳᵉ. — DES OFFICIERS ET EMPLOYÉS MILITAIRES.

Portions de traitement décomptées par mois.

293. La solde des officiers et employés militaires, et les accessoires de la solde, autres que les indemnités de vivres et de fourrages, se décomptent par mois, à raison de la douzième partie de la fixation annuelle, et par jour, à raison de la trois cent soixantième partie de la même fixation.

Les journées à ajouter au mois de février, pour compléter le nombre de trente, décomptent sur le pied de la solde fixée pour la position dans laquelle se trouve l'officier au dernier jour de ce mois.

Portions de traitement décomptées par journées.

294. Les indemnités de vivres et de fourrages se décomptent à raison du nombre effectif de journées.

SECT. II. — DE LA TROUPE.

Solde et suppléments à décompter par jour.

295. La solde des sous-officiers, caporaux, soldats ou enfants de troupe de toute arme, se décompte par jour et sur le pied de sa fixation journalière.

Cette disposition est applicable aux suppléments de solde, aux indemnités et à la haute-paye d'ancienneté.

CHAPITRE III.

DU MODE DES PAIEMENTS.

SECT. Ire. — DE L'ORDONNANCEMENT DES PAIEMENTS.

A qui attribué.

296. Dans les ports et dans les colonies, tous les paiements pour prestations de solde ou autres, payables comme la solde, sont ordonnancés par les officiers du commissariat de la marine, pourvus de la qualité d'ordonnateurs secondaires.

Les troupes embarquées et celles qui font partie d'une expédition sont payées par les soins des officiers du commissariat, sous la surveillance desquels elles sont placées.

Les corps de troupe et les détachements qui sont en marche dans l'intérieur du royaume sont payés de leur solde de route par les soins des officiers de l'intendance militaire, et dans les formes déterminées par la présente ordonnance.

Les paiements à faire en France pour solde aux officiers ou employés militaires hors des ports ou établissements de la marine, sont ordonnancés directement par le ministre de la marine. Le même mode est applicable aux délégations faites par des officiers et employés militaires servant aux colonies, et payables dans les localités autres que les ports.

Mandats individuels pour les officiers sans troupe.

297. Les officiers sans troupe et les employés militaires sont payés de leur solde et des accessoires sur mandats individuels conformes au modèle n° 1.

Les mandats à délivrer aux officiers en non-activité et en congé illimité sont conformes au modèle n° 2.

États collectifs pour les officiers de corps.

298. Les officiers des corps de troupe sont compris, pour le paiement des différentes allocations aux-

quelles ils ont droit, sur des états collectifs établis au
titre de leurs corps, et conformes au modèle n° 3.

États individuels pour les délégataires.

299. Les délégataires et les personnes au profit
desquels il est exercé des retenues pour aliments sur
la solde des officiers en activité, ainsi que ceux auxquels il est accordé des avances sur la solde des prisonniers de guerre, sont payés sur les mandats individuels conformes au modèle n° 4.

États collectifs pour la troupe.

300. La solde des sous-officiers, caporaux, soldats
et enfants de troupe, ainsi que les suppléments de
solde, les hautes-payes et les indemnités en rassemblement et aux sous-officiers embarqués, sont payés
sur des états conformes au modèle n° 5, présentant,
par grade, le nombre des hommes présents, avec les
augmentations ou diminutions résultant des mutations survenues pendant la dernière quinzaine.

Cependant, et afin de maintenir la distinction des
dépenses par trimestre, les augmentations ou diminutions, pour la dernière quinzaine d'un trimestre,
ne sont portées que sur l'état de paiement de la solde
des officiers pour le dernier mois du trimestre. L'état
des mutations qui donnent lieu aux augmentations ou
aux diminutions est conforme au modèle n° 6.

Objets divers à comprendre sur les états des officiers.

301. La première mise de petit équipement, la prime
journalière d'entretien de la masse individuelle, la
masse générale d'entretien et la gratification de première mise aux sous-officiers promus officiers, sont
portées sur les états de paiement de la solde des officiers pour le mois auquel ces dépenses s'appliquent.

Ces états doivent également comprendre les gratifications annuelles accordées aux instructeurs, la gratification d'entrée en campagne, les indemnités de lit

de bord et de perte de chevaux et d'effets, enfin l'indemnité que l'on alloue aux officiers supérieurs pour le transport de leurs chevaux.

Etats de paiement; par qui quittancés.

302. Les mandats de paiement délivrés aux militaires sans troupe, aux employés militaires, aux officiers en non-activité et en congé illimité, et aux individus désignés en l'art. 306, sont quittancés par eux.

Les mandats et états de paiements ordonnancés pour les corps ou portions de corps sont certifiés ou quittancés par tous les membres du conseil d'administration.

Pour les portions de corps n'ayant point de conseil d'administration, les mandats et états de paiement sont certifiés ou quittancés par l'officier qui les commande.

303. Les quittances apposées sur les mandats de paiement de la solde des troupes doivent toujours être remplies en toutes lettres et souscrites à la date réelle du paiement.

SECT. II. — DES LIVRETS DE SOLDE.

§ Ier. — *De l'usage des livrets.*

Etablissements des livrets.

304. Les officiers sans troupe et les employés militaires, les officiers en non-activité et en congé illimité, les corps de troupe et les détachements autorisés à percevoir directement leur solde à la caisse des payeurs ou des trésoriers coloniaux, doivent être pourvus de livrets de paiement.

Pour les officiers sans troupe, les employés militaires et les officiers en non-activité ou en congé illimité, les livrets sont individuels et conformes au modèle n° 7; pour les corps de troupe et détachements, ils sont collectifs et conformes au modèle n° 8.

13

Leur destination.

305. Ces livrets sont destinés à recevoir l'inscription, par le payeur ou le trésorier colonial, de toutes les sommes payées pour solde, masses, indemnités et autres prestations en deniers de toute espèce. (*Exécution de l'art. 8 de la loi du 2 thermidor an II, section 1ʳᵉ, titre VII.*)

Livrets des délégataires.

306. Les délégataires des officiers sans troupe, des employés militaires, des officiers de troupe, dans les cas prévus par l'art. 121 de la présente ordonnance, et les individus qui, conformément à l'art. 114, ont été autorisés à recevoir des avances sur la solde desdits militaires, reçoivent pareillement des livrets, pour servir à l'inscription des sommes qu'ils touchent des payeurs.

Ces livrets font mention desdits ordres ou délégations, des noms et résidences des délégataires, et des noms, grades, emplois et résidences des délégants.

Fournitures des livrets.

307. Les livrets sont fournis gratuitement par l'administration de la marine, et délivrés, au commencement de chaque année, par les soins des officiers du commissariat de la marine, aux officiers sans troupe et aux employés militaires dont ils sont chargés d'ordonnancer la solde, ainsi qu'aux officiers en non-activité et en congé illimité. Mention de la délivrance du livret est faite sur le contrôle à l'article de chaque officier.

Les corps et les détachements s'administrant eux-mêmes se procurent à leurs frais les livrets qui leur sont nécessaires.

Forme des livrets.

308. Les livrets portent en tête l'indication de l'année pour laquelle ils doivent servir; ils indiquent en outre :

Pour les officiers sans troupe, les employés militaires et les officiers en non-activité ou en congé illimité, l'arme ou le corps spécial auquel ces militaires appartiennent, leurs noms, prénoms, grade, classe, fonctions et résidence;

Pour les corps de troupe, l'arme dont ils font partie, leur dénomination ou numéro, le nom du militaire commandant, soit le corps entier, soit le détachement, ainsi que les noms et grades des officiers comptables autorisés à percevoir les fonds des caisses du trésor.

Conditions prescrites pour leur validité.

309. L'officier du commissariat qui délivre un livret après en avoir coté et paraphé tous les feuillets y appose sa signature et son cachet : le livret est ensuite signé par la partie prenante, s'il s'agit d'un officier sans troupe ou d'un employé militaire; et, s'il s'agit d'un corps ou d'un détachement, par les membres du conseil d'administration central, secondaire ou éventuel; ou par l'officier commandant, suivant le cas.

Unité du livret des corps.

310. Il n'y a qu'un seul livret de paiement pour toutes les parties d'un corps qui se trouvent dans le même département ou dans la même colonie.

Cas où il est dérogé à ce principe.

Mais, lorsqu'un détachement se sépare de son corps pour aller, soit dans un autre arrondissement, soit aux colonies, soit pour passer d'une colonie dans une autre, il lui est délivré, avant son départ, un livret en tête duquel le conseil d'administration inscrit et signe l'autorisation qu'il donne audit détachement de s'administrer particulièrement et de recevoir des payeurs du trésor toutes les sommes qui peuvent lui revenir. Ce livret est signé en tête par le chef dudit détachement, coté et paraphé par le commissaire aux revues ayant la surveillance administrative du corps.

311. Les dispositions de l'article précédent sont applicables au cas de subdivision de tout détachement s'administrant lui-même.

Militaire autorisé à toucher isolément sa solde sans livret.

312. Lorsqu'un militaire appartenant à un corps est absent de ce corps par congé, mission, etc., et qu'il a été autorisé à toucher sa solde isolément, le titre en vertu duquel il s'est absenté est considéré comme livret de solde, et le payeur est tenu d'y inscrire tous les paiements qu'il lui fait.

Changement de destination d'un officier sans troupe ou d'un corps.

313. Lorsqu'un officier ou un employé militaire, un corps ou un détachement s'administrant lui-même, doit passer d'un arrondissement maritime dans un autre, ou d'une colonie dans une autre, il est tenu, avant son départ, de faire arrêter son livret de paiement par le commissaire aux revues. S'il est passible de retenue au profit du trésor public, pour quelque cause que ce soit, le commissaire aux revues fait, dans son arrêté, et sous sa responsabilité personnelle, mention de l'ordre de retenue et de la somme restant à recouvrer.

§ II. — *Du renouvellement des livrets.*

Époque du renouvellement des livrets.

314. Les livrets des officiers sans troupe et employés militaires, des officiers en non-activité ou en congé illimité, et ceux des corps et détachements, sont renouvelés tous les ans. Ceux des officiers sans troupe et autres parties prenantes isolées sont retirés

par les officiers du commissariat, et conservés dans leurs archives pendant deux ans; après quoi la remise en est faite à l'administration des domaines, avec les autres papiers inutiles des archives jugés susceptibles d'être vendus au profit du trésor.

Les livrets des corps et des détachements restent dans les archives des dépôts, comme pièces comptables, pour être représentés lors des vérifications de comptabilité.

Les livrets des détachements s'administrant eux-mêmes sont renouvelés sans le concours des conseils d'administration des corps.

Annotations à porter sur les nouveaux livrets.

315. Lors du renouvellement annuel des livrets de paiement des officiers sans troupe, des employés militaires et des officiers en non-activité ou en congé illimité, les officiers du commissariat indiquent sur les nouveaux livrets les sommes qui restent dues par suite de droits acquis et constatés; ils y indiquent également les retenues qui peuvent avoir été ordonnées sur la solde des parties prenantes, et qui ne sont pas encore entièrement effectuées.

§ III. — *Du cas de perte d'un livret.*

Livret perdu par un officier sans troupe ou autre partie prenante isolée.

316. Lorsqu'un officier sans troupe ou un employé militaire, un officier en non-activité ou en congé illimité, a perdu son livret, il en fait la déclaration par écrit au commissaire aux revues, et affirme sur l'honneur qu'il ne l'a point engagé entre les mains d'un tiers; il est tenu, en outre, de produire un certificat du payeur ou du trésorier de la colonie, constatant le dernier paiement qui lui a été fait.

317. Après l'accomplissement des formalités prescrites par l'article précédent, l'officier du commissariat délivre un nouveau livret, par duplicata, mais il doit préalablement y faire inscrire et signer en sa présence ladite déclaration par l'officier ou l'employé militaire qui réclame le remplacement du livret perdu.

Livret perdu par un corps de troupe ou un détachement.

318. En cas de perte du livret d'un corps de troupe ou d'une portion de corps s'administrant elle-même, il en est délivré un duplicata, sur la déclaration du conseil d'administration ou du commandant, attestant la réalité de la perte. Cette déclaration est inscrite en tête du duplicata.

Précautions à prendre pour éviter les doubles emplois.

319. Dans les cas prévus par les articles qui précèdent, le nouveau livret doit porter, pour les corps ou détachements, la mention sommaire des paiements qui avaient été inscrits sur le livret perdu, et, pour les parties prenantes isolées, l'indication de l'époque jusqu'à laquelle elles ont été payées.

Aucun paiement pour sommes acquises par un officier sans troupe ou un employé militaire, antérieurement au premier jour du mois dans lequel la perte a eu lieu, ne peut être ordonnancé que d'après une autorisation spéciale du ministre de la marine, provoquée par le commissaire général sur le rapport du commissaire aux revues.

Officiers rentrant des prisons de l'ennemi.

320. Lorsqu'un officier sans troupe ou un employé militaire, rentrant des prisons de l'ennemi, a perdu son livret, il lui en est délivré un nouveau au port de débarquement ou dans la résidence la plus voisine de la frontière, par l'officier du commissariat ou le sous-intendant militaire appelé à ordonnancer le paiement qui doit être fait conformément à l'art. 111.

Il est pareillement délivré un livret à tout officier de troupe rentrant des prisons de l'ennemi, pour servir à l'enregistrement des sommes qui lui seront payées individuellement, selon les droits résultant de sa position.

SECT. III. — DU PAIEMENT DES MANDATS.

Par qui les mandats sont payés.

321. Nul mandat de paiement, soit individuel, soit collectif, n'est payable que par le payeur sur lequel il est tiré.

Cas de refus de paiement.

322. Si un payeur refuse le paiement d'un mandat pour cause d'omission ou d'irrégularités matérielles, il doit remettre sur-le-champ la déclaration écrite et motivée de son refus au porteur du mandat.

Mais si, malgré cette déclaration, le signataire du mandat requiert par écrit et sous sa responsabilité qu'il soit procédé au paiement, le payeur est toujours tenu de déférer à cette réquisition.

L'ordonnateur de la dépense rend compte au ministre de la marine des circonstances et des motifs qui ont nécessité l'application de cette mesure.

Relevé trimestriel de mandats.

323. Dans les cinq premiers jours de chaque trimestre, les commissaires aux revues remettent aux commissaires généraux un relevé distinct et séparé par corps, des mandats délivrés par eux pour le paiement de la solde et de la masse d'entretien des corps de troupe, pendant le trimestre expiré.

Ce relevé, qui est conforme au modèle n° 9 *bis*, doit être transmis au ministre, du 6 au 10 du premier mois de chaque trimestre.

SECT. IV. — DES RAPPELS.

Rappels sur l'exercice courant.

324. Les rappels appartenant à l'exercice courant, soit pour les officiers sans troupe, les employés militaires et les officiers en non-activité ou en congé illimité, soit pour les corps de troupe, sont ordonnancés en même temps que la solde courante et compris sur les mêmes mandats.

Rappels sur un exercice expiré.

325. Les rappels de solde, accessoires de solde et masses d'entretien portant sur un exercice expiré sont également ordonnancés sur les fonds de l'exercice courant, et compris, avec mention particulière, sur les mêmes mandats que la solde courante, sauf l'application ultérieure de ces dépenses, dans les comptes généraux, aux exercices qu'elles concernent.

TITRE V.

DU PAIEMENT DES MILITAIRES SANS TROUPE.

CHAPITRE PREMIER.

DU CLASSEMENT.

Division en six classes.

326. Les officiers sans troupe et les employés militaires sont rangés, pour l'ordre de la comptabilité, en six classes.

Première classe. — Les officiers généraux d'artillerie des cadres d'activité et de réserve, les officiers d'artillerie et les employés attachés à l'inspection du matériel, aux directions des ports, aux usines de l'artillerie et à l'école de pyrotechnie.

Deuxième classe. — Les officiers généraux d'infanterie des cadres d'activité et de réserve et les officiers d'ordonnance de ces officiers généraux.

Troisième classe. — Les officiers généraux, les officiers supérieurs et autres, depuis le grade de colonel jusqu'à celui de capitaine inclusivement, attachés dans les colonies à l'état-major général et à l'état-major des places.

Quatrième classe.—Les officiers et agents attachés, dans les colonies, à l'état-major particulier de l'artillerie.

Cinquième classe.— Les officiers mis en non-activité d'après la loi du 19 mai 1834.

Sixième classe.—Les officiers en congé illimité.

Officiers en disponibilité.

327. Les officiers jouissant du traitement de disponibilité font partie de leurs classes respectives.

328. Sont considérés comme chefs de classe, dans les quatre premières classes, l'officier général, l'officier ou l'employé militaire le plus élevé en grade.

CHAPITRE II.

DE L'ÉTABLISSEMENT DES MANDATS DE PAIEMENT.

SECT. Ire. — DES ÉTATS GÉNÉRAUX DE MUTATIONS ET DES MANDATS INDIVIDUELS.

Etats de mutation établis par classe.

329. Le dernier jour de chaque mois, les chefs des quatre premières classes, dans chaque port ou dans chaque colonie, forment en simple expédition un état nominatif des officiers ou employés militaires de leurs classes, contenant leurs noms, grades, résidences et mutations. Ces états sont conformés au modèle n° 9. Ils sont certifiés par les chefs des classes respectives personnellement, et adressés dans le jour au commissaire aux revues.

Officiers détachés de leurs corps.

330. Les officiers de l'artillerie appartenant à des corps, et détachés dans des établissements maritimes, ne sont pas compris sur les états des première et

quatrième classes ; il est fait pour eux des états séparés au titre de leurs corps respectifs.

331. Les états nominatifs des cinquième et sixième classes doivent être établis, suivant les localités, par les officiers du commissariat, les sous-préfets ou les maires faisant l'office de chefs de classe, et, le dernier jour de chaque mois, ces fonctionnaires les adressent, selon le cas, au ministre ou à l'officier du commissariat chargé de faire payer la solde des officiers appartenant à ces classes.

332. Les délégataires des officiers sans troupe, ainsi que les personnes autorisées à recevoir des avances sur la solde des prisonniers de guerre ou de tous autres officiers ou employés militaires, ne sont point compris dans ces états.

Mandats individuels de paiement.

333. Aussitôt que le fonctionnaire chargé de faire effectuer les paiements a reçu les états ci-dessus mentionnés, il en vérifie l'exactitude sur ses contrôles; il établit ensuite, pour chaque individu, le mandat de paiement portant décompte des sommes à lui payer pour le mois expiré, et il établit un pareil mandat pour chacun des délégataires ou individus autorisés à recevoir des avances sur la solde des officiers sans troupe et employés militaires.

SECT. II. — DE LA REMISE DES MANDATS DE PAIEMENT.

Destination à donner aux mandats de paiement.

334. Le premier du mois, le commissaire aux revues envoie aux chefs des quatre premières classes tous les mandats individuels de paiement concernant les officiers ou employés militaires dont il est chargé de faire payer la solde.

Il accompagne chaque envoi d'un bordereau conforme au modèle n° 10, qui lui est renvoyé revêtu d'un récépissé du chef de classe.

335. Chaque chef de classe remet aux parties prenantes les mandats individuels de paiement qui lui ont été adressés en vertu de l'article précédent.

Quant aux mandats de paiement pour les délégataires et les individus autorisés à recevoir des avances sur la solde des officiers sans troupe et des employés militaires, le commissaire aux revues leur en fait directement l'envoi ou la remise.

336. Les mandats individuels de paiement destinés aux officiers des 5e et 6e classes sont adressés, pour ceux de ces officiers qui ne résident pas au chef-lieu de l'arrondissement maritime, par le fonctionnaire qui les a établis, aux officiers du commissariat, aux sous-préfets ou aux maires qui lui ont transmis les états nominatifs de présence.

337. Les officiers des 5e et 6e classes, jusqu'au grade de colonel inclusivement, doivent se présenter devant l'officier du commissariat, le sous-préfet ou le maire, pour retirer leur mandat de paiement. Ils émargent, pour récépissé, le bordereau d'envoi des mandats, et ce bordereau est renvoyé, aussitôt que possible, avec les mandats qui n'auraient pas été retirés, au fonctionnaire qui les a expédiés.

Les officiers résidant au chef-lieu de l'arrondissement doivent aussi se présenter, du 1er au 10 de chaque mois, chez le commissaire aux revues, qui leur fait la remise de leur mandat, après qu'ils en ont signé le récépissé, en sa présence, sur une feuille d'émargement.

Du 11 au 15, le commissaire aux revues fait connaître au préfet maritime ou au gouverneur les noms des officiers qui ne se sont pas présentés aux époques déterminées.

338. Tout officier des 5e et 6e classes résidant au chef-lieu, qui n'a pas retiré son mandat de paiement dans le délai prescrit, est considéré comme illégalement absent, et le paiement de sa solde demeure suspendu jusqu'à ce qu'il en ait été autrement ordonné

par le préfet maritime ou le gouverneur, qui en réfère au ministre de la marine, s'il y a lieu.

Dans le cas de maladie ou de tout autre empêchement légitime, le préfet maritime ou gouverneur fait cesser la suspension de paiement, s'il juge satisfaisantes les justifications qui ont été produites.

SECT. III. — DES MANDATS DE PAIEMENT NON ACQUITTÉS.

Délai fixé pour le paiement des mandats individuels

339 Les mandats individuels sont payables : en France, jusqu'au 30 octobre de la seconde année de l'exercice dans le lieu où il existe des payeurs du trésor, et jusqu'au 20 octobre seulement dans les arrondissements où il n'en existe pas, dans les colonies, jusqu'au 31 mars de la seconde année de l'exercice.

Passé ce délai, les titulaires qui ont négligé de recevoir leur solde ne peuvent en être payés qu'après avoir rendu leurs mandats et en avoir obtenu de nouveaux dont le montant est compris par rappel sur la première revue.

Mode à suivre pour constater le non-paiement des mandats.

340. Pour constater les paiements effectués, le payeur remet à l'ordonnateur, dans les cinq premiers jours du mois qui suit chaque trimestre, pour les mandats émis dans chacun des trois premiers trimestres de l'exercice, et dans les cinq premiers jours du mois de novembre de la deuxième année, pour les mandats délivrés sur le même exercice pendant le quatrième trimestre et les dix premiers mois de l'année suivante, un état conforme au modèle n° 11, indiquant les noms des officiers qui ne se sont point présentés pour toucher le montant de leurs mandats individuels, et les sommes qui devraient leur être payées.

Ce bordereau, qui est établi séparément pour chaque classe, est remplacé par un état négatif quand tous les paiements ont été effectués.

Les mêmes documents sont fournis aux mêmes époques par les trésoriers coloniaux pour les trois premiers trimestres de l'exercice ; quant à celui qui est relatif au quatrième trimestre du même exercice et aux trois premiers mois de l'année suivante, il est remis aux ordonnateurs dans les cinq premiers jours du mois d'avril.

CHAPITRE III.

DISPOSITIONS PARTICULIÈRES.

SECT. Iʳᵉ. — CHANGEMENT DE DESTINATION.

Officier passant d'une résidence dans une autre.

341. Lorsqu'un officier sans troupe ou un employé militaire change de résidence avant l'expiration d'un mois, il lui est délivré, avant son départ et sur l'exhibition de son nouvel ordre de service, un mandat de paiement qui comprend tout ce qui lui est dû pour solde et accessoires de solde jusqu'au jour exclu de son départ.

342. Cependant, si un officier sans troupe ou un employé militaire n'a pu demander son mandat ni faire arrêter son livret, le commissaire aux revues du port ou de la colonie qu'il a quitté envoie, sur sa réclamation, un certificat de non-paiement au commissaire aux revues du port ou de la colonie où il est passé, avec indication détaillée des sommes qui lui restent dues.

Officier quittant le service.

343. Les dispositions des deux articles précédents sont applicables à tout officier sans troupe ou employé militaire passant de l'activité à la disponibilité, à la non-activité, à la réforme ou à la retraite, ou qui s'absente légalement de son poste pour quelque cause que ce soit.

Cas où un officier est parti sans avoir reçu le montant d'un mandat qui lui a été délivré.

344. Si un officier sans troupe ou un employé militaire passe d'un port dans un autre port, ou d'une colonie dans une autre colonie sans avoir reçu le montant du mandat de paiement qui lui a été délivré avant son départ, il ne peut en être payé que par rappel sur la première revue, dans le port où la colonie où il doit être employé.

Si l'officier sans troupe ou l'employé militaire passe du service de France dans le service colonial, et *vice versâ*, il ne peut être payé du montant du mandat non perçu que par rappel sur une revue spéciale.

Dans l'un et l'autre cas, ce rappel est fait sur l'exhibition du livret de solde et du mandat de paiement qui est annulé et annexé à la revue comme certificat de non-paiement.

La même règle est suivie à l'égard des officiers en disponibilité, en non-activité et en congé illimité.

SECT. II. — DE LA PERTE D'UN MANDAT DE PAIEMENT.

Officier ne changeant pas de résidence.

345. Lorsqu'un officier sans troupe ou un employé militaire, un officier en non-activité ou en congé illimité, a perdu un mandat de paiement, et qu'il ne change pas de résidence, il ne peut en obtenir un duplicata que du fonctionnaire qui a délivré ce mandat; à cet effet, il adresse à ce fonctionnaire une demande écrite et motivée, et il y joint un certificat du payeur sur la caisse duquel le mandat était tiré, constatant le non-paiement du primata et portant l'engagement de ne point l'acquitter.

Officier changeant de résidence.

346. Si la perte est faite par un officier ou un employé militaire passant dans l'arrondissement d'un

autre commissaire aux revues, le rappel de la solde
ne peut avoir lieu que sur une demande semblable,
appuyée d'un certificat de non-paiement délivré par
le payeur qui aurait dû acquitter le primata, et visé
par le commissaire aux revues qui l'avait expédié.

SECT. III.—DES RAPPELS DE SOLDE DE CAPTIVITÉ.

Inscription des paiements sur les livrets.

347. Lorsqu'un officier sans troupe ou un employé
militaire rentre des prisons de l'ennemi, le fonctionnaire qui délivre le mandat de paiement de la somme
à laquelle il a droit, conformément à l'art. 111, et le
payeur qui l'acquitte, sont tenus d'en faire l'inscription sur le livret ou la feuille de route de l'officier ou
de l'employé.

Ces militaires sont compris sur les revues de leurs
classes respectives, tant pour ce paiement que pour
ceux qui leur seraient faits ultérieurement, à titre de
solde de captivité.

348. Les officiers sans troupe et les employés militaires mis à la disposition du département de la
guerre, et qui ont été faits prisonniers de guerre,
reçoivent, à leur rentrée en France, le rappel de leur
solde de captivité, conformément à l'art. 378.

TITRE VI.

DU PAIEMENT DES CORPS DE TROUPE ET DÉTACHE-MENTS.

CHAPITRE PREMIER.

DE LA SOLDE.

SECT. Iʳᵉ. — DE LA FORMATION DES ÉTATS.

Etats de paiements par corps, par département et par colonie.

349. Il n'est fait qu'un seul état de paiement pour toutes les parties d'un corps stationnées dans le même département ou dans la même colonie.

Quand des troupes font partie d'une expédition ou quand elles sont embarquées, il n'est également fait qu'un état de paiement pour toutes les portions du même corps dont l'administration n'est pas divisée.

350. Les états de paiement de solde et accessoires portent toujours l'annotation du port ou de la colonie où ils doivent être acquittés, et de la revue sur laquelle ils doivent être imputés.

Etablis en double expédition.

351. En France, les états de paiement pour la solde et ses accessoires sont toujours établis en double expédition, dont une portant *déclaration de quittance*.

Dans les colonies, et pour les troupes embarquées, *la déclaration de quittance* est dressée en double expédition.

La *quittance* est donnée sur le mandat collectif (modèle nº 2 *bis*) annexée à la première expédition de l'état de paiement.

— 161 —

Cas où il doit en être fait une troisième expédition.

352. Lorsqu'un militaire détaché ou isolé de son corps a été autorisé à toucher sa solde dans le lieu de sa résidence, le fonctionnaire qui a établi l'état de paiement en fait une troisième expédition, et l'envoie, comme état de mutation, au commissaire aux revues ayant la surveillance administrative du dépôt du corps.

353. La disposition prescrite par l'article précédent est également applicable :

1° Aux officiers, sous-officiers, caporaux et soldats des corps de troupe rentrant des prisons de l'ennemi, pour les sommes qui leur sont payées dans les ports, sur la frontière ou dans leurs foyers, à titre de secours, d'avance ou de solde de captivité;

2° Aux officiers de troupe détenus et autorisés en vertu de l'article 106 à percevoir la moitié de leur solde pendant le temps de leur détention;

3° Aux délégataires des officiers des corps de troupe, et aux individus autorisés, conformément à l'art. 114, à recevoir des avances sur la solde de ces officiers.

Etats de paiement à établir par anticipation.

354. Si un corps de troupe change de garnison dans la dernière quinzaine d'un mois, il peut être dressé un état pour le paiement de la solde due aux officiers jusqu'au jour du départ exclusivement.

355. Si un corps, en se mettant en route, reçoit l'ordre de suivre une direction sur laquelle il ne doit pas rencontrer de résidence de commissaire aux revues ou de sous-intendant militaire avant l'expiration de la quinzaine, il peut établir, par anticipation, un état de paiement pour la solde de la troupe pendant la quinzaine suivante.

Détachements de recrues.

356. Lorsque des détachements de recrues partent pour rejoindre les corps auxquels ils sont destinés, leur solde est payée, du jour de leur départ, sur les

fonds du département de la guerre, par les soins des fonctionnaires de l'intendance militaire, mais à titre d'avances remboursables par le département de la marine.

Le remboursement de ces avances est opéré sur les fonds de la solde, au moyen d'états établis au titre de chaque corps.

Dans les localités où réside un officier du commissariat autorisé à ordonnancer les dépenses, la solde des détachements de recrues en marche est payée, par les soins de ce fonctionnaire, sur des états établis au titre des corps sur lesquels ces détachements sont dirigés.

Corps provisoires.

357. Lorsque les détachements appartenant à divers corps sont momentanément réunis en corps provisoires, leurs états de paiement sont établis au titre des corps auxquels ils appartiennent.

Hommes en subsistance.

358. Les sous-officiers, caporaux et soldats mis en subsistance sont compris, par un article spécial, sur les états de paiement pour la solde attribuée à leurs grades et à leur arme, et pour la haute-paye à l'ancienneté.

SECT. II. — PASSAGE A UNE SOLDE DIFFÉRENTE.

Augmentation ou diminution qui en résulte.

359. Si, après le paiement de la solde d'une quinzaine, un corps ou détachement passe d'une solde inférieure à une solde supérieure, et *vice versâ*, il est fait, suivant le cas, sur le plus prochain état de paiement, augmentation ou diminution du trop ou du moins-perçu résultant de ce changement de position.

Mais si, dans le cas de passage d'une solde inférieure à une solde supérieure, le corps ou détachement n'a pas assez de fonds pour subvenir à l'augmentation de dépense, la différence de solde lui est payée immédiatement, sur un état supplémentaire.

Coupure dans les états des paiements.

360. Lorsqu'une ou plusieurs compagnies sont destinées à servir aux colonies ou à revenir en France, il est fait une coupure dans les états de paiement à compter du jour de l'embarquement, soit pour aller aux colonies, soit pour rentrer en France.

Lorsqu'une ou plusieurs compagnies doivent former la garnison des bâtiments de l'État ou faire partie d'une expédition maritime, il est fait une coupure dans les états de paiement, à dater du jour de leur embarquement, jusqu'au jour où elles débarquent pour rejoindre la portion de corps à laquelle elles appartiennent.

Si un détachement doit faire partie d'un rassemblement dans l'intérieur, la coupure des états de paiement se fait à partir du jour où les allocations du pied de guerre commencent ou cessent d'avoir lieu.

SECT. III. — DE LA SOLDE DE CAPTIVITÉ.

Officiers rentrant des prisons de l'ennemi.

361. Les états de paiement de la solde de captivité due, en vertu de l'art. 111, aux officiers de troupe rentrant des prisons de l'ennemi, sont établis, au titre de leur corps, conformément à l'art. 352 (modèle n° 12).

362. Les paiements à faire, pour solde de captivité, aux officiers des corps de troupe, dans les cas prévus par l'art. 348, sont effectués suivant les dispositions prescrites par l'art. 378.

Sous-officiers, caporaux et soldats dans la même position.

363. Les deux mois de solde accordés aux sous-officiers, caporaux et soldats rentrant des prisons de

l'ennemi, sont payés sur un état nominatif établi, au titre de leur corps, suivant le modèle n° 12.

Le commissaire aux revues ou le sous-intendant militaire qui arrête l'état de paiement, et le payeur qui l'acquitte après ordonnancement, doivent en faire l'inscription sur la feuille de route du détachement, ou du militaire rentrant isolément.

364. Les sous-officiers, caporaux et soldats rentrant des prisons de l'ennemi et qui, conformément à l'art. 149, ont droit au rappel de la haute-paye d'ancienneté pour le temps de leur captivité, ne peuvent en être payés qu'à leur retour au corps.

CHAPITRE II.

DES MASSES.

SECT. Ire. — MASSE INDIVIDUELLE ET AVANCES EN ARGENT OU EN EFFETS DE PETIT ÉQUIPEMENT.

§ Ier. — De la masse individuelle.

Prime journalière payable par mois et à terme échu.

365. La prime journalière d'entretien de la masse individuelle est payée par mois, et à terme échu, aux corps ou portions de corps, d'après les fixations réglées par le tarif, tableau n° 25.

Elle est décomptée pour les journées effectives de présence et d'absence légale, conformément à l'art. 226, et le montant du décompte est compris, par un article particulier, sur l'état de paiement de la solde des officiers.

Premières mises et suppléments.

366. Les premières mises et les suppléments de première mise alloués par les art. 217 et 222 sont également compris sur l'état de paiement de la solde des officiers.

Militaires en subsistance.

367. Les hommes mis en subsistance dans un corps ne sont rappelés de la prime journalière acquise dans cette position qu'à leur retour à leur corps. Ce rappel s'effectue sur la production d'un certificat (modèle nº 13), visé par le commissaire aux revues, constatant le nombre de journées pour lequel la prime est due.

Toutefois, pour les sous-officiers, caporaux et soldats détachés aux écoles de tir ou à l'école de pyrotechnie, la prime journalière est perçue par les soins du corps dans lequel ils sont mis en subsistance.

§ II. — *Avances en argent ou en effets de petit équipement.*

Cas où les avances peuvent être faites.

368. — Conformément à l'ordonnance réglementaire sur les frais de route, les officiers du commissariat et les sous-intendants militaires font délivrer aux sous-officiers, caporaux et soldats, sauf imputation sur leur masse, les secours en argent ou en effets de linge et chaussure qu'ils reconnaissent leur être nécessaires.

Suspension de paiement encourue par les hommes qui perdent leur feuille de route.

369. Le sous-officier, caporal ou soldat qui perd sa feuille de route ne reçoit, après son retour au corps, aucun décompte de masse individuelle pendant six mois; et les sommes qui lui reviennent comme excédant restent en dépôt à sa masse, pour servir au remboursement des effets de linge et chaussure qui auraient pu lui être délivrés pendant sa route.

SECT. II. — MASSE GÉNÉRALE D'ENTRETIEN.

Payable par mois échu.

370. La masse générale d'entretien est payée par mois et à terme échu.

Comment décomptée et payée.

371. Cette masse est décomptée à raison de la douzième partie de sa fixation annuelle, et comprise, par un article particulier, sur l'état de paiement de la solde des officiers.

CHAPITRE III.

DISPOSITIONS COMMUNES AU PAIEMENT DE LA SOLDE ET DES MASSES.

Délivrance des mandats de paiement des corps ou détachements.

372. Les commissaires aux revues qui tiennent les contrôles des corps, portions de corps ou détachements s'administrant eux-mêmes, établissent les mandats de paiement pour toutes les prestations de solde auxquelles ces mêmes corps, portions de corps ou détachements peuvent avoir droit.

373. Les mandats de paiement sont ordonnancés au titre de chaque corps, portion de corps ou détachement s'administrant lui-même, et payables, sur l'acquit du conseil d'administration ou de l'officier qui en tient lieu, entre les mains du trésorier ou de l'officier payeur, ou enfin de tout autre officier ou sous-officier également autorisé à en percevoir le montant.

Indemnités extraordinaires à payer comme la solde.

374. Les indemnités allouées en cas de rassemblement sont ordonnancées comme la solde et sur les mêmes mandats.

Exception en ce qui concerne l'indemnité représentative de vivres et liquides.

375. Les indemnités représentatives de vivres et de liquides sont payées au compte du service des vivres, au moyen d'un état conforme au modèle n° 14.

Lorsque des distributions extraordinaires de liquides sont accordées sans qu'il puisse y être pourvu par les magasins de l'Etat, le paiement de l'indemnité représentative est ordonnancé immédiatement et sur un mandat particulier, si la caisse du corps ne peut en faire l'avance.

CHAPITRE IV.

DES TROUPES MISES A LA DISPOSITION DU DÉPARTEMENT DE LA GUERRE.

Paiements à faire par les commissaires aux revues.

376. Les corps et détachements mis à la disposition de la guerre continuent à être soldés par les soins des commissaires aux revues, jusqu'au jour du départ de leur garnison.

Paiements à faire par la guerre au compte de la marine.

377. Les états de paiement à établir dans les cas prévus par l'art. 238 sont dressés en triple expédition, dont l'une porte quittance et les deux autres déclaration de quittance.

Les déclarations de quittance en double expédition sont transmises par le ministre de la guerre au ministre de la marine, comme pièces devant servir à la liquidation définitive et au remboursement de la dépense.

Solde de captivité.

378. Les officiers, sous-officiers, caporaux et soldats faisant partie des troupes désignées en l'art. 238 précité, et qui ont été faits prisonniers de guerre, sont payés, lors de leur rentrée en France, et sur les fonds du département de la marine, de tout ce qui leur est dû pour solde de captivité.

Ces paiements sont effectués par les officiers du commissariat de la marine, et à défaut par les fonctionnaires de l'intendance militaire.

TITRE VII.

DES RETENUES DE LA SOLDE.

CHAPITRE PREMIER.

DES RETENUES AU PROFIT DE L'ETAT.

SECT. Ire. — DU REMBOURSEMENT DES AVANCES EN ARGENT OU EN EFFETS DE PETIT ÉQUIPEMENT.

Pièces servant de base au remboursement.

379. Les avances faites par la guerre en vertu de l'art. 368 sont constatées par les relevés sommaires que les sous-intendants militaires dressent conformément à l'article réglementaire sur les frais de route, et auxquels sont annexés les mandats et ordres de fourniture, revêtus des acquits des parties prenantes.

Les avances faites par les soins des officiers du commissariat sont constatées par des relevés semblables au modèle n° 15.

Destination de ces pièces.

380. Les pièces mentionnées en l'article précédent, lorsqu'elles sont relatives aux avances faites par le département de la guerre, sont envoyées trimestriellement au ministre de la marine, qui les fait parvenir aux commissaires aux revues chargés de la surveillance administrative des dépôts des corps auxquels appartiennent les militaires titulaires des mandats.

Les pièces relatives aux avances faites par les agents du commissariat sont envoyées aux commissaires aux revues des ports où sont stationnés les dépôts des corps auxquels appartiennent les militaires.

Inscription des avances au registre des retenues.

381. Aussitôt que les commissaires aux revues re-

çoivent les relevés sommaires, ils inscrivent le total des avances qu'ils relatent sur le registre dont la tenue est prescrite par l'art. 555, et remettent ces relevés, avec les mandats, sous leur responsabilité personnelle, aux conseils d'administration des dépôts des corps qu'ils concernent.

Mode de recouvrement des avances.

382. Les commissaires aux revues opèrent le recouvrement des avances en les faisant verser dans les caisses du trésor par les soins des conseils d'administration des dépôts des corps.

Cas de rejet par les corps.

383. Si parmi les mandats dont le montant doit être versé au trésor, il en est qui concernent des hommes inconnus au corps, le commissaire aux revues, après avoir vérifié le fait, en prend note sur le registre des retenues.

Mandats rejetés.

384. Le commissaire aux revues, dans le cas prévu par l'article précédent, se fait remettre le relevé des avances, et s'il s'agit de paiements faits par la guerre, il renvoie immédiatement au commissaire général sous les ordres duquel il est employé le mandat ou les mandats rejetés.

Ce fonctionnaire, conformément aux art. 55 et 56 de l'ordonnance réglementaire sur les frais de route, remplit les formalités nécessaires pour mettre le département de la guerre à portée d'opérer le recouvrement de la somme dont l'imputation au corps a été reconnue inadmissible.

S'il s'agit d'avances faites par les soins des officiers du commissariat, le commissaire aux revues en donne avis au fonctionnaire qui a effectué le paiement, pour que celui-ci en assure la reprise.

15.

SECT. II. — DE LA RETENUE EXERCÉE AU PROFIT DE LA CAISSE DES INVALIDES DE LA MARINE.

Prestations qui en sont passibles.

385. Les officiers sans troupes, les officiers des corps de troupe, les officiers en non-activité et en congé illimité, et les employés militaires traités, d'après les ordonnances constitutives des corps de troupe de la marine, de la même manière que les officiers des armes correspondantes de l'armée de terre, ne subissent sur leur traitement qu'une retenue de 2 p. 100 au profit de la caisse des invalides de la marine. Cette retenue est exercée sur la solde, les suppléments de solde et l'indemnité de représentation.

Indemnités extraordinaires qui n'en sont point passibles.

La solde et les suppléments de la troupe, la gratification d'entrée en campagne, l'indemnité allouée en cas de rassemblement, celles de vivres, de logement, de fourrages et de frais de bureau, ainsi que les indemnités de lits de bord, de perte d'effets, de perte ou transports de chevaux, n'en sont point passibles.

386. L'officier et l'employé militaire en congé ou à l'hôpital ne doivent supporter la retenue que sur la solde déterminée pour leur position.

387. L'officier qui se trouve dans une position donnant droit à la solde de route doit subir la retenue sur le montant intégral de cette solde.

388. Les états d'effectif et de paiement destinés à constater la solde et les prestations diverses acquises par les officiers sans troupe, les officiers, sous-officiers, caporaux et soldats des corps de troupe, les officiers en non-activité et en congé illimité et les employés militaires, sont, après déduction de la retenue de 2 p. 100 mentionnée dans le premier paragraphe de l'art. 385, bonifiés de 3 p. 100 à l'infini, à raison de la retenue attribuée à la caisse des invalides de la marine.

Cette augmentation est portée d'une manière distincte sur les états de paiement. Ces états sont arrêtés à la somme brute.

Retenue : comment opérée.

389. La retenue de 3 p. 100 à exercer au profit de la caisse des invalides est établie par les commissaires aux revues dans le corps des mandats expédiés par leurs soins. Ces mandats sont quittancés à la somme brute.

SECT. III. — DES RETENUES AU PROFIT DU TRÉSOR PUBLIC.

Comment exercées.

390. Lorsqu'il doit être exercé des retenues pour sommes à rembourser au trésor public, soit par les officiers sans troupe et employés militaires, soit par les militaires des corps de troupe, d'après les ordres particuliers du ministre de la marine, les motifs de déductions sont expliqués, tant sur les états de paiement que sur les revues, de manière à ne faire payer à la partie prenante que la somme nette qu'elle doit recevoir, déduction faite de la retenue.

391. Si la retenue à faire au profit du trésor ne concerne pas l'exercice courant, une note détaillée fait connaître la somme totale qui aurait dû être allouée par la revue, et les motifs de la déduction.

392. Les retenues à exercer, par suite de la consommation des décomptes des revues de liquidation, ou d'erreurs reconnues par la vérification des revues, ont lieu conformément aux art. 531, 549 et 550.

CHAPITRE II.

DES RETENUES AU PROFIT DE TIERS.

SECT. Ire. — DES RETENUES POUR ALIMENTS SUR LA SOLDE DES OFFICIERS ET EMPLOYÉS MILITAIRES.

Par qui accordées.

393. Le ministre de la marine peut prescrire, sur la solde des officiers ou employés militaires, une retenue pour aliments dans les cas prévus par les art. 203, 205 et 214 du Code civil.

Cette retenue peut être indépendante de toute autre que subirait déjà l'officier, pour quelque cause que ce fût.

Retenues opérées par déduction.

394. Les retenues ordonnées en vertu de l'article précédent doivent être opérées, par déduction, sur les états de solde des officiers et employés militaires qui en sont passibles, et le montant en est payé à leurs femmes ou enfants, suivant le mode prescrit par l'art. 283 pour les délégataires.

SECT. II.—DES RETENUES POUR DETTES ENVERS DES TIERS.

Par qui ordonnées.

395. Les retenues pour dettes contractées par des officiers ou employés militaires ont lieu en vertu d'oppositions juridiques. Néanmoins, le ministre de la marine peut en ordonner d'office, lorsqu'il le juge convenable.

396. Dans les corps de troupe, les dettes des officiers, particulièrement celles qui ont pour objet leur subsistance, leur logement, leur habillement, ou d'autres fournitures relatives à leur état, peuvent aussi être payées au moyen d'une retenue sur leurs appointements ordonnée par le chef du corps ou de

la portion de corps, conformément à ce qui est prescrit par les règlements sur le service intérieur des corps de troupe.

Signification d'oppositions juridiques.

397. Toutes saisies-arrêts ou oppositions sur la solde des officiers de troupe ou sans troupe et des employés militaires doivent être faites entre les mains des payeurs, agents ou préposés sur la caisse desquels les ordonnances ou mandats sont délivrés.

Néanmoins, à Paris et pour tous les paiements à effectuer à la caisse du payeur central du trésor public, elles doivent être exclusivement faites entre les mains du conservateur des oppositions au ministère des finances (1).

Retenues opérées par précompte.

398. Les retenues pour dettes envers des tiers doivent toujours être opérées par précompte; en conséquence, le payeur prélève sur le montant de la solde du débiteur la retenue dont il est passible, sans qu'il y ait lieu, pour cet objet, à aucune déduction sur l'état de paiement ni sur la revue.

Destination à donner au produit des retenues.

399. Les sommes provenant des retenues opérées par les payeurs sont distribuées aux opposants, suivant les formes prescrites par le Code de procédure civile.

CHAPITRE III.

DISPOSITIONS COMMUNES AUX RETENUES POUR DETTES ENVERS LE TRÉSOR PUBLIC ET DES TIERS.

Proportion commune à toutes les retenues.

400. Les retenues à effectuer pour sommes à rembourser, soit au trésor, soit à des tiers, ne peuvent

_____
(1) Art. 13 de la loi de finances du 9 juillet 1836.

15.

excéder le cinquième de la solde brute des officiers et employés militaires en activité et des militaires en non-activité ou en congé illimité, à moins de décision contraire du ministre de la marine, et sauf le cas prévu par l'art. 396

Mesures à prendre pour en suivre les progrès.

401. Tous les ordres de retenue donnés par le ministre de la marine, dans les cas spécifiés aux articles ci-dessus, sont adressés aux commissaires généraux (1), qui les transmettent aux commissaires aux revues. Ces derniers fonctionnaires sont tenus, sous leur responsabilité personnelle, d'en assurer l'exécution, et tiennent à cet effet un registre conforme au modèle n° 16, sur lequel ils annotent les sommes remboursées, en désignant les mandats de paiement et les revues sur lesquels les retenues ont été effectuées.

402. Lorsqu'un officier sans troupe, un employé militaire ou un corps de troupe, assujetti à des retenues non encore effectuées en totalité, change de résidence, le commissaire général, sur le compte qui lui est rendu, fait connaître le restant à retenir au commissaire général du lieu dans lequel le militaire ou le corps doit se rendre, afin qu'il fasse continuer ces retenues. Ce fonctionnaire charge également les commissaires aux revues placés sous ses ordres de leur exécution.

Le commissaire aux revues qui fait payer le débiteur a, en outre, le soin, s'il s'agit d'un officier payé sur mandats individuels, de porter sur son livret ou sur le certificat de cessation de paiement qu'il lui délivre une mention spéciale faisant connaître avec détail la situation de la retenue.

---

(1) Les fonctions attribuées en France au commissaire général sont exercées par l'ordonnateur dans les colonies. (Voir l'art. 840 de la présente ordonnance.)

DU RÈGLEMENT DES DÉPENSES.

TITRE VIII.

DES CONTRÔLES.

CHAPITRE PREMIER.

DES OFFICIERS SANS TROUPE ET EMPLOYÉS MILITAIRES.

Tenue des contrôles par les commissaires aux revues.

403. Les commissaires aux revues sont chargés de la tenue des contrôles des officiers sans troupe et employés militaires. Dans les expéditions maritimes, les contrôles des officiers sans troupe et des employés militaires sont tenus par l'officier du commissariat qui remplit les fonctions de commissaire aux revues.

404. Les contrôles sont distincts pour chaque classe d'officiers sans troupe et d'employés militaires, et pour les officiers en non-activité ou en congé illimité.

Fourniture et renouvellement des contrôles.

405. Les contrôles à tenir pour les officiers sans troupe et les employés militaires, ainsi que pour les officiers en non-activité ou en congé illimité, sont conformes au modèle n° 17; ils sont renouvelés au 1er janvier de chaque année. Les contrôles de l'année expirée sont déposés dans les archives du commissariat de la marine. Ceux concernant les officiers sans troupe et employés militaires des expéditions sont envoyés au ministre de la marine au retour de ces expéditions, et lorsque la vérification des revues est entièrement consommée.

Mesures pour assurer l'exactitude des contrôles.

406. Pour faciliter la tenue exacte des contrôles,

les officiers et les employés militaires mentionnés en l'article précédent sont obligés, lors de leur arrivée à une nouvelle destination, ainsi qu'à leur départ pour passer d'une résidence à une autre, de présenter au visa du commissaire aux revues les originaux de leurs brevets, commissions et autres pièces établissant leur position ; en outre, chaque chef de classe adresse au commissaire aux revues l'état de tous les mouvements et mutations qui ont lieu dans sa classe, et lui donne ou fait donner communication des titres justificatifs.

407. Tous les ordres de mouvements et les nominations ou promotions concernant les officiers sans troupe ou employés militaires sont notifiés aux commissaires aux revues des ports où ces militaires résident.

408. Les officiers sans troupe, à la seule exception des officiers généraux, et les employés militaires, doivent se présenter dans les bureaux du commissaire aux revues le dernier jour de chaque mois, à moins d'empêchement légitime dont ils sont tenus de justifier.

409. Dans les lieux où il ne réside pas d'officier du commissariat, les officiers sans troupe ou employés militaires se présentent chez le sous-intendant militaire, le commandant de la place, le sous-préfet ou le maire, qui donne avis de leur présentation au fonctionnaire de la marine chargé de les faire payer.

CHAPITRE II.

DES CORPS DE TROUPE.

SECT. Ire.—DES CONTROLES A TENIR PAR LES CORPS.

Forme des contrôles.

410. Le contrôle des hommes est conforme au modèle n° 18. Il en est tenu un pour l'état-major et la

compagnie ou le peloton hors rang, et un pour chaque compagnie.

La réunion de ces contrôles particuliers forme le contrôle général du corps, qui est toujours tenu par le major de la portion centrale.

411. Les cases de chaque contrôle sont numérotées depuis la première jusqu'à la dernière, excepté celles qui sont destinées aux officiers.

Lors de l'établissement ou du renouvellement des contrôles, les hommes y sont enregistrés par rang de grade et de classe, et dans chaque grade par rang d'ancienneté ; les tambours, clairons et enfants de troupe y précèdent les soldats. Chaque homme y occupe une case, et y est désigné par le numéro qui lui a été donné sur le registre matricule, ainsi que ses nom, prénoms et surnoms.

Il est laissé à la suite de chaque grade un nombre de cases en blanc triple de celui des hommes formant le complet du grade.

Pour les emplois, le nombre de cases en blanc est égal à celui de chaque emploi.

Officiers ; comment inscrits.

412. La date et le lieu de naissance de chaque officier sont indiqués au contrôle.

413. Tout officier destiné pour un corps de troupe ou une autre portion du même corps doit, aussitôt que l'avis officiel de sa nomination est parvenu à ce corps ou à cette portion de corps, être inscrit sur le contrôle et désigné pour mémoire comme non arrivé, jusqu'à ce qu'il ait rejoint.

Contrôles des portions de corps détachées.

414. Lorsqu'une portion de corps détachée s'administre elle-même, et qu'elle se compose de plusieurs compagnies, il est remis à l'officier qui la commande une copie du contrôle de chaque compagnie.

Cependant, si le détachement n'est composé que

d'une compagnie, il n'en est pas formé de contrôle,
le livre de compagnie dont il est fait mention à l'art.
422 devant lui en tenir lieu.

Si le détachement n'est composé que d'une ou plusieurs fractions de compagnie, il en est formé un
contrôle particulier, qui est extrait du contrôle général.

415. Les copies ou extraits des contrôles sont délivrés par le major ou par son suppléant, certifiés par
le conseil d'administration, et visés par le commissaire
aux revues chargé de la surveillance administrative
du corps ou de la portion de corps.

Au retour des portions de corps ou détachements,
les copies ou extraits de contrôles dont ils étaient
pourvus sont remis au major, et arrêtés, suivant le
cas, par le conseil éventuel ou par l'officier commandant; ils sont ensuite comparés avec les contrôles
tenus au dépôt.

416. Il est donné connaissance au commissaire
aux revues chargé de la surveillance administrative
du corps ou de la portion de corps des rectifications
que ces comparaisons peuvent occasionner. Ce commissaire reçoit en même temps les copies ou extraits
de contrôles mentionnés ci-dessus, les annule et les
rend ensuite au conseil d'administration, pour être
déposés dans les archives du corps.

Contrôle provisoire des hommes laissés au dépôt

417. Lorsqu'un régiment a reçu l'ordre de former
des détachements de guerre destinés à une expédition, les hommes qui ne partent pas sont inscrits
aux contrôles des compagnies de la portion centrale
ou secondaire. Ils sont alors rayés des contrôles de
leurs compagnies respectives.

Les hommes des compagnies d'élite sont inscrits
distinctement de ceux des compagnies du centre.

Tenue des contrôles ; à qui attribuée.

418. Le contrôle général des hommes est tenu en

totalité par le major de la portion centrale, et, à son
défaut, par le capitaine chargé de le suppléer.

Lorsque plusieurs compagnies détachées s'administrent séparément, le commandant de ces compagnies tient les doubles des contrôles.

Toutefois, si, dans la portion détachée, il se trouve
un major ou un officier en faisant fonctions, cet officier tient les doubles des contrôles.

419. Dans les compagnies formant corps entier, le
registre de compagnie, mentionné à l'art. 422, tient
lieu de contrôle général.

Remise des états de mutations à l'officier chargé de la tenue
des contrôles.

420. Tous les matins, après le rapport que prescrit le règlement sur le service intérieur, l'officier
chargé de la tenue du contrôle général reçoit, certifié
par chaque commandant de compagnie, l'état des mutations et mouvements survenus la veille. Pour l'état-
major et la compagnie ou le peloton hors rang, l'état
est certifié et fourni par l'officier d'habillement.

Aussitôt après la réception de ces états, l'officier
chargé de la tenue du contrôle général y enregistre les
mutations et mouvements.

421. Lorsque des portions de corps ou des détachements se trouvent sous la surveillance administrative d'un officier du commissariat autre que celui du
dépôt de leur corps, les états de leurs mutations et mouvements, certifiés par les officiers qui les commandent,
sont remis tous les dix jours, s'ils sont employés en
France, et tous les mois, s'ils sont dans les colonies,
s'ils sont embarqués ou s'ils font partie d'une expédition, aux officiers du commissariat sous la surveillance administrative desquels ils sont placés. Ceux-ci,
après les avoir vérifiés et visés, les adressent immédiatement aux commissaires aux revues des dépôts,
qui les remettent au conseil d'administration central.

Ces états de mutations servent à la vérification des

feuilles de journées des portions de corps ou des détachements, et donnent les moyens de faire, tant sur le registre matricule que sur les contrôles annuels, les annotations constatant les gains et les pertes.

Lesdits états sont indépendants de ceux que les portions de corps ou détachements doivent fournir, conformément à l'art. 433, tous les jours ou tous les cinq jours, suivant le cas, aux fonctionnaires du commissariat, sous la surveillance desquels ils se trouvent.

A la rentrée des portions de corps ou détachements, les contrôles sont déposés dans les archives du corps, ainsi que le prescrit l'art. 416.

Lorsque les sergents ou caporaux sont embarqués sur les bâtiments de l'État en qualité de sergents ou caporaux d'armes, les états de leurs mutations et mouvements sont envoyés, tous les mois, aux commissaires aux revues par les conseils d'administration desdits bâtiments. Ces mouvements et mutations sont transmis aux corps qui doivent en connaître.

S'il n'y a pas eu de mutations, il est envoyé des états négatifs.

Contrôles des compagnies.

422. Indépendamment des contrôles ci-dessus prescrits, chaque capitaine tient pour sa compagnie un contrôle qui fait partie du livre de compagnie.

Le contrôle de la compagnie ou peloton hors rang, tenu par l'officier d'habillement, comprend l'état-major.

Renouvellement des contrôles.

423. Les contrôles sont renouvelés au commencement de chaque année. Le dernier mouvement de chaque individu alors absent du corps est rappelé sur le nouveau contrôle, ainsi que son numéro au contrôle de l'année précédente.

Les militaires qui surviennent après la confection ou le renouvellement annuel des contrôles sont inscrits à la suite des hommes de leurs grades respectifs, et leur classement par rang d'ancienneté n'a lieu qu'au renouvellement des contrôles.

Les conseils d'administration où les commandants de détachement font remettre aux commissaires aux revues une expédition des nouveaux contrôles.

Hommes passant d'une compagnie à une autre ou changeant de grade dans la même compagnie.

424. Lorsqu'un militaire passe, dans le même corps, d'une compagnie à une autre, le contrôle annuel de la compagnie qu'il a quittée indique le numéro de la case qu'il doit occuper dans sa nouvelle compagnie, et le contrôle de cette dernière compagnie rappelle le numéro de la case qu'il occupait dans l'ancienne.

Le militaire qui avance en grade ou qui passe à une classe supérieure, sans changer de compagnie, est rayé de la case qu'il occupait et inscrit dans une case à la suite des hommes de son nouveau grade ou de sa nouvelle classe.

La même manière d'opérer est suivie à l'égard des sous-officiers, caporaux et soldats de 1re classe, descendus à un grade inférieur ou à une classe inférieure, sans changer de compagnie.

L'homme qui, dans le cas prévu par le présent article, cesse d'appartenir à une compagnie est immédiatement rayé du contrôle, et son numéro reste vacant jusqu'à la fin de l'année.

Militaires changeant de corps ou de portion de corps.

425. Lorsqu'un officier ou un homme de troupe passe d'un corps dans un autre ou d'une portion de corps dans une autre du même corps, le conseil d'administration du corps ou de la portion de corps d'où il sort est tenu d'en donner avis sur-le-champ à son nouveau corps, et de l'informer du jour du départ. L'officier est inscrit sur le contrôle du nouveau corps

16

ou de la nouvelle portion de corps, s'il n'y est pas
déjà porté de la manière indiquée à l'art. 413.

Etat des hommes traités dans les hôpitaux,

426. Des feuilles nominales trimestrielles établies,
conformément au modèle n° 19, par les agents comptables des hôpitaux maritimes ou par les administra-
teurs ou gérants des hospices civils, sont remises ou
adressées, dans les cinq premiers jours de chaque
trimestre, aux commissaires aux revues, qui ont la
surveillance administrative des corps auxquels les militaires appartiennent. Ces derniers fonctionnaires les
font parvenir, après inscriptions sur leurs contrôles,
aux conseils d'administration des corps.

La transmission aux commissaires aux revues des
feuilles nominales trimestrielles, relatives aux hospices de l'intérieur, a lieu par l'entremise des fonctionnaires de l'intendance militaire.

Hommes rayés et réadmis,

427. Les militaires absents de leur corps ou préve-
nus de désertion sont rayés des contrôles lorsqu'il
résulte d'un jugement, d'une décision ou d'un fait
constaté, qu'ils n'appartiennent plus à ces corps, ou
bien lorsque six mois se sont écoulés sans qu'on ait
pu découvrir ce qu'ils sont devenus.

Ceux de ces militaires qui sont réadmis à leur corps
sont inscrits sur les contrôles comme hommes nouveaux.

428. Les hommes faits prisonniers de guerre sont
rayés des contrôles annuels à compter du jour où ils
sont tombés au pouvoir de l'ennemi; ils sont inscrits
sur un registre particulier, conforme au modèle
n° 20, qui est tenu au dépôt de chaque corps par le
trésorier. A leur rentrée au corps, ils sont rayés de
ce registre et rétablis sur les contrôles.

429. Les hommes en congé illimité et ceux renvoyés par anticipation dans leurs foyers sont égale-

ment rayés des contrôles annuels, à compter du jour de leur départ, et portés en même temps sur un registre spécial tenu par le trésorier, et qui est conforme au modèle n° 21.

Le trésorier tient également, lorsqu'il y a lieu, le contrôle des hommes en subsistance.

Mention de la masse individuelle des hommes morts ou absents.

430. En cas de mort, de radiation, et dans tous les cas d'absence, la situation de la masse individuelle de chaque homme est portée sur le contrôle, à la suite de la mutation.

Comparaison des livres de compagnie avec les contrôles.

431. Les livres de compagnie, en ce qui concerne les mutations des officiers et des hommes de troupe, sont comparés tous les mois avec le contrôle général du corps. Le major fait opérer les rectifications dont les uns et les autres sont reconnus susceptibles. Il en rend compte au conseil d'administration et au commissaire aux revues.

Ce fonctionnaire compare, quand il le juge nécessaire, ses contrôles avec ceux qui sont tenus par le major et avec les livres de compagnie.

SECT. II. — DES CONTRÔLES A TENIR PAR LES COMMISSAIRES AUX REVUES.

Double des contrôles tenus par les corps.

432. Les commissaires aux revues tiennent un double de tous les contrôles des corps ou portions de corps placés sous leur surveillance administrative.

Remise des états de mutations aux commissaires aux revues.

433. Les états de mutations sont fournis aux fonctionnaires du commissariat suivant le modèle n° 22, aux époques ci-après, savoir :

En France et dans les colonies, sur le pied de paix

ou en rassemblement, tous les jours, immédiatement après le rapport du matin, pour les corps stationnés dans le lieu où réside le commissaire aux revues, et tous les cinq jours pour les corps stationnés hors de cette résidence, ainsi que pour les détachements embarqués ou faisant partie d'une expédition.

Les envois d'états de mutations sont faits, sous la surveillance du commandant du corps, par le major ou par l'officier chargé de la tenue des contrôles.

Dans les cas prévus par l'art. 430, ces états font connaître la situation de la masse individuelle de chaque homme; ils sont certifiés par l'officier chargé de la tenue des contrôles, et visés par le commandant du corps. S'il n'y a point eu de mutations, les états sont négatifs.

Aussitôt après la réception des états mentionnés ci-dessus, les officiers du commissariat enregistrent les mutations sur leurs contrôles. Toutefois, ils doivent y inscrire immédiatement, et sans attendre l'envoi des états de mutations, les mouvements des militaires qui présentent à leur visa les permissions, congés ou autres titres en vertu desquels ils s'absentent.

434. Lorsqu'une troupe est en marche, l'état des mutations est fourni, dans tous les lieux de séjour, à l'officier du commissariat, au sous-intendant militaire ou au commandant de place, et, à leur défaut, au sous-préfet ou maire, qui la passe en revue, et indique sommairement lesdites mutations au tableau de sa revue, sur la feuille de route.

A l'arrivée de la troupe à sa destination, l'état général des mutations, pour tout le temps de sa marche, est également fourni au commissaire aux revues, qui en prend la surveillance administrative. Cet officier du commissariat, après avoir vérifié cet état en le comparant aux inscriptions portées sur la feuille de route qui lui est remise et aux résultats de sa revue d'arrivée, enregistre les mutations aux contrôles annuels.

Présentation au commissaire aux revues des militaires arrivant au corps.

435. L'officier arrivant à son corps, soit pour la première fois, soit après une absence quelconque, est tenu de se présenter, à son arrivée, chez le commissaire aux revues, qui vise les pièces justificatives des mutations et mouvements qui lui sont exhibées par l'officier. Le visa est daté.

Si le commissaire aux revues n'est pas sur les lieux, l'officier se présente à l'officier commandant, et il est donné avis de cette présentation au commissaire aux revues.

436. Les sous-officiers, caporaux et soldats qui arrivent au corps, soit pour la première fois, soit après une absence quelconque, sont, dans les vingt-quatre heures de leur arrivée, présentés au commissaire aux revues par un fourrier de semaine, à l'effet d'être aussitôt portés comme présents sur les contrôles de la compagnie.

Le sous-officier qui accompagne ces militaires chez le commissaire aux revues doit lui présenter les pièces dont ils sont pourvus en arrivant au corps, et lui remettre en même temps la note des numéros qui leur sont affectés, tant au contrôle qu'au registre-matricule.

Dans les places où il ne se trouve pas de commissaire aux revues, ces présentations sont faites conformément aux dispositions du dernier paragraphe de l'article précédent.

Le commissaire aux revues, ou celui qui le remplace, vise les pièces qui lui sont présentées. Ce visa est daté.

Contrôle des portions de corps détachées dans un même arrondissement.

437. Lorsque les parties d'un corps de troupe se trouvent disséminées sur divers points d'un arrondissement maritime dans lequel sont employés plusieurs

commissaires aux revues, les contrôles annuels de ce corps sont tenues en totalité par celui qui a la surveillance administrative de la portion où se trouve le conseil d'administration central ou secondaire.

Contrôles des détachements employés dans un arrondissement autre que celui où réside le dépôt.

438. Si les détachements sont employés dans un arrondissement autre que celui où réside le dépôt, s'ils sont embarqués ou s'ils font partie d'une expédition, l'officier du commissariat à qui la surveillance administrative de ces détachements est confiée en tient les contrôles annuels.

En conséquence, lorsque des détachements se séparent du corps ou d'une portion de corps, et que ces détachements sont composés de compagnies entières, le commissaire aux revues ayant la surveillance administrative du corps ou de la portion de corps adresse les contrôles de ces compagnies, après les avoir arrêtés, aux fonctionnaires du commissariat sous la surveillance desquels elles doivent passer. Si, au contraire, les détachements ne sont composés que de fractions de compagnies, il en est formé des contrôles particuliers, extraits du contrôle général. La date du départ de chaque homme est indiquée sur ces contrôles dont le commissaire aux revues fait l'envoi à ceux de ses collègues sous la surveillance administrative desquels passent les détachements.

Cas de changement de destination.

439. Lorsqu'un corps ou détachement de troupe s'administrant lui-même change d'arrondissement ou de colonie, le commissaire aux revues en arrête les contrôles jusqu'au jour exclu du départ, et les adresse au commissaire aux revues dans l'arrondissement duquel le corps ou le détachement doit passer.

Détachements de recrues.

440. Lorsqu'un détachement de recrues part pour

rejoindre un corps, il est établi pour lui un contrôle nominatif en double expédition. Ce contrôle est visé par le sous-intendant militaire chargé du service du recrutement.

Au départ du détachement, le sous-intendant militaire remet une expédition de ce contrôle au conducteur, lequel doit y inscrire toutes les mutations qui peuvent survenir en route, et adresse l'autre au commissaire aux revues de la portion de corps sur laquelle le détachement est dirigé, pour être remise au conseil d'administration.

A l'arrivée du détachement à sa destination, le major, ou, en son absence, l'officier chargé de le remplacer, inscrit sur le contrôle qui a été remis par le commissaire aux revues les mutations survenues en route. Cette inscription est faite au moyen du dépouillement des mutations portées sur la feuille de route et sur le contrôle tenu par le conducteur. Le trésorier établit, sur les deux expéditions des contrôles, le décompte des journées donnant droit à la solde et aux vivres, ainsi que les décomptes des sommes et des rations revenant au détachement pour le temps de la route, sans distinction de trimestre ni d'exercice. Les deux expéditions du contrôle sont signées par le major et le conducteur, et remises au commissaire aux revues avec les feuilles de journées du trimestre.

Le décompte des sommes et des rations qui ont été perçues est réglé contradictoirement entre le trésorier et le commandant du détachement.

Destination des contrôles après leur renouvellement.

441. Lorsque les contrôles tenus par les commissaires aux revues ont été renouvelés, et que les revues du dernier trimestre de l'année expirée ont été faites, ils sont déposés dans les archives du commissariat.

SECT. III. — DES ÉTATS DES LOGEMENTS MILITAIRES.

Etats annuels.

442. D'après les dispositions de l'art. 163, l'indemnité de logement ne devant être accordée qu'à défaut ou en cas d'insuffisance de logement en nature, le directeur des travaux maritimes en France, et le chef du service du génie aux colonies, remettent, le premier jour de chaque année, au commissaire général et à l'ordonnateur, l'état général des logements affectés aux officiers de tout grade et de toute arme, ainsi qu'aux employés militaires. Cet état indique ceux desdits logements qui ne seraient point alors habitables.

Etats mensuels.

443. Le directeur des travaux maritimes et le chef du génie envoient en outre, le premier jour de chaque mois, au commissaire général ou à l'ordonnateur un état sommaire indicatif des logements qui ont été mis en état d'occupation par les réparations faites, ou qui sont devenus inhabitables, par suite de dégradations, pendant le mois précédent.

Communication aux commissaires aux revues.

444. Le commissaire général ou l'ordonnateur adresse des extraits de ces états aux commissaires aux revues chargés de la surveillance administrative des corps et de la formation des revues des officiers sans troupe et employés militaires.

Certificat de non-fourniture de meubles.

445. L'indemnité d'ameublement due dans le cas prévu par le deuxième alinéa de l'art. 163 ne doit être allouée aux officiers auxquels elle est attribuée que sur un certificat délivré par l'officier du commissariat chargé de la surveillance administrative du service du casernement, attestant que les meubles n'ont pu être fournis des magasins militaires.

TITRE IX.

DES REVUES.

CHAPITRE PREMIER.

OFFICIERS SANS TROUPE ET EMPLOYÉS MILITAIRES.

Revues; par qui établies.

446. Les commissaires aux revues sont chargés de l'établissement des revues générales de liquidation des officiers sans troupe et des employés militaires dont ils tiennent les contrôles.

Forme des revues.

447. Il est fait une revue générale de liquidation par trimestre, pour chaque classe d'officiers sans troupe et d'employés militaires en résidence dans un même arrondissement, appartenant à une même colonie ou attachés à une même expédition. Cette revue, conforme au modèle n° 23, est divisée par chapitres, suivant l'ordre des grades et des classes, et pour chaque grade ou classe, en autant de sections qu'il y a dans les emplois de catégories différentes. Elle présente les noms, prénoms, grades, mutations et mouvements des officiers et employés; le nombre de journées donnant droit à la solde ainsi qu'aux accessoires de la solde, et les décomptes en deniers des sommes dues pour les mêmes prestations.

Les officiers en disponibilité, ainsi que les officiers généraux du cadre de réserve, sont compris, sur les revues de leurs classes respectives, dans des chapitres particuliers.

448. Il est également fait une revue générale de liquidation par trimestre pour chaque classe d'officiers sans troupe et d'employés militaires embarqués sur les bâtiments de l'Etat. Cette disposition n'est pas applicable aux passagers.

Cette revue est dressée par le commissaire aux revues du port qui compte de la dépense desdits bâtiments. A cet effet, il lui est donné avis des paiements faits à l'extérieur.

449. Les sommes, ainsi que les journées de chaque section, sont additionnées séparément, et la revue est terminée par une récapitulation.

450. Lorsqu'un officier change de grade ou d'emploi, ou passe de la position d'activité à celle de disponibilité ou de non-activité, *et vice versa*, le décompte des sommes acquises dans chaque position est établi séparément, selon l'ordre ci-dessus déterminé, et de manière que des traitements de nature différente ne puissent jamais être confondus dans un même chapitre.

451. Les revues de liquidation des fournitures en nature sont établies suivant le modèle n° 24.

452. Les revues des officiers en non-activité ou en congé illimité sont divisées par arme, et dans chaque arme par chapitres distincts, suivant l'ordre des grades.

Elles sont conformes au modèle n° 25.

Rappels sur exercices expirés.

453. Les rappels de solde et accessoires non passibles de déchéance, et qui portent sur un exercice expiré, sont compris sur la revue du trimestre pendant lequel le paiement en est ordonnancé. Dans ce cas, il est établi, pour rester annexé à la revue, un extrait distinct et séparé par exercice (modèles n° 26 et 27), indiquant nominativement tous les rappels effectués sur les crédits affectés aux dépenses de l'année courante.

Quand il n'y a pas lieu à rappel, mention expresse en est faite à la suite de l'arrêté de la revue.

Officiers sans troupe absents à l'époque d'une revue.

454. Les officiers sans troupe et employés militaires

absents de leur poste par congé, à l'époque où doit
être établie la revue trimestrielle de liquidation, ne
sont portés que pour mémoire sur ladite revue, à
compter du jour de leur départ. Le commissaire aux
revues indique avec soin la durée du congé, l'époque
de son expiration, et s'il a été accordé avec ou sans
solde.

Officiers autorisés à toucher leur solde hors de leur résidence.

455. Lorsque les officiers sans troupe ont été autorisés par le ministre de la marine à toucher leur
solde ailleurs qu'à leur poste ou à leur résidence, ils
sont compris pour mémoire dans la revue de liquidation des officiers sans troupe de l'arrondissement
où ils résident habituellement, et le commissaire aux
revues y porte l'annotation des ordres qui ont autorisé
le paiement de leur traitement pendant leur absence;
pareille mention est faite dans la revue par laquelle ce
paiement est régularisé.

456. Les officiers pairs de France ou membres de
la Chambre des Députés peuvent, sans autorisation
préalable, recevoir leur traitement à Paris pendant
la durée des sessions législatives.

Revues en triple expédition; destination à leur donner.

457. Les revues de liquidation des officiers sans
troupe et employés militaires sont dressées en triple
expédition. La première reste pour minute entre les
mains du commissaire aux revues qui l'a établie; les
deux autres expéditions sont adressées au commissaire général ou ordonnateur aussitôt après leur confection, et, lorsqu'il y a eu des fournitures en nature,
aussitôt après le règlement de décompte dont il est
parlé en l'art. 534.

Les revues de liquidation des fournitures en nature
ne sont établies qu'en deux expéditions, dont une
pour minute.

458. Le commissaire aux revues signataire de la

revue y joint l'état des individus logés, avec ou sans meubles, dans les bâtiments militaires, les feuilles de route, les congés, les ordres de mission, les billets de sortie des hôpitaux, et généralement toutes les pièces qui ont dû lui être communiquées, à l'exception des brevets et lettres de service.

459. La revue de chaque classe d'officiers sans troupe, pour le quatrième trimestre, est en outre accompagnée d'un relevé comparatif (modèle n° 28), établissant la concordance qui doit toujours exister entre les droits constatés par les revues des quatre trimestres de l'exercice et les paiements effectués.

460. Les revues de liquidation des officiers en non-activité et en congé illimité sont dressées en trois expéditions qui reçoivent la destination indiquée par l'art. 457. Le relevé comparatif ci-dessus prescrit doit également être joint, pour chacune de ces deux classes d'officiers, à la revue du 4e trimestre.

Etats trimestriels de mutations des officiers en non-activité et en congé illimité.

461. Du 10 au 15 du premier mois de chaque trimestre, les commissaires aux revues chargés de pourvoir au paiement de la solde des officiers en non-activité et en congé illimité dressent et font parvenir au commissaire général ou ordonnateur un relevé, conforme au modèle n° 29, des mutations survenues parmi ces officiers pendant le trimestre expiré; ce relevé est dressé séparément, par nature de traitement.

Du 16 au 20 dudit mois, ces relevés de mutations sont adressés au ministre de la marine.

CHAPITRE II.
DES CORPS DE TROUPE.

SECT. 1re. — DES REVUES D'EFFECTIF.

§ 1er.—*Revues des commissaires aux revues.*

Revues périodiques.

462. Pour constater l'effectif des hommes, les com-

missaires aux revues passent les corps en revue sur le terrain au moins une fois par trimestre.

Les commissaires aux revues passent en outre les troupes en revue sur le terrain toutes les fois qu'ils en reçoivent l'ordre, soit du ministre de la marine, soit des préfets maritimes ou gouverneurs, soit des commissaires généraux ou ordonnateurs, ou lorsqu'ils le jugent eux-mêmes utile au bien du service.

Le commissaire aux revues ne peut se faire suppléer que par des officiers du commissariat ayant au moins un grade égal à celui du commandant du corps ou de la portion de corps à passer en revue.

463. Les revues des commissaires aux revues ont lieu conformément à ce qui est prescrit par les ordonnances sur le service intérieur des troupes, et par la décision royale du 8 juillet 1835, rendue sur le rapport de notre ministre de la guerre.

Les commissaires aux revues sont en grande tenue.

Feuilles d'appel.

464. Les officiers du commissariat font leur revue par appel nominal, sur des feuilles d'appel conformes au modèle nº 30, qui leur sont remises, quand ils se présentent à la tête des compagnies par les capitaines ou officiers commandants.

Ces feuilles, certifiées par les commandants des compagnies et visées par le major, présentent les numéros, noms, prénoms, surnoms et grades des officiers, sous-officiers, caporaux et soldats, ainsi que les mouvements et mutations survenus depuis la dernière revue.

Réclamations individuelles pendant les revues.

465. Le commissaire aux revues reçoit, pendant la revue, les réclamations que les militaires de tout grade peuvent avoir à former pour des objets concernant l'administration; il est tenu d'y faire droit lorsqu'elles sont fondées sur les lois et ordonnances. Il

s'assure préalablement que les réclamants se sont adressés à leurs chefs, suivant les règles de la subordination et de la hiérarchie.

États de mutations indépendants des feuilles d'appel.

466. Les feuilles d'appel dont il est fait mention à l'art. 464 ne dispensent point les officiers commandants de faire remettre au commissaire aux revues les états de mutations dont l'établissement est prescrit par l'art. 33.

Revue des hommes aux hôpitaux.

467. Indépendamment des revues prescrites par les articles qui précèdent, les commissaires aux revues passent encore celle des militaires malades aux hôpitaux, soit que ces militaires appartiennent ou n'appartiennent pas aux corps de la marine placés sous leur surveillance administrative. Les officiers d'administration comptables, ou les gérants des hospices civils, leur remettent, pour cette revue, des états nominatifs spéciaux conformes au modèle n° 31.

Revues de départ, de passage et d'arrivée.

468. Si un corps ou détachement reçoit l'ordre de changer de garnison, il est passé en revue la veille ou le jour de son départ. L'effectif constaté par cette revue est inscrit sur la feuille de route.

Cette revue d'effectif est renouvelée, dans chaque gîte où la troupe doit séjourner, par le commissaire aux revues, et, à son défaut, par le sous-intendant militaire, par le commandant de la place, le sous-préfet ou le maire.

Elle est encore renouvelée par le commissaire aux revues le jour ou le lendemain de l'arrivée de la troupe au lieu de sa destination.

469. Les dispositions de l'article précédent sont applicables aux détachements de recrues.

Avis des mouvements donnés par les préfets maritimes aux commissaires généraux ou ordonnateurs.

470. Pour l'exécution de l'art. 468, les préfets maritimes ou gouverneurs sont tenus de prévenir les commissaires généraux de tous les mouvements de troupes qui doivent s'opérer dans leur arrondissement ou colonie. Cet avis est donné plusieurs jours à l'avance, lorsque le bien du service ne s'y oppose point. Si les mouvements sont de nature à être tenus secrets, l'avis est donné dès que les circonstances le permettent.

Dans tous les cas, en France, les commissaires gégéraux doivent être avertis assez à temps pour pouvoir faire préparer dans les lieux de passage, et par les soins de l'intendance militaire, les vivres, le logement et les moyens de transport.

§ II. — *Revues des commissaires généraux.*

Cas où elles ont lieu.

471. Aux époques de leur inspection administrative, et éventuellement, toutes les fois que l'intérêt du service le commande, les commissaires généraux passent en revue sur le terrain les corps et détachements de troupe stationnés dans l'étendue de leur arrondissement ou colonie.

Ces revues ont lieu ainsi qu'il est prescrit pour les revues à passer par les commissaires aux revues.

§ III. — *Revues du contrôleur de la marine et du contrôleur colonial.*

Cas où elles ont lieu.

472. Le contrôleur de la marine ou le contrôleur colonial peut assister aux revues d'effectif passées par le commissaire aux revues. Il peut, en outre, passer des revues inopinées, après avis adressé, soit au préfet maritime, soit au gouverneur, lesquels donnent des ordres en conséquence.

Le contrôleur exerce personnellement les attributions qui lui sont dévolues par le présent article. Il est en grande tenue.

SECT. II. — DES FEUILLES DE JOURNÉES.

473. Il est établi, pour servir à la confection des revues générales de liquidation des corps de troupes, des feuilles de journées conformes au modèle n° 32.

Établissement des feuilles de journées.

474. Les feuilles de journées sont établies par compagnie et par trimestre, savoir :

Pour chaque corps, et, en cas de division, pour chaque portion centrale, en double expédition ;

Pour chaque portion de corps séparée de la portion centrale, en triple expédition. Il en est établi une feuille particulière pour l'état-major et la compagnie ou la section hors rang.

Elles sont nominatives, et présentent :

1° Les mouvements et mutations survenus depuis la dernière revue de liquidation ;

2° Le détail des journées donnant droit aux diverses espèces de solde, suppléments et accessoires de solde, à la prime journalière de la masse individuelle, ainsi qu'aux fournitures de vivres et de chauffage ;

3° Le décompte des sommes et des rations à allouer;

4° Le nombre des hommes ayant droit aux premières mises de petit équipement.

La feuille de journées de l'état-major et de la compagnie ou peloton hors rang présente en outre le tableau de l'effectif du corps, ainsi que la balance des gains et pertes résultant des mutations survenues depuis la dernière revue.

Il est établi une feuille de journées spéciale pour le chauffage, suivant le modèle n° 33.

Par qui établies.

475. Les feuilles de journées sont établies par les

capitaines, qui y portent, non-seulement les noms, prénoms, grades, mutations et mouvements, mais encore le décompte des journées et des différentes prestations, tant en deniers qu'en nature, ainsi que les diverses indications générales dont ces feuilles doivent être revêtues. La révision des décomptes est faite par le trésorier ou l'officier payeur.

La feuille de journées de l'état-major et de la compagnie hors rang est établie par l'officier d'habillement ; le tableau général de l'effectif qui y fait suite est rempli par le trésorier ou l'officier payeur.

La feuille de journées spéciale pour le chauffage est établie par le trésorier ou l'officier payeur.

Etats spéciaux à joindre aux feuilles de journées.

476. Lorsqu'il y a lieu d'allouer à un corps des sommes pour gratifications d'entrée en campagne, il en est dressé un état particulier qui est joint aux feuilles de journées.

Il en est de même à l'égard des sommes à allouer pour indemnités de lit de bord, de perte d'effets, de perte ou transport de chevaux, et pour gratification aux instructeurs.

Ces états sont conformes aux modèles n°s 34, 35, 36 et 37.

Coupures dans les feuilles de journées.

477. Lorsqu'une ou plusieurs compagnies sont destinées à servir aux colonies ou sont rappelées en France, il y a coupure, dans les feuilles de journées, à partir du jour de l'embarquement, soit pour aller aux colonies, soit pour rentrer en France.

Lorsqu'une ou plusieurs compagnies doivent former la garnison des bâtiments de l'État, ou faire partie d'une expédition maritime, il y a coupure, dans les feuilles de journées, à dater du jour de leur embarquement jusqu'au jour où elles débarquent pour rejoindre la portion de corps à laquelle elles appartiennent.

Si un détachement doit faire partie d'un rassemblement dans l'intérieur, la coupure des feuilles de journées se fait à partir du jour où les allocations du pied de guerre commencent ou cessent d'avoir lieu.

Il n'est point fait de coupure dans les feuilles de journées quand il n'y a pas de changement de régime et que les troupes se déplacent sans passer, soit du pied de paix au pied de guerre, soit du pied de guerre au pied de paix.

Cas spécial de déplacement d'un détachement.

478. Lorsqu'un détachement composé de fractions de compagnies se sépare d'une portion centrale ou secondaire, il n'est établi pour ce détachement qu'une seule feuille de journées, dans laquelle les hommes appartenant à chaque compagnie sont distingués par ordre de grades.

Mention des emplois vacants.

479. Lorsqu'il se trouve dans un corps des emplois d'officiers vacants, il en est fait mention sur les feuilles de journées.

Absents portés pour mémoire.

480. Le militaire qui, à l'expiration d'un trimestre, se trouve absent de son corps par congé ou mission autorisée n'est, sauf le cas prévu par l'art. 488, porté que pour mémoire sur les feuilles de journées à compter du jour de son départ. On y indique avec soin la durée du congé, et s'il a été accordé avec ou sans solde.

Officiers promus ou changeant de compagnie.

481. Les officiers promus à un nouveau grade sont portés sur les feuilles de journées à l'apostille de leur ancien grade, jusqu'au jour exclu où ils entrent en jouissance de leur nouvelle solde, et compris depuis cette époque à l'apostille de leur nouveau grade.

— 199 —

482. Les officiers passant, dans le même corps, d'une compagnie à une autre sans changer de grade, sont portés sur les feuilles de journées de leur ancienne compagnie, jusqu'au jour exclu où ils l'ont quittée.

Sous-officiers, caporaux et soldats promus ou changeant de compagnie.

483. Les hommes nommés caporaux, ou passant d'un emploi à un autre dans la classe des sous-officiers, sont portés sur les feuilles de journées à l'apostille de leur ancien grade, jusqu'au jour exclu où ils ont droit à leur nouvelle solde, et ils comptent, depuis la même époque, à l'effectif de leur nouveau grade.

484. Les hommes passant d'une compagnie dans une autre sans changer de grade ou d'emploi, ou par l'effet d'une promotion, sont également portés sur les feuilles de journées de leur ancienne compagnie jusqu'au jour exclu où ils l'ont quittée.

Feuilles de journées; par qui certifiées.

485. Les feuilles de journées sont certifiées et signées par les commandants de compagnie.

Celles de l'état-major et de la compagnie ou peloton hors rang sont certifiées et signées par l'officier d'habillement.

486. Le major ou son suppléant vérifie et constate, par un visa, la conformité des feuilles de journées avec le contrôle général, et le trésorier ou l'officier payeur certifie l'exactitude des décomptes de toute nature qui y sont établis.

Militaires en subsistance.

487. Pour les militaires mis en subsistance dans un corps, des feuilles particulières de journées sont établies au titre de ce corps; mais chaque homme y est désigné par le corps auquel il appartient. Elles sont dressées et certifiées par le trésorier.

Militaires autorisés à toucher leur solde isolément.

488. Les militaires appartenant à un corps, et qui, étant en congé ou en mission, sont autorisés à recevoir leur solde hors de leur corps, ne sont compris dans les feuilles de journées de leurs compagnies respectives qu'autant que le double des états constatant les paiements qui leur ont été faits est parvenu au conseil d'administration de leur corps.

Formation d'un relevé général de journées.

489. Dans les corps de troupe de toute arme, le trésorier établit, d'après les feuilles de journées, un relevé général de journées présentant, pour l'ensemble des portions du corps à comprendre dans une même revue, la récapitulation, par grade et par position, de toutes les journées donnant droit à des allocations en deniers.

Ce relevé est visé et vérifié par le major. Il est conforme, selon l'arme, au modèle n° 38.

Remise des feuilles de journées des corps ou portions de corps stationnés dans un port ou dans une colonie.

490. Les feuilles de journées des corps ou portions de corps stationnés dans un port ou dans une colonie sont remises au commissaire aux revues dans les dix premiers jours de chaque trimestre, pour le trimestre expiré, par les conseils d'administration ou les officiers qui doivent en tenir lieu.

Si le corps ou une portion du corps est en marche pendant ces dix premiers jours, les feuilles de journées sont remises immédiatement après son arrivée à destination au commissaire aux revues qui doit prendre la surveillance administrative de la troupe.

Remise des feuilles de journées des troupes embarquées ou attachées à une expédition.

491. Les feuilles de journées des troupes embarquées ou attachées à une expédition sont remises, au plus tard, dans les dix premiers jours de chaque trimestre, pour le trimestre expiré, à l'officier du commissariat chargé de la surveillance administrative de la division ou de l'expédition.

492. Indépendamment des pièces justificatives des mouvements et mutations, les feuilles de journées sont accompagnées :

1° D'une expédition du relevé général des journées prescrit par l'art. 489 ;

2° De l'état, certifié par le commissaire aux revues, des logements assignés aux officiers dans les bâtiments militaires (modèle n° 39) ;

3° De l'état des officiers ayant droit à la gratification d'entrée en campagne ;

4° Des états des officiers ayant droit aux indemnités de lits de bord, de perte d'effets, de perte ou transport de chevaux ;

5° De l'état des sommes retenues aux officiers pour délégation pendant le trimestre (modèle n° 40) ;

6° De l'état des gratifications accordées aux instructeurs ;

7° De l'état nominatif des nouveaux admis à la haute-paie journalière d'ancienneté (modèle n° 41) ;

8° Des états des enfants de troupe nouvellement admis (modèle n° 42) ;

9° De l'état des retenues faites sur la masse individuelle des hommes réformés par congé de réforme n° 2, ou des engagés volontaires renvoyés dans leurs foyers par suite de l'annulation de leur acte d'engagement (modèle n° 43) ;

10° De l'état des sommes à imputer à la revue de liquidation pour retenues des prestations en deniers perçues par les sous-officiers promus au grade d'officiers (modèle n° 43 bis) ;

11° De l'expédition des procès-verbaux de distribution et de reprise de marmites, qui doit être jointe à la feuille de journées spéciale pour le chauffage (modèles n°s 44 et 45).

Les pièces mentionnées au présent article sont re-

mises en double expédition par toutes les portions
secondaires ou éventuelles.

493. Si les feuilles de journées ne sont pas four-
nies dans les délais prescrits par les deux art. 490 et
491, l'officier du commissariat fait connaître les motifs
du retard au chef dont il relève, et le préfet maritime,
le gouverneur, le commandant de la division ou le
commandant de l'expédition, après avoir pris des dispositions pour faire cesser ce retard, dont il rend
compte au ministre, lui propose, s'il y a lieu, des
mesures de rigueur contre qui de droit.

Vérification par les commissaires aux revues.

494. Aussitôt que le fonctionnaire du commissariat
a reçu les feuilles de journées qui doivent lui être remises en exécution des articles précédents, il en fait
la vérification sur les contrôles, les rectifie s'il y a
lieu, et les vise. S'il n'a pas la surveillance administrative du dépôt, il en transmet deux expéditions au
commissaire aux revues chargé de cette attribution,
lequel les communique au conseil d'administration
central, pour qu'il en fasse faire une contre-vérification.

Ce dernier commissaire, après s'être assuré de
l'exactitude de la contre-vérification, fait opérer sur
chaque feuille de journées les rectifications dont elle
aurait été reconnue susceptible.

Toutefois, la transmission des feuilles de journées
au commissaire aux revues du dépôt n'est effectuée
que quand le décompte de libération provisoire mentionné à l'art. 521 a été établi.

495. Les commissaires aux revues s'assurent, par
leur vérification :

1° Que toutes les mutations ont été rapportées exactement sur les feuilles de journées telles qu'elles sont
inscrites sur les contrôles annuels et constatées par
les pièces justificatives ;

2° Qu'il n'a point été fait de double emploi dans

les différentes feuilles de journées sur lesquelles les mêmes militaires peuvent se trouver compris par l'effet de mutations ou de rappels dans le cours du même trimestre et dans le même corps;

3° Enfin, que les prestations en deniers ou en rations ont été légitimement et légalement allouées, eu égard aux grades ou emplois des militaires, à leurs positions respectives de présence ou d'absence, et aux fixations des divers tarifs.

SECTION III. — DES REVUES GÉNÉRALES DE LIQUIDATION.

Comment et par qui établies.

496. Il n'est établi qu'une revue générale de liquidation par trimestre pour toutes les portions d'un même corps stationnées en France.

Il n'est établi qu'une revue générale de liquidation par trimestre pour toutes les portions d'un même corps stationnées dans la même colonie.

Il n'est établi qu'une revue générale de liquidation par trimestre pour les portions d'un même corps embarquées sur les bâtiments d'une même escadre ou division.

Il n'est également établi qu'une revue générale de liquidation par trimestre pour les portions d'un même corps faisant partie d'une même expédition.

497. Les revues de liquidation des corps de troupe sont conformes au modèle n° 46. Elles sont établies par le commissaire aux revues chargé de la surveillance administrative de la portion de corps où se trouve le conseil d'administration central.

Pour les corps dont l'organisation ne comporte qu'un seul conseil d'administration, les revues sont établies là où se trouve ce conseil.

498. Il n'est point établi de revues collectives pour les corps provisoires composés de détachements de

différents corps, ces détachements sont compris sur les revues de leurs corps respectifs.

499. Les revues de corps de troupe sont numériques ; elles font connaître l'effectif des hommes ; le nombre de journées de présence ou d'absence, par grade et par position dans chaque grade, et elles constatent, d'après ces bases, les droits du corps aux diverses allocations, tant en deniers qu'en rations de toute nature.

Les imprimés en usage pour ces différentes revues sont fournis par l'administration de la marine.

500. Conformément à ce qui est prescrit à l'égard des officiers sans troupe par l'article 453, les rappels de solde et accessoires acquis à des corps de troupe sur un exercice expiré sont compris dans les feuilles de journées et dans les revues de liquidation du trimestre pendant lequel ces rappels ont eu lieu.

501. Chaque revue est accompagnée d'un extrait des feuilles de journées, distinct et séparé par exercice, établi conformément au modèle n° 47, et présentant le montant exact des rappels effectués sur les fonds affectés à l'exercice courant.

Si la revue ne comprend aucun rappel de cette nature, la déclaration en est faite par le commissaire aux revues à la suite de l'arrêté du décompte de libération.

Epoques de l'établissement des revues.

502. Les revues doivent être établies pour les corps ou portions de corps stationnées en France dans les dix premiers jours du troisième mois de chaque trimestre, pour le trimestre échu, à moins que le commissaire aux revues n'ait pas encore reçu les feuilles de journées ; auquel cas, il se conforme à ce qui est prescrit par l'article 493.

Pour les portions de corps stationnées dans les colonies, embarquées ou faisant partie d'une expédition, les revues sont établies dans les trente jours qui suivent l'arrivée des feuilles de journées au port où réside la portion centrale.

Corps partant avant l'établissement de sa revue.

503. Lorsque le dépôt d'un corps , sous le rapport administratif, quitte l'arrondissement d'un commissaire aux revues après l'expiration d'un trimestre, mais avant que la revue de liquidation ait pu être établie, les feuilles de journées, ainsi que les pièces à l'appui et tous les documents nécessaires à la formation de la revue, sont adressés par le commissaire aux revues sous la surveillance administrative duquel le dépôt se trouvait à l'expiration du trimestre , au commissaire aux revues du lieu de destination dudit dépôt, lequel demeure chargé d'établir la revue.

Toutefois, il y a obligation pour le commissaire aux revues de l'ancienne garnison d'établir lui-même la revue de liquidation du corps jusqu'au décompte de libération exclusivement, lorsque les feuilles de journées lui ont été remises dans les délais prescrits , et que le corps n'a quitté la garnison qu'après l'expiration du mois dans lequel cette remise a eu lieu.

Revues en quatre expéditons.

504. Les revues de liquidation des corps sont établies en quatre expéditions, qui reçoivent la destination indiquée par les articles 527 et 543.

CHAPITRE III.

DISPOSITIONS PARTICULIÈRES AUX TROUPES MISES A LA DISPOSITION DU DÉPARTEMENT DE LA GUERRE.

Détachements compris sur les revues de leurs corps jusqu'à leur départ.

505. Les détachements mis à la disposition de la guerre, conformément aux dispositions de l'article 238, continuent à être compris dans les revues de

18

leurs corps respectifs jusqu'au jour de leur départ du lieu où ils sont stationnés.

A compter de ce jour, ils passent sous l'inspection des agents de la guerre.

Feuilles de journées après le départ.

506. Dans le cas prévu par le même article, les agents de la guerre doivent veiller à ce que les contrôles, les états de mutations et les feuilles de journées soient régulièrement établis. Ils sont chargés de recueillir les feuilles de journées, de les viser et arrêter, et de les adresser ensuite aux commissaires généraux des ports dans lesquels sont stationnés les dépôts des corps auxquels les détachements appartiennent.

Revues particulières après le départ.

507. Il est établi des revues spéciales pour les détachements mis à la disposition de la guerre, à compter du jour de leur départ. Ces revues sont dressées par les commissaires aux revues chargés de la surveillance administrative des dépôts des corps dont les détachements font partie.

Obligation imposée aux agents de la guerre pour la régularisation des paiements.

508. Les agents de la guerre sont tenus de se conformer aux dispositions de la présente ordonnance, pour ce qui concerne les paiements à faire aux troupes de la marine mises à la disposition de la guerre.

Remboursements à faire à la guerre.

509. Le remboursement par le département de la marine au département de la guerre des sommes avancées aux troupes mises à la disposition de ce dernier département, a lieu sur la production des états de paiement quittancés.

A l'égard des officiers sans troupe ou des militaires n'appartenant à aucun corps, le remboursement des

avances se fait d'après des revues nominatives établies
par les agents de la guerre, et auxquelles doivent être
annexés les mandats de paiement.

TITRE X.

DES DÉCOMPTES DE LIBÉRATION.

CHAPITRE PREMIER.

DE LA RÉUNION DES TITRES D'IMPUTATION.

SECT. Iʳᵉ. — DES DÉCLARATIONS DE QUITTANCE.

Remise de ces pièces par les payeurs et les trésoriers coloniaux
aux ordonnateurs.

510. Dans les dix premiers jours de chaque
mois, le payeur dans les ports, et le trésorier dans
les colonies, établissent, conformément au modèle
nº 48, et d'après les déclarations de quittance, un
bordereau général des paiements effectués dans le
cours du mois précédent, soit par lui, soit par
ses préposés ou suppléants, sur les fonds affectés à
la solde des troupes. Il comprend aussi sur ce bordereau les paiements qui, applicables à des droits acquis
pendant le trimestre expiré, n'ont été opérés que dans
les dix premiers jours du trimestre courant.

511. Si, après le 10 du premier mois de chaque trimestre, le payeur et le trésorier colonial opèrent encore quelques paiements, pour droits acquis pendant
le trimestre expiré, ils établissent un bordereau supplémentaire pour ces paiements.

512. Les déclarations de quittance sont inscrites
au bordereau dans l'ordre des différentes armes et
par corps; elles sont, en outre, rangées suivant leurs
dates et la série de leurs numéros.

513. Le payeur et le trésorier colonial adressent les bordereaux avec les déclarations de quittance au fonctionnaire du commissariat qui a ordonnancé les paiements. Ce dernier lui accuse la réception du tout, après les vérifications de droit, et le transmet au commissaire des revues.

Emploi des déclarations de quittance par les commissaires aux revues.

514. Le commissaire aux revues garde par-devers lui les déclarations de quittance souscrites au titre des corps qui sont sous sa surveillance administrative, pour les imputer dans leurs décomptes de libération.

Quant aux déclarations de quittance appartenant à des corps dont les revues de liquidation doivent être décomptées dans une autre localité, le commissaire aux revues les réunit sous une fiche par corps, indiquant, par extrait du bordereau général, le numéro et le montant de chaque pièce. Il adresse ensuite cette fiche, avec les déclarations de quittance qui s'y rattachent, au commissaire aux revues ayant la surveillance administrative du corps auquel ces pièces sont imputables.

Cet envoi doit être fait conformément aux dispositions de l'art. 521.

515. Chaque commissaire aux revues dépositaire des bordereaux y annote marginalement l'emploi qu'il a fait des déclarations de quittance qui y sont inscrites, soit en les imputant lui-même, soit en les transmettant à d'autres commissaires aux revues.

516. Les déclarations de quittance, concernant les paiements effectués à l'acquit des portions de corps embarquées, sont conservées par l'officier du commissariat chargé de la surveillance administrative de ces portions de corps, et transmises par lui conformément aux dispositions de l'art. 521.

SECT. II. — DES BORDEREAUX DE TOTALISATION DES FOURNITURES EN NATURE.

Destination à leur donner par les commissaires aux revues.

517. Les revues de liquidation devant être débitées des fournitures en nature faites aux troupes, le directeur des subsistances de la marine établit par trimestre, et par corps ou portion de corps, des états spéciaux conformes au modèle n° 49, et indiquant les délivrances effectuées par ses soins.

Ces états sont remis au commissaire aux revues, qui fait parvenir à ses collègues des autres ports ceux qui concernent les corps dont il n'établit pas les revues.

518. Les fournitures en nature faites par les soins de l'intendance militaire aux militaires du département de la marine sont totalisées par trimestre et par corps, et une expédition du bordereau de totalisation est envoyée avec les pièces à l'appui au commissaire aux revues chargé d'établir les revues de ces militaires.

Époque des envois.

519. Les envois prescrits par les deux articles précédents sont effectués conformément aux dispositions relatives à la transmission des déclarations de quittance.

CHAPITRE II.

DE LA FORMATION DES DÉCOMPTES.

SECT. Ire. — RÈGLES POUR LEUR ÉTABLISSEMENT.

Comment et par qui établis.

520. Toutes les dépenses, soit en deniers, soit en nature, autorisées par la présente ordonnance, à l'exception seulement de la solde et des accessoires de solde des officiers sans troupe et des employés militaires, ainsi que de la solde des officiers en non-

18.

activité ou en congé illimité, donnent lieu à des décomptes définitifs qui ont pour objet d'opérer la libération du département de la marine envers les parties prenantes, et *vice versa*. Ces décomptes sont établis par le commissaire aux revues chargé de la surveillance administrative de la portion de corps, où se trouve le conseil d'administration central.

Décomptes provisoires de libération.

521. A cet effet, aussitôt que l'officier du commissariat, chargé de la surveillance d'une portion secondaire ou éventuelle, a vérifié et arrêté les feuilles de journées, et qu'il a réuni toutes les déclarations de quittance et les états constatant les sommes et les fournitures à imputer à cette portion de corps, il dresse un décompte provisoire de libération conforme au modèle n° 50, et le remet au conseil d'administration, qui le signe et le renvoie au commissaire aux revues, s'il ne donne lieu à aucune observation; dans le cas contraire, le commissaire aux revues convoque le conseil pour procéder contradictoirement au règlement du décompte.

Ce décompte provisoire, avec toutes les pièces à l'appui, est adressé, dans les dix premiers jours du second mois qui suit le trimestre expiré, au commissaire aux revues chargé d'établir la revue de liquidation.

Décomptes définitifs de libération.

522. Dès que le commissaire aux revues chargé de la surveillance d'une portion centrale a réuni toutes les pièces constatant les sommes et les fournitures à imputer à une même revue, il dresse le décompte définitif de libération et procède au règlement de ce décompte, comme le commissaire aux revues chargé de la surveillance administrative d'une portion secondaire.

Immédiatement après l'arrêté de la revue de liquidation par le commissaire général, le commissaire aux revues adresse à ses différents collègues, pour chaque portion secondaire, un extrait de ce décompte définitif de libération. Il y joint une feuille indiquant les rectifications qui ont pu être opérées sur les feuilles de journées par suite des contre-vérifications prescrites par les art. 494 et 495, ainsi que sur le décompte provisoire de libération.

Versement au trésor pour trop perçu sur les prestations en nature.

523. S'il résulte du décompte des prestations en nature que le corps ait reçu un plus grand nombre de rations que celui qui lui est alloué par la revue, le montant de ce trop perçu est versé au trésor par les soins du corps.

524. Le décompte en deniers des trop perçus sur les prestations en nature est fait d'après un tarif établi par le ministre de la marine, et suivant les prix déterminés pour chaque localité.

La compensation d'un trop perçu avec un moins perçu est autorisée, dans la limite d'un même trimestre, pour les denrées qui sont de nature à être substituées les unes aux autres.

Arrêté des décomptes.

525. Le commissaire aux revues arrête, conjointement avec le conseil d'administration, le décompte de libération sur les quatre expéditions de la revue. Il appose son cachet d'annulation sur les bordereaux de totalisation, les déclarations de quittance, les mandats d'avances et les états de fournitures.

Corps partant avant l'établissement de son décompte.

526. Lorsque le cas prévu par l'art. 503 se présente après l'établissement de la revue de liquidation, mais avant que le décompte de libération soit formé, la revue, les déclarations de quittance, bordereaux de

totalisation, et généralement toutes les pièces devant servir à la confection du décompte, sont adressés par le commissaire aux revues du lieu du départ au commissaire aux revues du lieu de la destination, lequel demeure chargé de l'arrêté du décompte de libération.

SECT. II. — DE LA DESTINATION DES REVUES DÉCOMPTÉES.

Répartition des quatre expéditions.

527. La première expédition de la revue décomptée est remise, avec une expédition des feuilles de journées et la minute du relevé général de journées, au conseil d'administration du corps qu'elle concerne.

La deuxième et la troisième expédition de la revue sont envoyées au commissaire général de la marine. Cet envoi doit être fait dans les dix jours qui suivent l'établissement de la revue, conformément à l'art. 502, à moins d'empêchement légitime, dont le commissaire aux revues est tenu de rendre compte sur-le-champ.

La quatrième expédition, servant de minute, reste entre les mains du commissaire aux revues, ainsi que les bons de distribution.

528. Toutes les fois que le commissaire aux revues a besoin, pour ses vérifications ultérieures, de recourir aux feuilles de journées des trimestres expirés, il réclame la communication de celles qui sont restées à l'appui des revues conservées par le conseil d'administration, lequel est tenu de déférer sans délai à sa demande.

Pièces à joindre à l'expédition destinée au commissaire général

529. L'une des deux expéditions de la revue adressée au commissaire général de la marine doit être accompagnée :

1° Des feuilles de journées;

2° Des extraits relatifs aux rappels de solde et accessoires portant sur un exercice expiré;

3° Des différentes pièces énumérées en l'art. 492 ;

4° De l'état des sommes payées pour délégations pendant le trimestre ;

5° Des feuilles de rectification ;

6° De la copie des ordres de retenue et autres qui ont été donnés par le ministre ;

7° Des feuilles de route, permissions, congés, ordres de mission, billets de sortie des hôpitaux, etc. ;

8° Des déclarations de quittance et mandats d'avances en argent et en effets de petit équipement ;

9° Des bordereaux de totalisation, et généralement de toutes les pièces qui ont dû être communiquées au commissaire aux revues, à l'exception des brevets, lettres de service et bons de distribution.

CHAPITRE III.

DE LA CONSOMMATION DES DÉCOMPTES.

SECT. Ire. — DES CORPS DE TROUPE.

Moins perçus.

530. Si le décompte de libération d'une revue, soit de l'exercice courant, soit d'un exercice expiré, présente pour résultat un *moins perçu*, le montant en est porté en augmentation sur le premier état de paiement de la solde courante, et le corps en est crédité sur le décompte de libération de la revue correspondant à cet état de paiement.

Trop perçus.

531. Lorsque le décompte de libération présente un *trop perçu*, la somme à retenir est portée en déduction sur le premier état de paiement de la solde courante, et le corps est débité de la même somme sur le décompte de libération de la revue correspondant à cet état de paiement.

532. Les opérations indiquées dans les deux articles précédents ne sont effectuées, pour les portions de

corps détachées de la portion centrale, que lorsque l'extrait du décompte de libération mentionné au dernier paragraphe de l'art. 522 est parvenu au commissaire aux revues chargé de la surveillance administrative de ces portions de corps.

Décomptes portant sur un exercice expiré.

533. Si les augmentations ou déductions à faire en vertu des art. 530 et 531 portent sur un exercice expiré, il en est fait mention par une note détaillée mise au bas du décompte sur lequel le corps se trouve crédité ou débité de leur montant.

SECT. II. — DES FOURNITURES EN NATURE FAITES AUX OFFICIERS SANS TROUPE ET EMPLOYÉS MILITAIRES.

Mode d'établissement des décomptes.

534. Dans les cinq derniers jours du mois qui suit le trimestre expiré, les commissaires aux revues procèdent d'office à la formation des décomptes de libération des fournitures de vivres et de fourrages faites pendant le même trimestre aux officiers sans troupe et aux employés militaires dont ils ont établi les revues.

En cas d'empêchement, il en est rendu compte immédiatement au commissaire général ou ordonnateur.

535. Les décomptes de libérations sont portés sur les revues ; les bordereaux de totalisation et les états de fournitures sont frappés du cachet d'annulation du commissaire aux revues, et restent dans ses archives à l'appui des décomptes.

Cas de trop perçus.

536. S'il existe un trop perçu, la somme à laquelle il est évalué est versée au trésor par la partie prenante qui a perçu en trop les rations.

La conversion en deniers des rations perçues en trop s'opère ainsi qu'il est prescrit par l'art. 524.

537. Si la partie prenante qui doit supporter la re-

tenue a passé sous la surveillance administrative d'un autre commissaire aux revues, celui qui a réglé le décompte est tenu, sous sa responsabilité personnelle, d'en prévenir ledit commissaire aux revues, et de lui adresser en même temps une feuille de retenue, pour qu'il soit fait versement du montant du trop perçu, conformément à l'article précédent.

TITRE XI.

DE LA VÉRIFICATION DES REVUES.

CHAPITRE PREMIER.

DE LA VÉRIFICATION PAR LES COMMISSAIRES GÉNÉRAUX ET PAR LES CONTRÔLEURS DE LA MARINE.

Mode de vérification.

538. Aussitôt que le commissaire général a reçu les revues de liquidation établies par le commissaire aux revues employé sous ses ordres, il procède à leur vérification et les communique ensuite au contrôleur de la marine.

Feuilles de vérification et de rectification.

539. Les résultats de la vérification tant du commissaire général que du contrôleur de la marine, sont constatés par des feuilles de vérification conformes au modèle n° 51.

540. Les feuilles de vérification concernant les revues des corps sont adressées aux commissaires aux revues qui en ont la surveillance administrative, et communiquées par eux aux conseils d'administration pour avoir leurs observations.

Les feuilles relatives aux revues des officiers sans

troupe et des employés militaires sont envoyées aux commissaires aux revues qui ont établi ces revues.

541. Si, d'après la réponse du commissaire aux revues, le commissaire général juge qu'il y a lieu à rectification, il dresse, à cet effet, une feuille conforme au modèle n° 52. Cette feuille de rectification est transcrite sur les deux expéditions de la revue qu'elle concerne et renvoyée au commissaire aux revues, qui la transcrit aussi sur la minute de la même revue. Quand la feuille de rectification est relative à un corps de troupe, pareille transcription est faite sur l'expédition remise au conseil d'administration.

Si la vérification n'a donné lieu à aucun redressement, le commissaire général le constate par un visa motivé et daté qu'il appose sur la revue.

Visa du contrôleur.

542. Les revues de liquidation des officiers sans troupe et employés militaires et celles des corps de troupes sont ensuite soumises au visa du contrôleur.

La feuille de vérification du contrôleur est annexée aux expéditions de la revue transmise au ministre.

Envoi des revues au ministre.

543. Le commissaire général fait parvenir les revues au ministre de la marine aussitôt après en avoir terminé la vérification. L'envoi doit en être fait, pour les corps ou portions de corps stationnés en France, dans le quatrième mois qui suit chaque trimestre, tant pour ce qui concerne les officiers sans troupe, les employés militaires en activité, et les officiers en non-activité ou en congé illimité, que pour les corps de troupe. En cas d'empêchement, le commissaire général rend compte au ministre des motifs de retard, en lui adressant, le 1er et le 16 de chaque mois, un état de situation conforme au modèle n° 53. L'envoi des revues des portions de corps stationnées aux colonies, embarquées ou faisant

partie d'une expédition, doit être fait dans les trente jours qui suivent la remise desdites revues au commissaire général.

Les revues des corps sont envoyées au ministre en deux expéditions, dont l'une est accompagnée des feuilles de journées, des extraits comprenant les rappels applicables à des exercices expirés, de toutes les pièces énumérées en l'art. 492, enfin de celles désignées aux paragraphes 4, 5 et 6 de l'art. 529.

Les revues des officiers sans troupe et celles des officiers en non-activité et en congé illimité sont également envoyées au ministre, en deux expéditions; l'une d'elles est accompagnée des extraits comprenant les rappels afférents à des exercices expirés, des feuilles de rectification et des copies des ordres de retenue ou autres qui ont été donnés par le ministre.

Aux revues des officiers sans troupe sont, en outre, annexés les états de logement et, lorsqu'il y a lieu, les certificats de pertes d'effets, de perte ou de transports de chevaux, et les états d'indemnité de lit de bord.

Les pièces justificatives autres que celles ci-dessus mentionnées sont renvoyées aux commissaires aux revues, qui, lorsqu'elles concernent des corps de troupe, remettent aux conseils d'administration celles qui doivent appuyer les inscriptions faites au registre matricule, ainsi que les mandats d'avances, en argent et en effets de petit équipement, les déclarations de quittance et les bordereaux de totalisation.

CHAPITRE II.

DE LA CONTRE-VÉRIFICATION AU MINISTÈRE DE LA MARINE.

Contre-vérification.

544. Les revues de liquidation des officiers sans troupe et des employés militaires, ainsi que celles des

corps de troupe, sont contre-vérifiées dans les bureaux du ministre de la marine.

Rectifications.

545. Le ministre prescrit les mesures nécessaires pour la rectification des erreurs reconnues dans les revues, par suite de la contre-vérification faite dans ses bureaux.

CHAPITRE III.

DE LA RECTIFICATION DES ERREURS.

SECT. Ire. — OFFICIERS SANS TROUPE ET EMPLOYÉS MILITAIRES.

Augmentations.

546. Les sommes dues, soit sur l'exercice courant, soit sur un exercice expiré, à des officiers sans troupe ou employés militaires, par suite de la vérification des revues, sont portées en augmentation sur les premiers mandats de paiement individuels et sur les revues du trimestre correspondant à ces mandats,

Diminutions.

547. Les sommes dont les officiers sans troupe ou les employés militaires peuvent se trouver débiteurs, par suite de la vérification des revues de liquidation, sont portées en déduction sur les premiers mandats individuels de paiement, et sur les revues correspondantes, quel que soit l'exercice sur lequel les retenues doivent porter.

Ces retenues sont opérées dans la proportion fixée par l'art. 400.

SECT. II. — DES CORPS DE TROUPE.

Augmentations résultant de la vérification des revues.

548. Les augmentations à opérer par suite des erreurs constatées par la vérification des revues de liquidation des corps de troupe s'effectuent sur les premiers mandats de paiement de la solde courante et sur les revues du trimestre que ces mandats concernent.

Diminutions provenant de la même cause.

549. Si un corps doit subir une retenue d'après la vérification de ses revues, le montant intégral en est porté en déduction sur le premier mandat de paiement de la solde courante et sur la revue du trimestre correspondant.

Erreurs dans les décomptes.

550. Lorsqu'une erreur a été reconnue dans un décompte de libération, l'augmentation ou la déduction à opérer est portée sur le premier mandat de paiement de la solde courante, et le montant en est ajouté au crédit ou au débit du corps, sur le décompte de libération dans lequel ce même mandat de paiement doit être imputé.

Annotations relatives aux augmentions ou diminutions.

551. Dans les cas prévus par les articles précédents, les commissaires aux revues doivent toujours indiquer la revue où l'erreur a été commise, et la feuille de rectification en vertu de laquelle les augmentations ou les déductions sont effectuées.

Cette feuille reste annexée à la revue sur laquelle la rectification a lieu : si ladite rectification concerne un exercice expiré, une note détaillée doit le faire connaître.

Corps partant avant la consommation des décomptes.

552. Lorsque le dépôt d'un corps passe d'un arrondissement dans un autre après l'établissement de la revue de liquidation, mais avant qu'elle ait pu être vérifiée, le commissaire général du port où elle a été dressée la vérifie, comme s'il n'y avait pas eu de changement de destination. S'il ne résulte de cette vérification aucun point à éclaircir ou à rectifier, il envoie la revue au ministre de la marine ; si, au con-

traire, quelques erreurs sont signalées, il établit la feuille de vérification et la transmet, avec la revue et toutes les pièces à l'appui, au commissaire général du port dans lequel le corps a passé. Ce fonctionnaire reçoit les observations et les réponses du conseil d'administration, et établit, s'il y a lieu, la feuille de rectification.

TITRE XII.

DISPOSITIONS PARTICULIÈRES.

Inspection administrative des commissaires généraux ou ordonnateurs.

553. Chaque année, à l'époque de leur inspection administrative, et lorsqu'ils ont passé les revues d'effectif mentionnées en l'art. 471, les commissaires généraux se font représenter les registres et les pièces justificatives, à l'effet de vérifier et arrêter la comptabilité des corps de troupe pour l'exercice expiré, en se conformant aux dispositions qui leur sont prescrites à cet égard par des instructions spéciales du ministre de la marine, auquel ils rendent compte de leurs opérations. Ils examinent en même temps le travail des commissaires aux revues dans toutes ses parties.

Les commissaires généraux sont tenus, sous leur responsabilité personnelle, de faire cesser les négligences ou abus qu'ils auraient découverts.

Responsabilité pécuniaire des officiers du corps du commissariat.

554. Les officiers du commissariat de la marine sont pécuniairement responsables de tout paiement et de toute fourniture qu'ils auraient autorisés contrairement aux lois, ordonnances et règlements, sauf leurs recours sur les parties prenantes.

Toutefois, ce recours ne peut être exercé que sur les officiers. Quant aux sous-officiers, caporaux et sol-

dats, il ne doit avoir lieu que lorsque les sommes in-
dûment perçues ont été versées à leur masse individuelle. Dans le cas contraire, les officiers du commissariat demeurent responsables des paiements irrégu-
liers, s'ils les ont, au préalable, autorisés d'une manière expresse. Sinon, la responsabilité retombe sur
les officiers qui ont pris l'initiative des paiements ;
elle est partagée, lorsqu'il y a lieu, par ceux que la
nature de leurs attributions appelle à vérifier les pièces servant au paiement du prêt.

Dans aucun cas, les officiers du commissariat de la
marine ne peuvent être constitués pécuniairement
responsables qu'en vertu d'une décision motivée du
ministre de la marine.

Registres des revues et des pièces d'imputation.

555. Les officiers du commissariat tiennent un registre, suivant le modèle n° 54, de toutes les revues de
liquidation qu'ils ont établies.

Ils tiennent également un registre, conforme au
modèle n° 55, des pièces d'imputation de toute nature
concernant, soit les officiers sans troupe en résidence
dans leur arrondissement ou colonie, soit les corps
de troupe placés sous leur surveillance administrative.

556. Les commissaires généraux tiennent un registre conforme au modèle n° 56, pour servir à inscrire
les revues qu'ils ont reçues, celles qu'ils ont vérifiées,
les résultats de ces vérifications, les augmentations
ou diminutions portées dans les feuilles de rectification, et l'exécution des dispositions prescrivant ces
augmentations ou diminutions.

Répertoire des procès-verbaux.

557. Les officiers du commissariat tiennent un répertoire analytique sur lequel ils enregistrent tous les
procès-verbaux qu'ils dressent, pour quelque cause
que soit. Ce répertoire, conforme au modèle n° 57,

est tenu constamment à jour, sans surcharge ni interligne.

Mode d'envoi des pièces d'un commissaire aux revues à un autre.

558. Les pièces que les officiers du commissariat ont à se faire parvenir les uns aux autres trimestriellement, en exécution des dispositions de l'art. 521, sont détaillées dans un bordereau énumératif, en deux expéditions, dont une est renvoyée à l'officier du commissariat expéditeur, revêtue du récépissé du destinataire. En France, cet envoi est effectué en un ou plusieurs paquets sous bandes croisées, *chargés* à la poste.

En ce qui concerne les portions de corps employées dans les colonies ou à bord des bâtiments de l'État, les deux expéditions des pièces dont il s'agit sont transmises sous le couvert du ministre et par *voies différentes*. Un avis d'expédition est en outre adressé au commissaire aux revues destinataire.

Si la réception du récépissé mentionné dans le premier paragraphe du présent article éprouve du retard, il en est rendu compte au ministre de la marine.

Réclamations particulières; à qui adressées.

559. Les officiers sans troupe et les employés militaires qui ont des réclamations à former pour solde et accessoires de solde sont tenus de s'adresser au commissaire aux revues de l'arrondissement ou de la colonie où ils sont employés.

Les militaires appartenant à un corps, qui ont des réclamations à faire, soit contre leur corps, soit contre le trésor, les adressent au conseil d'administration, qui est tenu, s'il ne peut y satisfaire, de les transmettre immédiatement au commissaire aux revues ayant la surveillance administrative de ce corps.

560. Tout commissaire aux revues qui a reçu une réclamation de la nature de celles spécifiées en l'ar-

ticle précédent est tenu, si elle est fondée, d'y satisfaire sur-le-champ. Si la réclamation ne lui paraît pas
susceptible d'être admise, il doit motiver son refus
par écrit et le notifier au réclamant par la voie hiérarchique.

Si le réclamant se croit fondé à appeler de la décision du commissaire aux revues, il se pourvoit devant
le commissaire général, auquel il adresse en original
la réponse du commissaire aux revues.

Le commissaire général statue définitivement, et
lui fait pareillement connaître sa décision par écrit.

S'il s'agit d'un cas extraordinaire non prévu par les
règlements, le commissaire général en réfère au ministre de la marine, qui prononce.

561. Les réclamants peuvent appeler au ministre
de la marine des décisions des commissaires généraux,
ou des refus qu'ils en auraient éprouvés ; mais dans
ce cas, ils doivent joindre à leurs demandes les réponses qu'ils ont reçues de ces fonctionnaires.

DEUXIÈME PARTIE.

DE L'ADMINISTRATION ET DE LA COMPTABILITÉ
DES CORPS DE TROUPE.

TITRE PRÉLIMINAIRE.

Conseil d'administration des corps ; administration des compagnies formant corps.

562. L'administration des corps de troupe est exercée, dans chacun d'eux, par un conseil qui prend le
nom de *conseil d'administration*.

Toutefois, les corps organisés sous le titre de *compagnie* sont administrés par l'officier commandant

Portion du corps qui, en cas de division, prend le nom de portion centrale.

563. Lorsqu'un corps se trouve divisé, l'une des portions stationnées en France prend, d'après les ordres du ministre de la marine, le nom de *portion centrale.*

Conseil d'administration central.

564. La portion centrale est administrée par un conseil d'administration qui prend la dénomination de *conseil d'administration central,* et demeure chargé de toutes les opérations concernant l'ensemble du corps, de l'établissement des comptes de centralisation et du dépôt des archives.

Chacune des autres portions donne lieu à une administration distincte.

Conseil d'administration secondaire ou éventuel.

565. L'administration distincte est exercée,

SAVOIR :

Dans les portions des régiments d'artillerie et d'infanterie de marine fortes de deux compagnies au moins, et stationnées d'une manière permanente dans les ports de France ou dans les colonies, } par un conseil d'administration secondaire ;

Dans les détachements de deux compagnies au moins, destinés à faire partie d'une expédition maritime ou momentanément séparés d'une portion centrale ou secondaire, } par un conseil d'administration éventuel ;

Dans les portions des régiments d'artillerie et d'infanterie fortes de moins de deux compagnies,
Dans toute compagnie formant corps à part,
Dans toute compagnie ou fraction de compagnie détachée isolément d'une portion centrale ou secondaire, } par l'officier ou le sous-officier commandant.

Si d'une portion de corps ayant une administration distincte, il en est formé plusieurs pour être employées sous le commandement de chefs indépendants les uns des autres (officiers ou sous-officiers), chacune d'elles est administrée séparément.

Si, au contraire, plusieurs portions d'un corps administrées chacune séparément viennent à être réunies sous le même commandement, elles ne donnent plus lieu dès lors qu'à une seule administration.

Dans les cas spécifiés aux deux paragraphes qui précèdent, l'administration est exercée, soit par un conseil, soit par l'officier commandant, selon la composition de la portion de corps qui en est l'objet.

Les portions de corps de toutes armes qui rentrent dans l'arrondissement ou la colonie où siége un conseil d'administration cessent d'avoir une administration distincte à dater du lendemain de leur arrivée dans le lieu qui leur est assigné pour garnison.

Cas où une portion détachée n'a point d'administration distincte.

566. Nonobstant le principe posé en l'article 564 (2e §), les portions de corps qui stationnent hors du lieu où se trouve la portion centrale ou secondaire n'ont point d'administration distincte, lorsqu'en raison de leur proximité du conseil d'administration et de la facilité des communications, le préfet maritime ou le gouverneur approuve, sur la demande du commissaire général ou ordonnateur, qu'elles demeurent soumises à l'action directe de ce conseil; le ministre en est immédiatement informé.

Cas où le commandant d'une portion de corps en a l'administration distincte.

567. Le commandant d'une portion de corps dont la composition comporte un conseil en a seul l'administration, si le nombre des officiers *présents* est insuffisant pour former ce conseil.

Les circonstances qui motivent cette exception sont constatées par un procès-verbal de l'officier du commissariat chargé de la surveillance administrative de cette portion de corps, qui en remet une expédition à l'officier commandant et en adresse une autre au chef sous les ordres duquel il se trouve placé.

Agents des conseils. Ils sont responsables de leur gestion.

568. Les conseils ont pour agent le major, ou l'officier qui en remplit les fonctions, et les officiers comptables.

Sont compris sous la dénomination générique d'officiers comptables le trésorier et l'officier d'habillement, ainsi que les officiers qui en tiennent lieu dans les portions de corps autres que la portion centrale. Ces derniers sont désignés par les noms d'*officier payeur* et d'*officier chargé de l'habillement*.

Les officiers comptables sont responsables de tous les faits de la gestion qui leur est confiée.

L'adjoint au trésorier et l'adjoint à l'officier d'habillement ne sont comptables que quand ils remplissent les fonctions dévolues aux titulaires.

La comptabilité des corps est réglée par trimestre d'année et par trimestre d'exercice.

569. Dans chaque corps de troupes, les comptes en deniers sont tenus simultanément en deux parties, dont l'une est réglée par *trimestre d'année* et l'autre par *trimestre d'exercice*.

La première comprend les recettes et dépenses effectuées dans le cours des trois mois qui forment le trimestre au titre duquel le compte est établi.

La seconde, sous le nom de *centralisation*, embrasse toutes les recettes et dépenses applicables à la liquidation des droits acquis, tant au corps qu'à ses créanciers, pendant cette même période de trois mois, à quelque date qu'elles s'effectuent.

Les comptes en nature (service de l'habillement) sont tenus et réglés par *trimestre d'année*.

TITRE PREMIER.

DES CONSEILS D'ADMINISTRATION.

CHAPITRE PREMIER.

DE LA COMPOSITION DES CONSEILS.

Composition des conseils d'administration.

570. Les conseils d'administration sont composés comme suit, savoir :

1° Pour chaque corps ou chaque portion de corps central ou secondaire commandé par un colonel, sept membres :

Le colonel, président ;
Le lieutenant-colonel ;
Un chef de bataillon ;
Le major, rapporteur ;
Un capitaine de compagnie ;
Le trésorier, ou l'officier payeur, secrétaire ;
L'officier d'habillement ou l'officier chargé de l'habillement.

2° Pour chaque portion centrale commandée par un lieutenant-colonel, sept membres :

Le lieutenant-colonel, président ;
Un chef de bataillon ;
Le major, rapporteur ;
Deux capitaines de compagnie ;
Le trésorier, secrétaire ;
L'officier d'habillement.

3° Pour chaque portion de corps d'infanterie à laquelle il revient deux officiers supérieurs, sept membres :

Le commandant de la portion de corps, président ;
L'officier qui prend rang après lui ;

Le major ou le capitaine faisant fonctions de major ;

Deux capitaines de compagnie ;

L'officier payeur, secrétaire ;

L'officier chargé de l'habillement.

4° Pour chaque portion de corps d'artillerie à laquelle il revient deux officiers supérieurs, cinq membres :

Le commandant de la portion de corps, président ;

L'officier qui prend rang après lui ;

Un capitaine de compagnie faisant fonctions de major ;

L'officier payeur, secrétaire.

L'officier chargé de l'habillement

5° Pour chaque portion de corps à laquelle il ne revient qu'un officier supérieur ou un capitaine pour commandant, trois membres :

L'officier commandant, président ;

Un capitaine de compagnie, faisant fonctions de major ;

L'officier payeur chargé de l'habillement, secrétaire.

6° Pour chaque portion de corps devant avoir un conseil éventuel, le nombre de membres déterminé par le ministre de la marine.

7° Pour le corps des agents de surveillance des chiourmes dans chaque port, cinq membres :

Le commissaire de la marine préposé au détail des chiourmes, président ;

Le commis de marine remplissant les fonctions de trésorier et d'officier d'habillement, secrétaire ;

Un adjudant ;

Le sous-adjudant chargé de la tenue des compagnies ;

Un premier sergent de compagnie.

571. Si la présidence d'un conseil composé de sept membres est dévolue au major, et si, en même temps, il ne se trouve pas d'autre officier supérieur à la portion centrale ou secondaire, le plus ancien des capitaines et adjudants-majors présents est appelé à faire partie du conseil.

Quand le major préside le conseil, il n'y est pas remplacé comme rapporteur.

Le commandant préside toujours le conseil ; les autres membres sont renouvelés chaque année, par rang d'ancienneté de grade.

572. Les chefs de bataillon et les capitaines (*ou les commandants de compagnie du grade de lieutenant ou de sous-lieutenant*) qui entrent dans la composition des conseils sont pris par rang d'ancienneté de grade. Ils sont renouvelés le 1er janvier de chaque année, à tour de rôle, à l'exception de l'officier commandant, qui, à raison de cette qualité, continue à présider. Cette exception s'étend à l'officier qui prend rang après lui, dans les portions de corps ayant un conseil d'administration secondaire ou éventuel.

Les membres des conseils ne peuvent exercer qu'autant qu'ils sont présents.

573. Les membres des conseils ne peuvent exercer qu'autant qu'ils sont *présents*, soit dans la résidence du conseil, soit dans une localité d'où ils viennent faire le service dans cette résidence. En tout autre cas, ils sont suppléés.

Officiers appelés à suppléer ou à remplacer les membres des conseils.

574. Les membres des conseils qui ne peuvent exercer, d'après l'article précédent, et ceux qui cessent de faire partie du corps ou de la portion de corps, sont suppléés ou remplacés, suivant le cas, d'après l'ordre d'ancienneté, par des officiers du même grade, ou, à leur défaut, par les plus anciens du grade inférieur.

Le major et les officiers comptables ne peuvent être suppléés que par les officiers qui les remplacent dans l'exercice de leurs fonctions.

Cessation de la mission du suppléant.

575. La mission du suppléant finit le jour où le titulaire peut reprendre ses fonctions.

Les fonctions de membre du conseil sont obligatoires.

576. Les membres des conseils (titulaires ou suppléants) ne peuvent refuser le mandat qui leur est donné.

CHAPITRE II.

DE L'INSTALLATION DES CONSEILS.

Installation des conseils.

577. Les conseils sont installés par les officiers généraux, immédiatement après la formation des corps ou portions de corps.

Procès-verbal d'installation des conseils.

578. Les commissaires aux revues constatent l'installation des conseils par un procès-verbal où sont relatés les noms et grades des membres titulaires ou de leurs suppléants; cet acte est signé par tous les membres présents et transcrit sur le registre des délibérations.

Lorsque le conseil d'administration d'un corps ou d'une portion de corps cesse d'être du nombre de membres déterminé par l'article 570, ou qu'il est reporté à ce nombre après avoir subi une réduction, cette modification donne lieu à un procès-verbal.

Si la formation d'un conseil secondaire ou éventuel s'opère dans une localité autre que la résidence du conseil d'administration central, le commissaire aux revues adresse à ce dernier une ampliation de son procès-verbal.

Mention au registre des délibérations de l'entrée en exercice des membres des conseils.

579. L'entrée en exercice des officiers qui sont appelés annuellement ou éventuellement à faire partie des conseils est constatée par la simple mention, au registre des délibérations, de leurs noms et grades, et du motif de la cessation des fonctions des membres qu'ils remplacent, soit comme titulaires, soit comme suppléants.

CHAPITRE III.

DES ATTRIBUTIONS DES CONSEILS.

Direction et surveillance des conseils.

580. Les conseils dirigent l'administration dans tous ses détails et surveillent les commandants de compagnie, dans l'exercice des fonctions qui leur sont attribuées par la présente ordonnance.

Ils prennent toutes les mesures nécessaires pour la bonne exécution des règlements et des ordres ou instructions concernant l'administration.

Désignation des suppléants des comptables.

581. Ils désignent les officiers qui doivent suppléer les comptables, ou ceux qui doivent en remplir les fonctions près des fractions momentanément détachées des portions centrales ou secondaires. Mais lorsqu'un conseil éventuel se forme hors de la résidence du conseil d'administration central, la désignation et le remplacement des comptables appartiennent aux officiers qui, par leur grade, sont appelés à faire partie du conseil éventuel.

Passation des marchés ou abonnements.

582. Les conseils d'administration centraux passent les marchés et abonnements pour toutes les fournitures, confections et réparations dont la dépense est à la charge des masses, et règlent le prix des objets dont la nature ou la valeur ne comporte pas de marché. Ils passent également les marchés relatifs aux effets de petit équipement nécessaires à toutes les portions de corps stationnées, soit en France, soit dans les colonies, embarquées ou faisant partie d'une expédition maritime.

Les conseils d'administration secondaires ou éventuels passent tous les marchés et abonnements qui ne se rapportent ni aux confections d'effets d'habillement, ni aux achats d'effets de petit équipement. Toutefois, ces derniers conseils peuvent faire procéder aux confections d'effets d'habillement et effectuer des achats d'objets de petit équipement, en vertu d'une décision du ministre, ou, dans le cas d'urgence, sur l'autorisation du commissaire général ou ordonnateur.

Les marchés et abonnements passés par les conseils d'administration sont définitifs, lorsqu'ils ont été approuvés par le commissaire aux revues et par le commissaire général.

Ces marchés sont établis dans la forme déterminée par le modèle n° 86.

Acquits à mettre sur les ordonnances et mandats.

583. Les conseils d'administration quittancent, à l'échéance du paiement, les ordonnances et mandats délivrés au profit du corps, et les remettent au trésorier pour en recevoir le montant chez le payeur.

Vérification des recettes faites par le trésorier.

584. Ils vérifient et constatent les recettes faites directement par le trésorier, sur ses quittances, depuis la dernière séance (art. 633).

Remise de fonds au trésorier.

585. Ils remettent au trésorier les fonds nécessaires :

1° Pour les paiements exigibles d'après les pièces probantes que le comptable leur présente ;

2° Et, en outre, pour le montant approximatif de deux prêts, si le corps est réuni, et de trois, s'il a des détachements à solder.

Cette remise s'effectue après la justification de l'emploi des fonds qu'il a précédemment reçus, et sous la déduction de la somme restant entre ses mains.

Autorisation de paiement.

586. Ils ordonnent l'acquittement des dépenses autres que celles dont le trésorier est autorisé à payer le montant sans décision préalable du conseil (art. 635).

Réception des matières. Autorisations de sorties du magasin.

587. Ils procèdent, ou font procéder par les membres qu'ils délèguent, à la réception des matières, des effets et des armes ; ils autorisent les sorties du magasin d'habillement pour les confections et pour les versements à d'autres portions du corps, à d'autres corps ou à des établissements publics.

Apposition d'un cachet sur les modèles.

588. Ils font mettre, en leur présence, le *cachet du conseil* sur les échantillons et modèles d'effets, avec la date de l'envoi qui leur en a été fait par le ministre, ou de l'acceptation par eux de ceux qu'ils ont choisis, sur la présentation des soumissionnaires.

Arrêté des registres de comptabilité.

589. Ils arrêtent, *ne varietur*, les registres de comptabilité, après avoir reconnu que les recettes, dépenses et consommations ont été légalement autorisées, et qu'elles sont justifiées par les pièces à l'appui. Ils certifient les états, bordereaux et autres pièces, aux époques déterminées et dans les cas prévus par la présente ordonnance.

Avis; au commissaire aux revues, de la somme en excédant des besoins.

590. Lorsqu'ils vérifient leur caisse (art. 663), ou en cas de départ du corps ou d'une portion du corps, ils font connaître au commissaire aux revues la somme, existant en numéraire dans cette caisse, qui excède le montant approximatif des dépenses à effectuer jusqu'au 20 du mois qui suit le trimestre courant ou pendant la route à parcourir, afin que le versement en soit fait au Trésor, à titre de dépôt.

Remises de fonds aux portions de corps.

591. Ils remettent aux portions de corps qui se séparent de celle qu'ils administrent et aux détachements les fonds nécessaires pour subvenir à leurs premiers besoins.

Devoirs du président.

592. Le président seul ouvre les lettres et dépêches adressées au conseil et remet au major celles qui sont relatives à l'administration.

Il fait verser immédiatement dans la *caisse du conseil* (art. 632) le montant des ordonnances ou mandats touchés par le trésorier.

Il vise les états de services et tous autres extraits ou copies expédiés d'après les registres et documents authentiques, dès qu'ils ont été certifiés par le trésorier ou l'officier d'habillement, et vérifiés par le major.

CHAPITRE IV.

DES SÉANCES DES CONSEILS.

Mode de délibérations.

593. Les conseils ne peuvent délibérer qu'en séance et lorsque tous les membres sont présents.

Convocation du conseil.

594. Le conseil s'assemble sur la convocation et

— 235 —

au domicile du président, ou, en cas d'empêchement, dans le lieu que celui-ci désigne.

Les officiers du commissariat peuvent assister au conseil.

595. Les officiers du commissariat de la marine peuvent assister au conseil et en requérir la convocation toutes les fois qu'ils le jugent nécessaire.

Ordre suivant lequel les membres prennent place dans leurs séances.

596. Les membres du conseil prennent place à la droite et à la gauche du président, suivant l'ordre hiérarchique. (*Voir le tracé qui est à la suite des modèles.*)

Le major se place en face du président ; l'officier comptable le plus ancien de grade à sa droite, et le moins ancien à sa gauche.

Place que doivent occuper les officiers du commissariat.

597. Lorsqu'un officier du commissariat assiste au conseil, le major siége à sa droite et l'officier comptable le plus ancien à sa gauche. L'autre officier comptable est à la droite du major.

Si un commissaire général se trouve au conseil avec un commissaire aux revues, ou un officier qui en remplisse les fonctions, celui-ci prend place à sa droite et le major à sa gauche ; l'officier comptable le plus ancien est près du commissaire aux revues, et le moins ancien près du major.

Place attribuée aux majors généraux et commandants militaires.

598. Lorsque l'inspecteur général d'armes réunit le conseil, le commandant du corps ou de la portion de corps prend place en face de lui. Le major général ou commandant militaire et les officiers du commissariat qui accompagnent l'inspecteur général, ainsi que le major et les officiers comptables, se placent à sa droite et à sa gauche, dans l'ordre des préséances ou de la hiérarchie.

Tous les membres ont voix délibérative.

599. Tous les membres du conseil ont voix délibérative.

Le conseil prononce à la majorité des voix.

600. Le conseil prononce à la majorité des voix. Les membres les moins élevés en grade, et, à égalité de grade, les moins anciens, opinent les premiers.

Le président met les affaires en délibération.

601. Le président seul met les affaires en délibération.

Il communique ou fait communiquer au conseil, par le major rapporteur, les lettres, dépêches, ordonnances de paiement et autres pièces relatives à l'administration ou à la comptabilité du corps qu'il a reçues depuis la dernière séance, ainsi que les instructions ou décisions insérées au journal officiel, que le conseil doit connaître.

Rapports par écrit.

602. Le rapporteur n'est tenu d'exposer les affaires par écrit que lorsqu'il en est requis par le conseil ou par le président.

Proposition à mettre en délibération.

603. La proposition faite par un membre du conseil doit être mise en délibération, si la majorité décide qu'il y a lieu de la discuter.

Mode de constatation des séances.

604. Chaque séance du conseil est constatée par un procès-verbal, en tête duquel sont désignés les noms et grades des membres présents ; ce procès-verbal est signé au registre des délibérations, séance tenante.

Lorsqu'un officier du commissariat assiste à la séance, sa présence est mentionnée au procès-verbal;

mais il n'appose sa signature au registre des délibérations que si le procès-verbal constate une opération
ou une communication faite par lui.

Le président du conseil est tenu d'adresser, dans
les vingt-quatre heures, l'analyse, signée de lui, des
délibérations de chaque séance au commissaire aux
revues ayant la surveillance administrative du corps
ou de la portion du corps.

Consignation au procès-verbal des motifs des membres opposants.

605. Les membres qui n'adhèrent pas à l'avis de la
majorité ont le droit de consigner à la suite du procès-
verbal, en séance, les motifs de leur opposition.

Circonstances où des membres ont voix consultative seulement.

606. Les officiers comptables assistent aux délibérations qui ont pour objet les vérifications de leur
gestion, avec voix consultative seulement, et signent
les procès-verbaux des séances qui les constatent.

Cette disposition est applicable à tout membre du
conseil qui peut avoir un intérêt direct à la décision.

Dans ces circonstances, les décisions du conseil
sont prises à la majorité des membres votants.

Majorité exigée pour la désignation des suppléants des comptables.

607. Les désignations attribuées aux conseils par
l'art. 581 ont lieu :

1º Dans les conseils d'administration centraux et
secondaires, à la majorité relative, et avec voix pré-
pondérante du président, s'il y a partage égal d'avis ;

2º A la majorité absolue, en cas de formation d'un
conseil éventuel, hors de la résidence du conseil d'administration central ou secondaire.

Exécution des délibérations.

608. Le président donne des ordres nécessaires
pour l'exécution des délibérations.

Le président peut suspendre l'effet d'une délibération.

609. Le président peut suspendre l'effet d'une délibération prise malgré son opposition, mais il est tenu d'en adresser immédiatement une copie textuelle, accompagnée de ses observations, au commissaire aux revues, qui prononce ou qui en réfère au commissaire général.

Le conseil signe sa correspondance. Cas où le président signe seul.

610. La correspondance du conseil est signée par tous les membres.

Le président signe seul les lettres qui ont pour objet l'envoi ou la transmission des pièces qui sont revêtues de la signature du conseil, celles qui n'ont pas trait aux délibérations et les accusés de réception.

CHAPITRE V.

DE LA RESPONSABILITÉ DES CONSEILS.

Responsabilité pécuniaire des conseils.

611. Les conseils d'administration sont pécuniairement responsables :

1° De la légalité des paiements, consommations ou distributions qu'ils ordonnent ou autorisent ;

2° De l'existence des fonds et des matières et effets dont ils constatent la situation dans l'arrêté des registres tenus par les officiers comptables ;

3° Des irrégularités ou erreurs signalées par le major (art. 626) et qu'ils auraient omis de faire redresser en temps utile ;

4° Du montant des reprises ou retenues qu'ils négligent d'exercer ;

5° Des retenues illégales qu'ils peuvent avoir prescrites ou approuvées ;

6° Des pertes ou déficits de fonds, en cas d'inexécution des art. 585 et 590, et jusqu'à concurrence de la somme que le conseil aurait laissée entre les mains du trésorier en excédants des besoins du service, ou de celle dont il aurait négligé de provoquer le versement au Trésor.

Toutefois, les membres du conseil qui n'ont point adhéré à une mesure adoptée par la majorité, et qui ont consigné les motifs de leur opposition au registre des délibérations (art. 605), ne sont point passibles de la responsabilité que cette mesure entraîne.

Cas particulier de responsabilité.

612. Les membres qui participent par leur vote à l'exécution d'une mesure prise en contravention aux règlements, avant leur entrée en fonctions, partagent la responsabilité de ceux qui ont concouru à l'adoption de cette mesure.

Répartition des sommes dont les conseils sont débiteurs.

613. Les commissaires généraux déterminent, lors de leurs vérifications ou sur le rapport des commissaires aux revues, les sommes dont les conseils sont constitués débiteurs par suite de la responsabilité qu'ils ont encourue.

La répartition de ces sommes est faite entre les membres qui ont autorisé, commis ou confirmé l'illégalité, la contravention ou la négligence, au prorata de la solde du grade dont chacun d'eux était alors titulaire.

Les officiers compris dans cette répartition peuvent appeler de la décision du commissaire général au ministre ou à l'inspecteur général, dans le délai de trois mois, à dater du jour où elle leur a été notifiée; mais leur réclamation n'est pas suspensive de l'imputation prescrite.

La retenue des sommes mises à la charge des anciens membres du conseil qui ont cessé de faire partie du corps ne leur est faite qu'en vertu d'un ordre du ministre.

Responsabilité du président.

614. Le président est responsable des conséquences du non-versement en caisse du montant des ordonnances ou mandats remis au trésorier, s'il ne donne point avis, par écrit, au commissaire aux revues de cette circonstance extraordinaire, le jour où les fonds ont été perçus, lorsque le payeur est dans la même résidence que le corps, et le jour où le trésorier devait être de retour, s'il avait à recevoir ces fonds dans un autre lieu.

Le conseil doit être immédiatement convoqué pour recevoir la déclaration de ce fait ; et ampliation de sa délibération, signée par tous les membres, est adressée au commissaire aux revues.

TITRE II.

DES AGENTS DES CONSEILS.

—

CHAPITRE PREMIER.

DU MAJOR.

Exécution des délibérations.

615. Le major veille, sous l'autorité du président du conseil d'administration, à l'exécution des délibérations.

Surveillance permanente sur tous les détails d'administration.

616. Il exerce une surveillance permanente sur tous les détails d'administration et de comptabilité dont les officiers comptables et les commandants de compagnie sont respectivement chargés, et signale au conseil les abus ou irrégularités qu'il reconnaît.

Il peut exiger, pour ses vérifications, avec l'autorisation du conseil, le déplacement des registres de comptabilité en deniers ou en matières et des pièces à l'appui.

Surveillance sur les recettes que fait le trésorier.

617. Il veille à ce que le trésorier touche exactement, aux échéances de paiement ou aux époques fixées par la présente ordonnance, les sommes dont la recette doit être effectuée sur les quittances de ce comptable (art. 633), et il en est fait inscription au livret de solde.

Vérification des dépenses faites par le trésorier.

618. Il s'assure, par la vérification des quittances ou récépissés fournis au trésorier depuis la dernière séance, que les dépenses pour l'acquittement desquelles ce comptable a reçu les fonds nécessaires sont payées sans délai ; il rend compte au président du conseil d'administration de tout retard non justifié.

Il appose son visa sur ces quittances ou récépissés.

Vérification de la caisse du trésorier.

619. Il vérifie la situation matérielle de la caisse du trésorier, chaque fois que le conseil est convoqué pour une séance où il doit être délibéré sur une remise de fonds à faire à ce comptable.

Le cachet à apposer sur les modèles lui est confié.

620. Il est dépositaire du cachet à apposer sur les échantillons et modèles d'effets (art. 588).

Surveillance des mouvements du magasin.

621. Il surveille l'exécution des ordres donnés par le commandant du corps ou de la portion de corps, pour les distributions et les réintégrations en magasin des armes et des effets, et rend compte sommairement au conseil de ces opérations.

Contestations sur l'imputation du prix des réparations.

622. Il prononce, sauf révision par le conseil, si la

21

partie intéressée y recourt, sur les contestations relatives à l'imputation du prix des réparations d'effets ou armes.

Transmission au trésorier des états de mutation.

623. Il transmet chaque jour au trésorier les états des mutations survenues la veille, qui lui ont été remis conformément aux prescriptions de la première partie de la présente ordonnance, portant règlement sur la solde et les revues.

Notification des extraits des délibérations.

624. Il signe et délivre aux officiers comptables et aux commandants de compagnie les extraits des délibérations, lorsque le conseil décide que la notification leur en sera faite par écrit.

Vérification de pièces soumises à la signature du conseil ou du président.

625. Il vérifie et constate l'exactitude des registres et de toutes les pièces établies par les officiers comptables, pour être soumises à la signature du conseil ou du président.

Responsabilité personnelle.

626. Il est personnellement responsable, sauf son recours contre les officiers comptables :

1° Du préjudice résultant, pour l'État, des supputations inexactes ou erreurs de calcul dans les pièces de recettes, dépenses ou consommations, et dans les registres tenus par le trésorier et l'officier d'habillement, s'il néglige de les faire redresser ou de les signaler en temps utile au conseil ;

2° Des conséquences de l'inobservation des devoirs qui lui sont imposés par les dispositions des art. 617, 618 et 619 ;

3° Des distributions irrégulières faites d'après des bons revêtus de son approbation.

CHAPITRE II.

DU TRÉSORIER.

Il est chargé des écritures concernant la comptabilité en deniers.

627. Le trésorier est chargé de toutes les écritures qui concernent la comptabilité en deniers.

Il rédige la correspondance du conseil.

628. Il rédige la correspondance du conseil, à l'exception de celle qui est relative au service de l'habillement.

Archiviste du corps.

629. Il est l'archiviste du corps, et, comme tel, dépositaire de tous les registres et pièces quelconques conservés à titre de renseignements, et du journal officiel.

Expédition des états de services, etc.

630. Il établit et *certifie* les états de services et tous autres extraits des registres dont la tenue lui est confiée, ainsi que les copies ou extraits des documents authentiques existant aux archives du corps.

Dépositaire du livret de solde et du timbre du conseil.

631. Il est dépositaire du livret de solde.

Il l'est aussi du timbre du conseil, qu'il appose sur toutes les pièces que signe ce conseil ou le président seul.

Versement immédiat des recettes dans la caisse du conseil, à l'exception des fonds nécessaires pour le service courant.

632. Il fait toutes les recettes.

Il verse immédiatement dans la caisse du conseil celles qui proviennent :

1° De l'acquittement des ordonnances et mandats délivrés au profit du corps par le ministre, le grand-chancelier de la Légion-d'honneur ou les officiers du commissariat de la marine ;

2° Du remboursement des dépôts faits au Trésor ;

3° Des versements effectués par les portions de corps ayant une administration distincte, ou par d'autres corps.

Néanmoins, les sommes provenant de ces versements peuvent rester entre les mains du trésorier, lorsque le major a reconnu que, réunies à celles qui sont déjà à la disposition de ce comptable, elles n'excèdent pas le montant des fonds nécessaires pour les besoins du service courant (art. 585).

Quittance des recettes qu'il fait directement.

633. Il donne quittance des sommes reçues, lorsque le conseil ne doit pas en signer l'acquit (art. 584).

Sommes reçues du conseil.

634. Il reçoit de la caisse du conseil, dans les limites posées par l'article 585, les sommes nécessaires pour le paiement des dépenses.

Paiement des dépenses. Désignation de celles qui peuvent être acquittées sans autorisation du conseil.

635. Il paie, après vérification sur pièces et acquits réguliers, toutes les dépenses au moyen des fonds que le conseil a laissés ou mis à sa disposition, et de ceux qu'il peut avoir reçus directement, sur ses quittances, depuis la dernière vérification de sa caisse.

Il peut acquitter, sans l'autorisation du conseil, la solde et les accessoires de solde ; les gages, primes ou indemnités fixes, les fournitures, travaux ou réparations réglés par abonnement ; l'avoir à la masse individuelle des hommes présents qui quittent le service, et le prix du travail des ouvriers, dans le cas prévu par l'article 758.

Conditions pour la validité des paiements.

636. Il ne peut faire aucun paiement qu'aux ayants droit ou à leurs représentants munis de leurs quittan-

ces, aux porteurs de traites ou de pouvoirs en bonne forme, et enfin aux agents du Trésor, sur leurs récépissés.

Les pouvoirs restent annexés aux quittances des mandataires.

Bons de subsistances et de chauffage.

637. Il établit et signe, d'après les situations signées par les commandants de compagnie, les bons de distributions pour les vivres, le chauffage et les fourrages.

Responsabilité personnelle.

638. Le trésorier est personnellement responsable :

1° Des fonds qu'il a reçus, et dont il doit faire le versement dans la caisse du conseil (art. 632) ;

2° De ceux qu'il a reçus directement sur ses quittances, ou qui lui ont été remis par le conseil pour le service courant, jusqu'à ce qu'il en ait justifié l'emploi ;

3° De tout paiement illégal, des avances et virements non autorisés par le conseil, des omissions de recettes, erreurs de calcul, doubles emplois, surcharges ou altérations d'écritures.

CHAPITRE III.

DE L'OFFICIER D'HABILLEMENT.

Il est chargé des détails du service de l'habillement.

639. L'officier d'habillement est chargé de tous les détails qui constituent le *service de l'habillement* et des écritures qui s'y rapportent.

Ce service embrasse l'emmagasinement, la conservation, les confections, réparations, distributions et expéditions,

Des matières et effets { d'habillement, de grand et de petit équipement

De l'armement et des munitions de guerre,

21.

Et de tous les autres objets matériels appartenant au corps.

Officiers désignés pour le seconder.

640. Il est secondé par un ou plusieurs officiers placés sous son autorité immédiate.

Ces officiers sont nommés par le président du conseil d'administration, sur la présentation de l'officier d'habillement et d'après l'avis du major.

Maîtres-ouvriers sous ses ordres.

641. Il a sous ses ordres directs les maîtres-ouvriers, et surveille journellement l'exécution des travaux dont ils sont chargés.

Entretien et conservation des objets en magasin.

642. Il prend les mesures propres à assurer le bon entretien de tous les objets renfermés ou déposés dans le magasin mis à sa disposition.

Rédaction des écritures.

643. Il rédige la correspondance du conseil relative au service de l'habillement et les projets de marchés ou d'abonnements.

Dépositaire des livrets de l'armement, des modèles, etc.

644. Il est dépositaire des livrets de l'armement, des munitions de guerre, et des échantillons et modèles d'effets; ces livrets lui sont remis par le conseil.

Vérification des pièces relatives à l'habillement.

645. Il vérifie les bons de distribution et les états ou factures de fournitures quelconques, confections et réparations, relatives à son service; il énonce sur les factures la somme à payer.

Etats pour constater les besoins du corps.

646. Il dresse les états destinés à constater les besoins du corps, en ce qui concerne l'habillement, la coiffure, le grand équipement, le petit équipement, l'armement et les munitions de guerre.

647. Il établit les pièces comptables prescrites par les instructions qui règlent les services de l'habillement et de l'armement.

Responsabilité personnelle.

648. Il est responsable des matières et effets existant en magasin, de leurs dégradations ou avaries, de celles reconnues aux matières et effets expédiés à des portions du corps ou à d'autres corps, lorsqu'il est constaté qu'elles proviennent d'un défaut de soins ou de surveillance de sa part.

Il est également responsable des consommations ou distributions irrégulières, des omissions de recettes, erreurs de calcul, doubles emplois, surcharges et altérations d'écritures.

CHAPITRE IV.

DES OFFICIERS PAYEURS ET DES OFFICIERS CHARGÉS DE L'HABILLEMENT.

Fonctions et responsabilité.

649. Les officiers payeurs et les officiers chargés de l'habillement remplissent respectivement les mêmes fonctions et encourent la même responsabilité que le trésorier et l'officier d'habillement.

TITRE III.

DES COMMANDANTS DES CORPS OU PORTIÕNS DE CORPS N'AYANT PAS DE CONSEIL.

Attributions, obligations et responsabilité.

650. Les attributions, les obligations et la responsabilité des conseils, de leur président en particulier, du major et des officiers comptables, sont communes aux officiers commandant les corps organisés sous le titre de *compagnie*, et à ceux qui ont l'administration distincte d'une portion de corps.

Ces officiers peuvent, sous leur responsabilité personnelle, se faire aider, dans les détails et écritures relatifs à l'administration dont ils sont chargés, par un lieutenant ou un sous-lieutenant et par des sous-officiers.

651. Lorsqu'il y a lieu de procéder à l'achat et à la réception d'effets de petit équipement, les officiers commandants désignés dans l'article précédent s'adjoignent les trois officiers du corps les plus élevés en grade, et, s'il y en a moins de trois, les deux officiers ou le seul officier qui se trouvent dans ce corps.

TITRE IV.

DES COMMANDANTS DE COMPAGNIE.

Ils sont chargés de tous les détails de l'administration de la troupe sous leurs ordres.

652. Les commandants de compagnie sont chargés, sous l'autorité et la surveillance du conseil et du major, de tous les détails et écritures qui ont pour objet l'administration de la troupe placée sous leurs ordres; ils font tenir les écritures par les sergents-majors et les fourriers.

Soins qu'ils doivent donner aux intérêts du soldat.

653. Ils veillent incessamment aux intérêts du soldat, et doivent s'attacher à prévenir tout ce qui pourrait avoir pour effet d'obérer les masses individuelles.

Appréciation des dégradations d'effets ou d'armes. Suspension facultative des réparations.

654. Ils jugent directement, ou après avoir pris l'avis des officiers sous leurs ordres, sauf le recours des parties intéressées au major, et subsidiairement au conseil, si, en raison de la cause manifeste ou apparente des dégradations faites aux effets ou aux armes, le prix des réparations nécessaires doit être mis à la charge des hommes qui en sont détenteurs.

Ils sont autorisés à suspendre, avec l'approbation du major, la réparation des effets de la deuxième catégorie, et des armes laissées par les hommes qui entrent dans une position d'absence, lorsqu'ils reconnaissent que ces effets ou armes peuvent, en raison du peu d'importance de la dégradation, faire encore un bon service entre les mains de ces hommes, à leur retour au corps.

Réclamations au conseil ou aux officiers du commissariat.

655. Ils adressent leurs réclamations au conseil, lorsque le paiement de la solde ou les distributions n'ont pas lieu aux époques réglementaires; que les fournitures sont défectueuses ou incomplètes, et, enfin, qu'une imputation ou retenue illégale est faite à leur troupe.

Si leurs réclamations restent sans effet, ils peuvent les porter devant les officiers du commissariat.

Responsabilité.

656. Ils sont responsables des fonds, effets et fournitures quelconques, dont ils donnent quittance ou récépissé, et des distributions de toute nature effectuées en excédant des droits réels, d'après les situations qu'ils ont certifiées.

Titre sous lequel les commandants de compagnie sont désignés.

657. Toutes les dispositions de la présente ordonnance qui concernent les commandants de compagnie désignés par le titre de *capitaine* sont applicables aux commandants de compagnie du grade de lieutenant ou de sous-lieutenant.

Dans le corps des agents de surveillance des chiourmes, ces dispositions sont applicables aux premiers sergents de compagnie.

TITRE V.

DES FONDS.

CHAPITRE PREMIER.

DES VALEURS EN CAISSE.

Fonds déposés dans la caisse du conseil ou dans celle du trésorier.

658. Tous les fonds appartenant à un corps ou à une portion de corps ayant un conseil sont déposés, savoir :

Dans la caisse du conseil,

1° Ceux que le trésorier est tenu, conformément à l'article 632, de verser dans cette caisse immédiatement après les avoir reçus;

2° Les récépissés de dépôts au Trésor.

Dans la caisse du trésorier,

1° Les recettes d'autre origine que celles qui doivent entrer dans la caisse du conseil;

2° Les sommes dont le conseil autorise la sortie de sa caisse pour être remises au trésorier.

Dépositaires des clefs.

659. La caisse du conseil a deux clefs : l'une reste entre les mains du président; la seconde est remise au major, ou à l'officier qui en fait les fonctions.

Responsabilité du président et des dépositaires des clefs.

660. La caisse du conseil est déposée chez le président, qui doit prendre toutes les mesures de sûreté nécessaires pour la garde et la conservation de ladite caisse, et qui est personnellement responsable de tout événement résultant d'un défaut de prévoyance à cet égard.

Les dépositaires des clefs sont responsables des fonds et valeurs renfermés dans la caisse, d'où rien ne doit sortir sans une délibération du conseil.

Responsabilité du trésorier.

661. Le trésorier est seul responsable des fonds qui entrent dans sa caisse, sans préjudice du recours subsidiaire que l'Etat peut exercer envers le conseil ou le major, dans les cas prévus par les articles 611 (§ 6) et 626.

Carnet de caisse. Inscriptions à y faire.

662. Toutes les sommes qui sont versées dans la caisse du conseil, et celles dont il autorise la remise au trésorier, sont inscrites par ce comptable, en présence des membres dépositaires des clefs, sur un *carnet* (modèle n° 58). Les dépôts au trésor et les remboursements de ces dépôts y sont portés pour mémoire.

Le carnet est renfermé dans la caisse du conseil, d'où il ne doit sortir que pour les inscriptions à y faire.

Vérification de la caisse du conseil et de celle du trésorier.

663. Le conseil vérifie sa caisse et en arrête la situation sur le carnet, le 1er de chaque mois, et toutes les

fois que les valeurs qu'elle renferme doivent être re-
présentées aux officiers du commissariat.

Il s'assure, quand il le juge convenable, et spécialement lorsqu'il arrête les comptes trimestriels, de
l'existence effective entre les mains du trésorier des
fonds que doit contenir la caisse de ce comptable.

Caisse des portions de corps qui n'ont pas de conseil. Responsabilité du commandant.

664. Dans les corps ou portions de corps qui n'ont
pas de conseil, les fonds qui leur appartiennent sont
renfermés dans une seule caisse dont l'officier commandant est personnellement responsable. Il n'y
existe pas de carnet.

CHAPITRE II.

DES DÉPÔTS AU TRÉSOR.

Versements dans les caisses des receveurs des finances.

665. Les versements au trésor, prescrits par l'article
590, sont effectués dans les caisses des receveurs des
finances.

Remise au trésorier de la somme à verser.

666. La somme à déposer est remise au trésorier,
qui la verse sur-le-champ entre les mains du receveur,
contre un récépissé à talon.

Retrait de tout ou partie de la somme versée.

667. Le conseil retire des mains du receveur, selon
les besoins du service, tout ou partie de la somme
déposée.

Minimum des versements et remboursements.

668. Les versements et remboursements se font par
sommes rondes de *mille francs*.

Dépôt des récépissés dans la caisse du conseil. Responsabilité
du président.

669. Les récépissés délivrés par les receveurs, et

les sommes qu'ils remboursent, doivent être déposés le jour même dans la caisse du conseil.

Le président encourt la responsabilité de l'inexécution de cette disposition, s'il néglige de remplir les formalités prescrites par l'article 614.

Mandat de virement.

670. En cas de départ du corps, son compte avec le Trésor est soldé au moyen d'un mandat de virement délivré au conseil par le receveur général sur celui du département dans lequel le corps doit tenir garnison.

Si le receveur général ne réside pas dans le lieu que quitte le corps, le receveur particulier est tenu de faire les diligences nécessaires pour procurer au conseil le mandat de virement.

Lorsque le corps est arrivé à destination, ce mandat est remis au receveur, contre un récépissé de dépôt.

Cas de changement de destination du corps pendant sa marche.

671. Si le corps reçoit pendant sa marche une nouvelle destination, le commissaire aux revues auquel est communiqué l'ordre qui prescrit ce changement en donne aussitôt avis au receveur général sur lequel a été tiré le mandat de virement dont le conseil est titulaire, et lui en fait connaître le numéro, la date, le montant et l'échéance.

Celui-ci transmet sans délai ces renseignements au ministre des finances, qui autorise le receveur général du département où le conseil va résider à prendre pour comptant le même mandat.

Mandement du commissaire aux revues.

672. Les receveurs des finances n'encaissent les fonds appartenant aux corps de troupe et n'opèrent les remboursements et virements des sommes déposées dans leurs caisses que sur la remise qui leur est aite, par le trésorier, d'un *extrait* de la délibération du conseil, revêtu du mandement du commissaire aux revues (modèles n°s 59, 60 et 61).

Livret de compte courant avec le Trésor.

673. Les mouvements des fonds sont inscrits par les receveurs, à la date où ils s'effectuent, sur un *livret de compte courant avec le Trésor* (modèle n° 62); ce livret, coté et parafé par le commissaire aux revues, est déposé dans la caisse du conseil, d'où il ne doit sortir que pour recevoir ces enregistrements.

Réception des dépôts aux colonies.

674. Dans les colonies, les dépôts sont reçus par les trésoriers, qui prennent les mesures nécessaires pour en assurer le remboursement selon les besoins du service.

Corps ou portion de corps qui n'ont pas de conseil.

675. Les dispositions du présent chapitre sont applicables aux corps ou portions de corps qui n'ont pas de conseil; dans ce cas, les commandants sont substitués au conseil et au trésorier pour les versements à faire et les remboursements à recevoir.

CHAPITRE III.

DU RECOUVREMENT DES IMPUTATIONS PRESCRITES PAR SUITE DE LA VÉRIFICATION DES COMPTES.

Retenues exercées sur la solde pour le recouvrement des imputations.

676. Les imputations dont les membres des conseils (art. 613), le major et les officiers comptables ou autres, sont passibles, soit pour fait de mauvaise gestion ou faute d'avoir exécuté les instructions émanées de l'autorité compétente, soit pour cause de paiements ou distributions excédant les allocations réglementaires, s'opèrent au moyen de retenues sur leur *solde* proprement dite, exercées mensuellement, par précompte, jusqu'à concurrence du cinquième de cette solde, à moins que le ministre n'en ordonne autrement.

Le produit de ces retenues entre directement dans la caisse du trésorier, au fur et à mesure qu'elles s'effectuent, et il est porté en recette aux masses ou fonds qui avaient supporté la dépense des sommes rejetées, ou auxquels sont afférentes les imputations faites dans la revue de liquidation. Il en est de même des versements qui sont opérés, pour de pareilles causes, par les officiers débiteurs, ou en leur nom.

CHAPITRE IV.

DES PERTES OU DÉFICITS DE FONDS.

La somme manquante est portée en dépense à la masse générale d'entretien, et si elle est réintégrée, elle est versée en recette à cette masse.

677. Le montant des pertes ou déficits de fonds provenant d'événements de force majeure ou d'autres circonstances extraordinaires, dûment constatés, est, sur l'autorisation préalable du commissaire aux revues, porté en dépense à la masse générale d'entretien (2e portion). A cet effet, si la somme manquante appartient à la caisse du conseil, elle est inscrite au carnet, comme sortie *pour ordre* de cette caisse et remise au trésorier.

Le président du conseil d'administration ou le trésorier ne peut être rendu responsable ni libéré qu'en vertu d'une décision du ministre.

Si le ministre met la perte ou le déficit à la charge de l'officier dépositaire de la caisse, il détermine le mode du remboursement à effectuer par celui-ci. Dans le cas contraire, il approuve, comme définitive, la dépense que le commissaire aux revues avait autorisée, ou fait délivrer au profit du corps une ordonnance ou mandat de paiement d'une somme équivalente. Il opère de même, sous la réserve des droits du Trésor, si l'administration de la marine est sans moyen de reprise contre l'officier constitué débiteur par la décision intervenue.

Soit que la somme réintégrée provienne de remboursements faits par cet officier ou de l'acquittement de l'ordonnance envoyée par le ministre, elle est versée dans la caisse du conseil, et portée en recette au titre de la masse générale d'entretien (2e portion).

TITRE VI.

DES REGISTRES ET DES DOCUMENTS QUI S'Y RATTACHENT.

CHAPITRE PREMIER.

DE LA NATURE DES REGISTRES À TENIR DANS CHAQUE CORPS OU PORTION DE CORPS.

Registres à tenir dans chaque corps, portion de corps, compagnie formant corps, et pour l'administration particulière de chaque compagnie.

678. Les écritures et opérations auxquelles donnent lieu l'administration et la comptabilité des corps de troupe, ou des portions de ces corps ayant une administration distincte, sont consignées dans les registres ci-après désignés,

SAVOIR :

1° Pour chaque corps ou chaque portion de corps ayant un conseil d'administration central,

Un registre des délibérations, { tenu par le trésorier, sous la direction immédiate du major.

Un registre matricule des officiers,
Un registre matricule de la troupe,
Un registre de l'effectif,
Un registre journal des recettes et dépenses,
Un registre de centralisation des recettes et dé-
  penses,
Un registre des avances faites aux militaires
  isolés, sur les fonds de l'*indemnité de route*,
Un registre spécial pour les hommes de troupe
  en congé illimité (réserve),
Un registre des distributions de vivres et chauf-
  fage,

} tenus par le trésorier.

Un registre des recettes et consommations du
  service de l'habillement,
Un registre des comptes ouverts avec le maître
  tailleur,
Un registre des comptes ouverts avec les compa-
  gnies,
Un contrôle général des effets de la 1re catégorie,
Un contrôle général des effets de la 2e catégorie,
Un contrôle général des armes,
Un contrôle général des instruments de musique,
Un registre des effets de la 1re catégorie rentrés
  en magasin pour être remis en service,
Un registre du classement par ancienneté de
  durée des effets de la 2e catégorie,
Un livret des échantillons et modèles types en-
  voyés par le ministre,

} tenus par l'officier d'habillement.

2° Pour chaque portion de corps ayant un conseil d'administration secondaire,

Un registre des délibérations,
Un registre de l'effectif,
Un registre-journal des recettes et dépenses,
Un registre des distributions de vivres, chauf-
  fage,
Un registre spécial pour les hommes de troupe en
  congé illimité (réserve) (1),

} tenus par l'officier payeur.

---

(1) Ce registre est tenu seulement dans les portions secondaires stationnées en France.

Un registre des recettes et consommations du
service de l'habillement,

Un registre des comptes ouverts avec le maître
tailleur, le cas échéant,

Un registre des comptes ouverts avec les compagnies,

Un contrôle des effets de la 1re catégorie,

Un contrôle des effets de la 2e catégorie,

Un contrôle des armes,

Un contrôle des instruments de musique,

Un registre des effets de la 1re catégorie rentrés en magasin pour être remis en service,

Un registre de classement par ancienneté de
durée des effets de la 2e catégorie,

} tenus par l'of-
ficier chargé
de l'habille-
ment.

3° Pour chaque portion de corps ayant un conseil
d'administration éventuel,

Un registre des délibérations,

Un registre de l'effectif,

Un registre-journal des recettes et dépenses,

Un registre des distributions de vivres et chauffage,

} tenus par l'of-
ficier payeur.

Un registre des recettes et consommations du
service de l'habillement,

Un registre des comptes ouverts avec le maître
tailleur, le cas échéant,

Un registre des comptes ouverts avec les compagnies,

Un registre des effets de la 1re catégorie rentrés
en magasin pour être remis en service,

} tenus par l'of-
ficier chargé
de l'habille-
ment.

4° Pour chaque portion de corps administrée par
l'officier commandant, et composée d'une compagnie
et d'une fraction de compagnie,

Un registre-journal des recettes et dépenses,

Un registre des distributions de vivres et chauffage,

Un registre des recettes et consommations du
service de l'habillement,

Un registre des comptes ouverts avec le maître
tailleur, le cas échéant,

Un registre des comptes ouverts avec les compagnies,

Un registre des effets de la 1re catégorie rentrés
en magasin pour être remis en service,

} tenus par l'of-
ficier com-
mandant,

— 259 —

5° Pour chaque portion de corps composée d'une seule compagnie ou d'une fraction de compagnie,

Un registre-journal des recettes et dépenses.

tenu par l'officier ou le sous officier commandant.

6° Pour chaque corps organisé sous le titre de *compagnie*,

Un registre matricule des officiers et de la troupe,
Un registre journal des recettes et dépenses,
Un registre de centralisation des recettes et dépenses,
Un registre des avances faites aux militaires isolés sur les fonds de l'*indemnité de route*,
Un registre spécial pour les hommes de troupe en congé illimité (réserve),
Un registre des recettes et consommations du service de l'habillement,
Un registre des comptes ouverts avec le tailleur,
Un contrôle général des effets de la 1re catégorie,
Un contrôle général des effets de la 2e catégorie,
Un contrôle général des armes,
Un registre des effets de la 1re catégorie rentrés en magasin pour être remis en service,
Un registre du classement par ancienneté de durée des effets de la 2e catégorie,
Un livret des échantillons et modèles-types envoyés par le ministre,

tenus par l'officier commandant.

Indépendamment des registres dont la désignation précède, il est tenu dans chaque corps ou portion de corps, par les soins des capitaines, pour l'administration particulière de leur compagnie,

Une matricule du personnel et des effets et des armes en service,
Un livre de détail.

Cette disposition est commune aux détachements administrés comme compagnie, quel que soit le grade de leur chef.

Elle n'est applicable aux corps organisés sous le

titre de *compagnie* qu'en ce qui concerne le livre de détail.

Registres côtés et parafés par le commissaire aux revues.

679. Le registre des délibérations et ceux qui sont destinés à recevoir l'inscription des recettes et dépenses en argent et des recettes et consommations du service de l'habillement, ainsi que le registre des avances aux militaires isolés, sont cotés et parafés par le commissaire aux revues.

Feuillets de registres à signer par le major.

680. Les feuillets du contrôle général des effets de la 1re catégorie et de la matricule des effets et armes en service sont signés par le major, mais seulement après que la première inscription y a été faite.

CHAPITRE II.

DE L'OBJET DES REGISTRES, DES INSCRIPTIONS A Y FAIRE ET DE LA NATURE DES DOCUMENTS QUI S'Y RATTACHENT.

— Registre des délibérations.

681. Le *registre des délibérations* (modèle n° 63) est destiné à recevoir l'inscription des actes qui déterminent la composition du conseil d'administration et de toutes ses opérations.

Registre matricule des officiers et de la troupe. — Copies de ce registre, états de mutations et table alphabétique à envoyer mensuellement au ministre.

682. Le *registre matricule des officiers* et *celui de la troupe* tenus au dépôt du corps (modèle nos 64 et 65) sont destinés à recevoir l'inscription détaillée des renseignements qui établissent l'état civil des militaires de tous grades qui font partie du corps ; leur signalement ; le titre sous lequel ils sont incorporés ; la relation successive de leurs services ; les causes

qui les maintiennent sous les drapeaux au delà du temps exigé par la loi ; le motif et la date de leur radiation des contrôles, ainsi que le lieu sur lequel se dirigent ceux qui rentrent dans leurs foyers.

L'immatriculation des officiers et des hommes de troupe s'effectue à la réception ou sur le vu des titres, notifications ou actes authentiques constatant qu'ils appartiennent au corps. Néanmoins, tous les officiers, sous-officiers, caporaux, soldats et enfants de troupe, compris comme présents ou absents dans le procès-verbal de formation d'un corps, sont immatriculés par ordre de grades. Le même ordre d'inscription est suivi pour ceux qui, après cette formation, sont incorporés sous une même date.

L'incorporation des hommes de troupe prend date, savoir :

1° Pour les *jeunes soldats* (appelés ou substituants), pour les *remplaçants admis par le conseil de révision* et pour les *hommes rappelés de la réserve*, à compter du jour où ils ont été mis en route pour se rendre au corps ;

2° Pour les *remplaçants au corps*, à compter du jour où les remplacés sont rayés des contrôles ;

3° Pour les *engagés volontaires*, à compter du jour de l'engagement ;

4° Et pour les *hommes venant d'un autre corps*, à compter du jour où ils ont cessé d'appartenir à ce corps.

Les services antérieurs à l'incorporation doivent être justifiés, soit par le feuillet matricule du dernier corps dont le militaire faisait partie (art. 698), soit par une attestation du conseil d'administration de ce corps ou une pièce émanée du ministère de la guerre ou de la marine.

La série des numéros est distincte pour le registre des officiers et pour celui de la troupe ; elle est continuée indéfiniment, jusqu'à ce que le ministre ordonne qu'elle soit renouvelée.

Le numéro sous lequel le militaire a été immatriculé lui est conservé jusqu'au moment où il cesse de faire partie du corps, quelles que soient les promotions dont il puisse être l'objet, à moins qu'il ne passe du grade de sous-officier à celui d'officier. Si, après avoir quitté ce corps, il vient à y rentrer, un nouveau numéro lui est donné et l'ancien est inscrit au-dessous.

Le numéro des compagnies auxquelles les hommes peuvent successivement appartenir est exactement indiqué au registre affecté à la troupe.

Ce registre est divisé en volumes destinés chacun à l'inscription de *mille hommes*, et il forme autant de volumes que le complet d'organisation du corps l'exige.

Il est établi, à la fin du registre affecté aux officiers et de chaque volume du registre de la troupe, une table alphabétique, sur laquelle sont inscrits les noms, prénoms et numéros matricules des militaires incorporés.

Les conseils d'administration centraux font parvenir au ministre, dans les *quinze premiers jours de chaque mois :*

1° Des copies des registres matricules (modèles nos 65 et 65 *bis*), en ce qui concerne les élèves de l'Ecole militaire, de l'Ecole polytechnique ou les sous-officiers, faits officiers, et les jeunes soldats, remplaçants ou engagés volontaires, ainsi que les militaires de tous grades venus d'autres corps, *incorporés pendant le dernier mois.*

2° Des *états de mutation* (modèles nos 66 et 67), indiquant nominativement, avec désignation des numéros matricules, les militaires promus, rengagés, remplaçants par continuation de service ou rayés des contrôles, *dans le courant du mois précédent*, et relatant aussi les blessures ou actions d'éclat, les cassations ou condamnations, et les embarquements qui peuvent avoir eu lieu pendant le même temps,

L'état qui concerne les officiers fait connaître, en outre, la position de chacun d'eux à l'époque où il est dressé.

Les états de mutations sont *certifiés* par le conseil d'administration et *vérifiés* par le commissaire aux revues.

Lorsque l'état relatif aux hommes de troupe en comprend plus de vingt, une table alphabétique y est jointe.

Registre de l'effectif.

683. Le registre de l'effectif (modèle n° 68) est destiné à recevoir l'inscription journalière, par compagnie, de la situation du corps.

Le trésorier y enregistre les mutations nominativement et avec leurs dates.

Registre-journal. — Visa du major à chaque vérification. Balance des recettes et dépenses à la fin de chaque trimestre, et situation de caisse transmise au ministre.

684. Le registre-journal (modèle n° 69) est destiné à recevoir l'inscription, par ordre de date, de toutes les recettes qui sont faites *pour le compte du corps ou de la portion de corps que ce registre concerne*, des sommes qui sortent de la caisse du conseil pour être remises au trésorier ou à l'officier payeur, et des paiements que ce comptable effectue pour l'acquittement des dépenses.

Chaque article enregistré reçoit un numéro d'ordre, qui est aussi inscrit sur la pièce justificative. La série des numéros est annuelle ; elle est distincte pour les recettes et pour les dépenses.

A chaque vérification qui doit précéder l'autorisation de remettre des fonds au trésorier (art. 585), le major appose son *visa* sur le registre-journal.

La balance des recettes et des dépenses est faite le premier jour de chaque trimestre, ainsi qu'aux époques où la centralisation de la comptabilité en deniers est arrêtée par les officiers du commissariat de la

264

---

marine. Elle est certifiée par le trésorier, vérifiée par le major et arrêtée par le conseil. Dans les portions de corps ayant une administration distincte, elle n'est établie que le jour de l'inscription du dernier article de recette ou de dépense afférent au trimestre précédent.

Le restant en caisse que présente la balance comprend les sommes qui existent dans la caisse du conseil et dans celle du trésorier ou de l'officier payeur.

La situation de la caisse est remise immédiatement au commissaire aux revues, qui la vérifie sur pièces, reconnaît l'existence des valeurs qu'elle présente et la transmet au ministre.

Registre de centralisation. — Classification des recettes et dépenses par trimestre d'exercice. Situation des fonds au jour où le commissaire aux revues procède à la vérification. Relevé sommaire à lui remettre.

685. Le registre de centralisation (modèle nº 70) est destiné à recevoir l'inscription de *toutes les recettes et dépenses faites au titre du corps*, et à en présenter la classification par nature de fonds et par *trimestre d'exercice*, avec le résumé des opérations qui concernent l'ensemble de la comptabilité en deniers.

Les *virements* entre les différents fonds y forment un chapitre spécial.

Les recettes et dépenses sont inscrites au registre de centralisation en même temps et sous les mêmes numéros qu'au registre journal, mais seulement par indication sommaire de leur objet.

Immédiatement après la clôture du décompte de libération, les inscriptions et opérations suivantes sont faites au registre de centralisation :

1º Les recettes et dépenses effectuées par les portions du corps (autres que la portion centrale) y sont portées, *en un seul article pour chacune d'elles*, d'après les extraits du registre-journal arrêtés par les conseils secondaires et éventuels ou par les officiers qui en tiennent lieu (art. 796) ;

2º Les paiements faits, pour *solde et accessoires de solde*, aux jeunes soldats et aux militaires isolés du corps, sont portés en recette et en dépense, en un seul article pour chaque détachement et pour chaque partie prenante individuelle, avec désignation du temps auquel le paiement se rapporte ;

3º Toutes les recettes et dépenses afférentes au trimestre sont totalisées : *séparément*, pour la portion centrale ; *ensemble*, pour les autres portions, les détachements de jeunes soldats et les parties prenantes isolées, et récapitulées en masse pour tout le corps ;

4º Les recettes effectuées à valoir sur les crédits (c'est-à-dire sur les allocations de la revue de liquidation et les augmentations qui peuvent y avoir été faites dans les décomptes de libération) sont balancées avec ces crédits, et les trop-perçus ou les moins-perçus par les masses sont compensés au chapitre des virements, savoir : les premiers, par dépense aux masses et recette à la solde ; les seconds, par dépense à la solde et recette aux masses ;

5º Les dépenses pour solde et accessoires de solde sont balancées avec les crédits, et les différences sont expliquées en regard du résultat ;

6º Les recettes effectives et les recettes par virements, de même que les dépenses des deux espèces, sont totalisées et balancées dans une *récapitulation comparative*, après laquelle sont expliqués les excédants des unes sur les autres (*sauf ceux dont il serait sans aucune utilité de rappeler l'origine*) ; les imputations ou retenues dûment prescrites, qui n'ont pas encore été exercées ; et, enfin, les déficits de fonds sur lesquels il n'a pas jusqu'alors été statué par le ministre, bien que le montant en ait été porté en dépense à la masse générale d'entretien (art. 677). L'explication de l'excédant particulier à la masse individuelle est appuyée, lorsqu'il y a lieu, d'un état, certifié par le trésorier et visé par le major, des sommes restant à recevoir d'autres corps pour couvrir les débets des hommes qui y sont passés ;

7° La *récapitulation comparative* du quatrième trimestre est suivie d'une seconde récapitulation, qui embrasse les recettes et dépenses de tout l'exercice ;

8° Les inscriptions faites au titre du trimestre sont closes et *arrêtées* par le conseil d'administration, dans les dix jours qui suivent l'arrêté du décompte de libération.

Le jour où le commissaire aux revues procède à la vérification de la centralisation trimestrielle, le conseil établit sur le registre la *situation des fonds*, par l'addition de l'excédant de recette avec les recettes enregistrées au titre des trimestres postérieurs à celui que cette centralisation concerne, et la déduction, sur le produit de cette opération, des dépenses inscrites comme afférentes à ces mêmes trimestres.

Si le corps est divisé, la situation n'est faite que pour la portion centrale seulement, en partant de l'excédant de recette qui lui est particulier.

Dès que le commissaire aux revues a opéré la vérification de la comptabilité d'un trimestre d'exercice, le conseil lui remet un *relevé sommaire du registre de centralisation* (modèle n° 71), où est reproduite la récapitulation comparative des recettes et dépenses avec le détail des virements et la situation des fonds. Celui qui est dressé pour le quatrième trimestre comprend, en outre, la récapitulation comparative d'exercice.

Registre des avances aux militaires, sur les fonds de l'indemnité de route ; formalités qui résultent de sa tenue.

686. Le registre des avances aux militaires isolés, sur les fonds de l'indemnité de route (modèle n° 72), est tenu à la portion centrale du corps ; il est destiné à recevoir l'inscription des paiements faits à ces militaires ou de ceux effectués pour leur compte personnel, comme remboursement du prix des effets

de petit équipement qui leur ont été délivrés pendant la route, sauf retenue ultérieure sur leur solde ou sur leur masse individuelle.

Cette inscription est nominative ; elle a lieu aussitôt que le paiement vient à la connaissance du dépôt du corps, soit par la feuille de route du militaire sur laquelle il est constaté, soit par les relevés sommaires transmis par les officiers du commissariat ou de l'intendance, s'ils parviennent avant que le militaire ait rejoint.

Immédiatement après leur inscription au registre, dans la portion centrale, et au moment de l'arrivée des militaires, dont les portions secondaires, les avances faites aux sous-officiers et soldats sont portées au débit de leur compte ouvert, pour figurer ultérieurement en dépense à la feuille de masse individuelle, dans une colonne spéciale. Celles qui concernent les officiers et autres militaires qui n'ont pas de masse individuelle sont retenues sur leur solde.

Lorsque les relevés sommaires des avances faites, avec les mandats à l'appui, sont parvenus au dépôt du corps, les imputations admises par le conseil d'administration sont portées sur le registre, et on y inscrit pour mémoire les mandats refusés.

Le conseil d'administration central adresse aux conseils secondaires ou éventuels des autres portions du corps l'état des avances aux militaires qui en font partie, pour que l'imputation en soit opérée.

Les inscriptions faites au registre des avances sont totalisées par trimestre, et sont *certifiées* par le trésorier, *vérifiées* par le major et *arrêtées* par le conseil d'administration.

Le conseil d'administration, avant l'arrêté de la centralisation trimestrielle, verse au Trésor, à titre de remboursements, le montant des avances dont les mandats ou relevés lui sont parvenus, et dont il a opéré ou fait opérer la retenue.

Les avances enregistrées pour lesquelles les mandats ou relevés ne sont point encore parvenus sont reportées au trimestre suivant, et versées par virement aux fonds divers. Quand elles se rattachent à un exercice expiré, le commissaire général, en arrêtant la comptabilité, prescrit qu'elles soient versées au Trésor avant le 1ᵉʳ octobre de l'année suivante.

Registre spécial pour les hommes en congé illimité.

687. Le registre spécial pour les hommes de troupe en congé illimité (réserve) est destiné à recevoir les inscriptions que prescrit d'y faire l'art. 429 de la présente ordonnance (1ʳᵉ *partie ; de la solde et des revues*).

Registre des distributions de vivres et chauffage.

688. Le registre des distributions de vivres et chauffage (modèle n° 73) est destiné à recevoir l'inscription, par ordre de date, des rations délivrées au corps par les magasins de l'Etat, avec distinction des compagnies.

Il est établi par trimestre, sur ce registre, une balance comparative des distributions avec les allocations que constatent les feuilles de journées vérifiées par le commissaire aux revues.

En cas de division du corps, les distributions qui ont été faites à chacune de ses portions comprise sur la même revue que la portion centrale sont inscrites *en une seule ligne* pour tout le trimestre, sur le registre tenu par le trésorier, qui y établit une balance générale.

Registre des recettes et consommations du service de l'habillement.

689. Le registre des recettes et sommations du *service de l'habillement* (modèles nᵒˢ 74 et 74 *bis*) est destiné à recevoir l'inscription des entrées en magasin et sorties de magasin des matières et effets de toute espèce, divisés et classés par chapitres, dans l'ordre ci-après, savoir :

CHAPITRE 1. *Matières pour l'habillement.*
         2. *Effets d'habillement, de coiffure et de grand équipement et armes.*
         3. *Effets à l'usage particulier du tambour-major, des caporaux-tambours et des sapeurs.*
         4. *Instruments de musique.*
         5. *Effets de petit équipement.*
         6. *Pièces d'armes.*
         7. *Pièces de shakos.*
         8. *Matières provenant d'économies de coupe.*
         9. *Effets et armes hors de service.*
     10. *Mobilier du corps; effets divers, ustensiles et matériaux d'emballage.*

Dans les corps qui ne comportent pas l'emploi de tous les chapitres du registre des recettes et consommations, chacun de ceux qui sont à leur usage conserve néanmoins le numéro qui lui est affecté par le présent article.

Les enregistrements se font, par ordre de date, au fur et à mesure des recettes et consommations. Toutefois, les matières employées aux confections, les économies de coupe et les versements en magasin des effets confectionnés, ne sont portés que par trimestre, d'après les arrêtés du registre des comptes ouverts avec les maîtres ouvriers (art. 690). Les distributions faites aux compagnies et les réintégrations effectuées en magasin ne sont inscrites que par le report des totaux trimestriels du registre des comptes ouverts, récapitulés dans un état sommaire (art. 691).

Chaque article enregistré reçoit un numéro d'ordre, qui est aussi inscrit sur la pièce justificative. Il y a pour chacun des chapitres deux séries annuelles de numéros, l'une pour les recettes, l'autre pour les consommations.

La balance des recettes et consommations au premier jour de chaque trimestre est faite par chapitre, dans les cinq jours suivants, *certifiée* par l'officier d'habillement, *vérifiée* par le major et *arrêtée* par le conseil aux quantités restant en magasin.

Le 1er octobre de chaque année, il est dressé, à la suite de la balance du quatrième trimestre de l'année précédente (chap. 1er, 2e et 3e), un relevé sommaire des recettes et consommations absolues dont la dépense est effectuée sur les fonds du service de l'habillement ; il est *certifié* par le conseil.

Quand le corps est divisé, ce relevé est établi sur le registre de la portion centrale, par l'addition des articles qui la concernent, avec ceux qui figurent sur les extraits trimestriels des autres portions, qui ont été adressés au conseil d'administration (art. 796).

Si l'extrait relatif au quatrième trimestre n'est pas parvenu le 1er octobre, la récapitulation ne comprend pour la portion qui se trouve en retard que les quantités relatées sur les extraits que le conseil d'administration a précédemment reçus.

Registres des comptes ouverts avec le maître tailleur.

690. Le registre des comptes ouverts avec le maître tailleur (modèle n° 75) est destiné à recevoir l'inscription, par ordre de date, des matières qui lui sont délivrées du magasin d'habillement pour servir aux confections et des effets qu'il y verse. La totalisation en est faite au dernier jour de chaque trimestre. Les consommations y sont portées d'après les allocations des devis, en regard des effets de chaque espèce confectionnés dans le cours des trois derniers mois, et balancés avec les quantités remises au maître tailleur. La différence représente les matières qui restent entre ses mains. Les économies de coupe figurent pour mémoire au-dessous de la balance, qui est *certifiée* par l'officier d'habillement, *vérifiée* par le major et *arrêtée* par le conseil d'administration.

Registre des comptes ouverts avec les compagnies.

691. Le registre des comptes ouverts avec les compagnies (modèle n° 76) est destiné à recevoir l'inscription, par ordre de date, des effets et des armes qui leur sont délivrés par le magasin et de ceux qu'ils y réintègrent, d'après des *bons* ou *bulletins de versement* nominatifs (modèles n°s 87 à 92), *signés* par le capitaine, *approuvés* par le major ; ces pièces relatent les mutations ou les causes qui donnent lieu aux distributions et aux réintégrations.

Les bulletins de versement indiquent aussi, comme pertes, les effets ou les armes laissés aux hommes passés à d'autres corps, envoyés en congé illimité, réformés, libérés ou retraités, et ceux des hommes morts dans les hôpitaux externes ou en congé, dès que le conseil est informé que la réintégration n'en sera pas faite au magasin (art. 791 et 792). Les bons de petit équipement font connaître la valeur des effets.

Les distributions et réintégrations sont totalisées le dernier jour de chaque trimestre à toutes les sections du registre, et les totaux par compagnie sont reportés sur un état sommaire récapitulatif (modèles n°s 93 et 94) dont le montant est inscrit au registre des recettes et consommations (art. 689).

Les inscriptions faites à chacune des sections du registre des comptes ouverts sont *certifiées* par l'officier d'habillement le premier jour du trimestre suivant et *vérifiées* par le major.

Contrôle général des effets de la 1re catégorie (feuillets mobiles).

692. Le contrôle général des effets de la 1re catégorie (modèle n° 77) est destiné à recevoir l'inscription nominative, dans l'ordre du registre matricule, de tous les sous-officiers, caporaux, soldats et enfants de troupe, ainsi que la désignation des effets de cette catégorie qui leur sont successivement fournis.

Ce contrôle est composé de feuillets mobiles, divisés par cases, dont une est affectée à chaque homme.

Les distributions y sont enregistrées par les chiffres indicatifs de l'année et du trimestre où elles ont lieu. Les effets réintégrés en magasin ou emportés par l'homme qui cesse d'appartenir au corps y sont indiqués par une unité, au bas de leurs colonnes respectives.

Lorsqu'il est délivré des effets ayant déjà fait une partie de leur durée, le nombre de trimestres pendant lequel ils doivent encore servir est inscrit à la suite du chiffre indicatif du trimestre où s'en effectue la distribution.

Lorsque toutes les cases d'un feuillet ont été rayées, ce feuillet est déposé aux archives du corps.

Contrôles généraux des effets de la 2e catégorie, des armes et des instruments de musique.

693. Le contrôle général des effets de la 2e catégorie, celui des armes et celui des instruments de musique (modèles nos 78, 79 et 80), sont destinés à recevoir l'inscription des numéros d'ordre qui sont marqués sur les uns et les autres lorsqu'ils entrent pour la première fois dans les magasins du corps, ainsi que le numéro des compagnies auxquelles ils sont distribués. La cause et la date de leur perte pour le corps y sont également relatées.

Le millésime empreint sur les effets de la 2e catégorie, sur les instruments, est, en outre, porté au contrôle général, avec le nom de l'établissement militaire, du corps ou du fournisseur qui les a livrés.

Lorsqu'un effet, une arme ou un instrument est remis en magasin, cette rentrée est indiquée par la simple radiation du numéro de la compagnie.

Dans les corps organisés sous le titre de *compagnie,* ce numéro est remplacé par le numéro matricule de l'homme détenteur de l'effet ou de l'arme.

Toutefois, l'inscription, sur ces contrôles, des effets de la deuxième catégorie, des armes et des instruments de musique en service dans les portions secondaires, ne mentionne pas le numéro des compagnies auxquelles ils sont délivrés. Cette mention est remplacée par l'indication de la portion de corps dans laquelle ces objets se trouvent.

694. Les dispositions contenues dans les deux articles précédents sont applicables aux contrôles correspondants dont la tenue est prescrite par l'art. 678, dans chaque portion de corps ayant un conseil d'administration secondaire, en ce qui concerne les effets, armes et instruments de musique en service dans cette portion.

Registre des effets de la 1re catégorie rentrés en magasin pour être remis en service.

695. Le registre des effets de la 1re catégorie rentrés en magasin pour être remis en service (modèle n° 81) est destiné à recevoir l'inscription du numéro matricule empreint sur les effets, lorsque le versement en est opéré par les compagnies, de leur durée, exprimée par le nombre de trimestres *parcourus et restant à parcourir*, et du nouveau numéro qui leur est donné quand ils sont remis en distribution.

Registre du classement, par ancienneté de durée, des effets de la 2e catégorie.

696. Le registre du classement, par ancienneté de durée, des effets de la 2e catégorie (modèle n° 82) est destiné à présenter distinctement, pour chaque nature d'effets appartenant à cette catégorie, le nombre d'années accomplies depuis leur première mise en service et leur situation numérique résultant de la balance des gains et des pertes annuels, qui y sont inscrits, le 1er janvier seulement, par extrait récapitulatif du contrôle ou contrôle général.

Sur le registre tenu à la portion centrale, le détail des gains et des pertes ne comprend que les effets en service dans cette portion de corps. A la suite du *reste*, à la fin de l'année, le résultat de la balance des gains et des pertes qui ont eu lieu dans les portions détachées est inscrit *en un seul article pour chacune d'elles*, et totalisé avec l'existant à la portion centrale.

Livret des échantillons et modèles-types.

697. Le livret des échantillons et modèles-types (modèle n° 83) est destiné à recevoir l'inscription, dans l'ordre des dates de leur réception, de tous ceux qui sont envoyés au corps par le ministre.

Lorsqu'un échantillon ou modèle est substitué à un autre, la date de l'annulation de l'ancien est inscrite au livret, où il est, en outre, fait mention de la destination qu'il reçoit.

Matricule du personnel et des effets et armes en service.

698. La matricule du personnel et des effets et armes en service (modèle n° 84) est destinée à recevoir la transcription de tous les renseignements que présente le registre matricule du corps pour les sous-officiers et soldats composant la compagnie, ainsi que l'enregistrement des effets d'habillement, de coiffure, de grand équipement et d'armement qui leur sont distribués, avec indication des époques de réintégration en magasin ou de pertes des effets de la 1re catégorie.

Les feuillets de la matricule sont individuels et mobiles.

Tous les feuillets concernant les militaires qui cessent d'appartenir à la compagnie sont détachés de la matricule et remis ou envoyés, savoir :

1° Ceux des hommes qui, dans le même corps, changent de compagnie, ou qui passent à un autre corps, au nouveau capitaine ou au nouveau corps, *aussitôt après la radiation des contrôles;*

2° Ceux des hommes renvoyés dans leurs foyers pour faire partie de la réserve, aux commandants des dépôts de recrutement, *immédiatement après la délivrance des congés illimités;*

3° Ceux des hommes qui cessent d'appartenir à l'armée, aux archives du corps.

Les feuillets détachés de la matricule pour être envoyés à d'autres corps ou aux commandants des dépôts de recrutement sont *certifiés* par le trésorier, *vérifiés* par le major, et *visés* par le président du conseil d'administration et le commissaire aux revues. Toutefois, dans les portions de corps ayant une administration distincte, la vérification de l'officier remplissant les fonctions de major ne porte que sur les inscriptions qui y ont été faites depuis l'arrivée des militaires dans la portion secondaire ou éventuelle.

Les feuillets que les conseils d'administration reçoivent par suite d'incorporations sont classés aux archives, après que les inscriptions en ont été exactement transcrites, tant au registre matricule qu'à la matricule du personnel et des effets et armes en service.

En conséquence de la disposition qui précède, lorsque les feuillets des militaires venant d'un autre corps parviennent directement à une portion du nouveau corps autre que la portion centrale, ils sont transmis au conseil d'administration central, aussitôt que les renseignements qu'ils présentent ont été reportés sur les feuillets établis pour ces militaires, dans la matricule du personnel et des effets et armes en service de la compagnie où s'effectue leur incorporation.

La même règle est suivie à l'égard des états signalétiques, des actes d'engagement ou de remplacement, et des autres pièces concernant les jeunes soldats, les engagés volontaires et les remplaçants, dont l'incorporation s'effectue directement dans une portion secondaire du corps.

Aussitôt après l'immatriculation des militaires désignés dans les deux paragraphes précédents, le conseil d'administration central fait connaître au conseil d'administration secondaire le numéro matricule de chacun de ces militaires.

Livre de détail.

699. Le livre de détail (modèle n° 85) est destiné à présenter dans l'ordre ci-après, et en autant de chapitres que l'arme le comporte, les renseignements indiqués par le titre même de chacun de ces chapitres, savoir :

CHAPITRE 1ᵉʳ. *Renseignements sur la position de la compagnie.*

Les mouvements s'inscrivent au fur et à mesure qu'ils s'effectuent.

CHAP. 2. *Renseignements relatifs aux allocations de vivres de campagne, d'indemnités et de fournitures extraordinaires.*

Les inscriptions se font sur la mise à l'ordre du jour, ou sur la communication des décisions de l'autorité compétente.

CHAP. 3. *Situations et mutations journalières.*

La situation est établie chaque matin, d'après les mutations survenues pendant la journée précédente. Les mutations sont inscrites nominativement.

CHAP. 4. *Contrôle annuel des officiers.*

Les officiers sont inscrits par ordre de grade et de classe.

Il est affecté à chaque grade ou classe un nombre de cases *triple* de celui que forme le complet de ce grade ou de cette classe.

Les mutations s'inscrivent *jour par jour.* Leur rédaction doit relater soigneusement les dates, ainsi que les causes d'absence, de départ définitif ou de mort ; le lieu de destination, en cas de mission, de congé ou d'entrée à l'hôpital, et celui du décès.

L'officier qui cesse de compter à l'effectif est rayé de la case qu'il occupait.

Celui qui obtient de l'avancement sans changer de compagnie est aussi rayé ; mais il est reporté dans la case que lui assigne son nouveau grade ou sa nouvelle classe.

CHAP. 5. *Contrôle annuel des hommes de troupe et comptes courants de leur masse individuelle.*

Les hommes de troupe sont inscrits par ordre de grade et de classe, et, dans chaque grade ou classe, par rang d'ancienneté, sous les mêmes numéros qu'au contrôle général tenu par le major. Dans la compagnie ou la section *hors rang*, ils sont placés dans le même ordre qu'aux tableaux annexés aux ordonnances d'organisation.

Les 2e, 3e, 4e et 5e §§ du chapitre 4 sont communs aux hommes de troupe. Le dernier est, en outre, applicable aux sous-officiers et caporaux qui perdent leur grade et aux soldats de la première classe qui descendent à la seconde.

L'inscription aux *comptes courants* des recettes et dépenses de la masse individuelle se fait d'après les principes développés au chapitre II du titre IX de la présente ordonnance, et aux époques indiquées ci-après, savoir :

RECETTES.

Première mise ou supplément de première mise.	Au moment de l'incorporation des hommes ou de la mutation qui leur donne droit à un supplément.
Produit de la prime journalière. .	Le premier jour de chaque trimestre, pour toutes les journées acquises pendant le trimestre précédent; et, en ce qui regarde les hommes rayés du contrôle ou entrant dans une position d'absence, au moment où la mutation est portée au contrôle annuel (sauf, s'il y a lieu, à rectifier ultérieurement les inscriptions, d'après la feuille de décompte de la masse; article 746).

24

Versements faits par les hommes.	Au moment où ils s'effectuent entre les mains du capitaine.
Avoir à la masse des hommes venus d'autres corps ou d'autres compagnies ou détachements du corps. . . . . Ancien avoir à la masse des hommes rentrés après radiation des contrôles du corps. . . . . Premier avoir à la masse des remplaçants.	À l'époque de l'inscription des hommes au contrôle annuel.
Excédant du complet réglementaire de la masse des hommes *présents*. Avoir à la masse des hommes *présents* qui quittent le service ou qui sont promus adjudants ou sous-lieutenants.	Au moment où le paiement est fait aux hommes.
Débet à la masse des hommes venus d'autres corps ou d'autre compagnies ou détachements du corps Ancien débet à la masse des hommes rentrés après radiation des contrôles du corps.	À l'époque de l'inscription des hommes au contrôle annuel.
Prix des effets de petit équipement fournis aux hommes par le magasin du corps.	Au moment où les effets sont remis aux hommes.
Montant des mandats délivrés aux hommes voyageant isolément, pour avances en argent ou fournitures d'effets de petit équipement.	Au moment où le capitaine connaît l'inscription faite sur la feuille de route ou reçoit communication du mandat ou du relevé.
Prix des réparations d'effets ou armes laissés au compte des hommes.	Au moment où le capitaine signe le bulletin de réparation.
Montant des pertes et dégradations d'effets de casernement, de campement ou d'hôpital, et des dégradations dans les bâtiments de l'État ou chez l'habitant, mises à la charge des hommes. . . .	Dès que l'état de répartition dressé par l'officier de casernement a été communiqué au capitaine, ou, en cas de départ du débiteur, au moment de la mutation et sur note appréciative approuvée par le major.

Moins-value des effets et armes perdus ou mis hors de service.

{ Lorsque la notification est faite au capitaine de l'approbation donnée par le commissaire aux revues au bulletin d'imputation.

Les *comptes courants* de la masse individuelle de tous les hommes qui figurent au contrôle annuel sont réglés et signés par le capitaine, à la date du premier jour de chaque trimestre, sauf le cas où il n'y aurait eu ni recette ni dépense pendant le trimestre précédent, et lorsqu'ils entrent dans une position d'absence ou qu'ils cessent d'appartenir à la compagnie.

Les hommes présents signent le règlement de leur compte. L'officier de section signe pour ceux d'entre eux qui ne peuvent remplir cette formalité et pour les absents.

Si, après le règlement du compte, il y a lieu de le rectifier, ce compte est arrêté de nouveau, en *toutes lettres*, et signé ainsi qu'il est prescrit dans les paragraphes qui précèdent.

CHAP. 6. *Solde de la troupe et rations diverses perçues.*

Les prestations en deniers et en nature sont inscrites au fur et à mesure des perceptions, et totalisées par trimestre.

Dès que le commissaire aux revues a vérifié la feuille de journées, le montant des allocations est balancé avec celui des perceptions, pour faire ressortir les trop-perçus ou les moins-perçus.

CHAP. 7. *Liste des travailleurs.*

Les sommes retenues aux travailleurs et celles attribuées aux hommes qui les remplacent dans leur service, et qui doivent être remises au capitaine, lorsque leur masse est incomplète (art. 725), sont inscrites au fur et à mesure que cet officier les reçoit.

CHAP. 8. *Compte ouvert avec le magasin d'habille-*

ment pour *les effets de la* 1re *catégorie et les galons.*

CHAP. 9. *Compte ouvert avec le magasin d'habillement pour les effets de la* 2e *catégorie et les armes.*

Les distributions effectuées par le magasin d'habillement et les réintégrations qui s'y font sont inscrites, par ordre de date, d'après les quantités relatées aux bons, bulletins de versement ou procès-verbaux de réforme. Les unes et les autres sont totalisées par trimestre.

Les effets à l'usage particulier du *tambour-major*, du *chef de musique* et des *caporaux-tambours* (3e chapitre du registre des recettes et consommations du service de l'habillement), sont portés dans un tableau spécial, à la suite du chapitre 9 du livre de détail de la compagnie *hors rang.*

CHAP. 10. *Compte ouvert aux effets de casernement.*
CHAP. 11. *Compte ouvert aux effets de campement.*

Les réceptions et réintégrations s'inscrivent par ordre de date. Elles sont balancées à l'expiration de chaque trimestre, et lorsque tous les effets de casernement ou de campement en service sont rendus aux agents qui doivent en compter.

CHAP. 12. *Enregistrement des bons d'effets de petit équipement reçus du magasin d'habillement.*

Les bons s'inscrivent successivement, par ordre de date, par nature d'effets, avec indication de leur valeur ; ils sont additionnés le premier jour de chaque trimestre ; leur montant doit être égal à celui de la colonne de la feuille de décompte de la masse individuelle, où est portée la valeur des effets de petit équipement distribués aux hommes pendant le trimestre précédent.

CHAP. 13. *Enregistrement sommaire des bordereaux ou relevés, et des états de répartition,*

*pour réparations, dégradations et autres rem-
boursements mis au compte des hommes.*

L'inscription du montant des réparations exécutées
aux effets et aux armes se fait à l'époque de la totalisation du bordereau d'enregistrement ou du relevé
des bulletins délivrés pendant le trimestre, et celle
des autres imputations à faire sur la masse individuelle, lorsque les états de répartition sont communiqués au capitaine.

CHAP. 14. *Situation générale des masses individuelles après l'arrêté des comptes de chaque trimestre.*

La situation des masses est relevée sur les feuilles
de décompte trimestriel ; elle présente le nombre de
masses au complet, au-dessous du complet et en débet ;
elle indique aussi leur taux moyen.

CHAP. 15. *Table des numéros d'ordre empreints
sur les effets de la 2ᵉ catégorie et sur les armes,
indiquant le numéro matricule des hommes qui
en sont détenteurs.*

Les numéros des effets et armes en service au jour
de l'établissement ou du renouvellement des tables
sont inscrits dans leur ordre progressif ; les autres le
sont au fur et à mesure des remplacements ou distributions.

Dans les corps qui ne comportent pas l'emploi de
tous les chapitres du livre de détail, chacun de ceux
qui sont à leur usage conserve néanmoins le numéro
qui lui est affecté par le présent article.

Les chapitres 8, 9, 12 et 15 ne font pas partie du
livre de détail des corps organisés sous le titre de
compagnie.

Le livre de détail est renouvelé le 1ᵉʳ janvier de
chaque année. Celui de l'année précédente est déposé
aux archives, après la vérification de la feuille de
journée et de la feuille de décompte de la masse individuelle du quatrième trimestre.

24.

TITRE VII.

DU LIVRET DES HOMMES DE TROUPE.

Livret des hommes de troupe.

700. Chaque homme de troupe reçoit, à son arrivée au corps, un livret (modèle n° 95) qui est signé par le major, et sur lequel les renseignements qui constatent son état civil, son signalement et le titre sous lequel il a été incorporé, ont été exactement transcrits d'après la matricule de la compagnie.

Tous les autres renseignements que présente cette matricule sont transcrits sur le livret; il contient aussi la nomenclature réglementaire des effets de petit équipement et de petite monture; l'inscription des recettes et dépenses de la masse individuelle; et, enfin, les dispositions de lois ou règlements dont le soldat doit avoir incessamment le texte sous les yeux.

Homme qui passe à un autre corps.

701. L'homme qui passe d'un corps à un autre y reçoit, à son arrivée, un nouveau livret.

Le livret ne peut être retiré à l'homme.

702. Le livret est la propriété du militaire à qui il est délivré. Il ne peut lui être retiré sous aucun prétexte, même lorsqu'il lui en est donné un nouveau, ou qu'il quitte le service.

Inscriptions faites en présence de l'homme.

703. Les effets et armes qui sont distribués aux hommes, et les articles de recette et de dépense de leur masse, sont inscrits en leur présence au livret.

Le capitaine arrête et signe le livret.

704. Le capitaine *arrête et signe* sur le livret des hommes présents les comptes courants de leur masse individuelle, aux époques et dans les circonstances prescrites par l'art. 699 pour le règlement de ces comptes sur le livre de détail.

TITRE VIII.

DE LA SOLDE ET DES ACCESSOIRES DE SOLDE.

CHAPITRE PREMIER.

DU TRAITEMENT DES OFFICIERS.

Le traitement des officiers est payable par mois.

705. La solde et les accessoires de solde des officiers sont payables, à titre de *traitements*, par mois et à terme échu, dans les trois jours qui suivent la date à laquelle la perception en a été faite par le trésorier.

Feuille d'émargement portant décompte.

706. Les officiers présents au dernier jour du mois sont portés nominativement, avec décompte du traitement acquis à chacun d'eux, sur une *feuille d'émargement* (modèle n° 96), certifiée par le trésorier, vérifiée par le major, et sur laquelle ils apposent leur signature au moment où le paiement leur est fait. Les quittances de ceux qui, ne stationnant pas dans la résidence du conseil, ne peuvent remplir cette formalité, restent annexées à ladite feuille.

Traitement payé à l'officier partant. Certificat de cessation de paiement.

707. L'officier qui entre dans une position d'absence, qui passe à une autre portion du corps, ou qui cesse d'en faire partie, est intégralement payé à l'époque de son départ (par exception à l'art. 705) du

traitement qui lui est acquis ; sa quittance doit porter
décompte des prestations composant ce traitement.

Il lui est remis un *certificat de cessation de paiement*
(modèle n° 97), signé par le trésorier, vérifié par le
major, revêtu du visa du président du conseil d'administration et de celui du commissaire aux revues.
Cette pièce relate les retenues dont l'officier peut
rester passible, soit au profit de l'Etat ou du corps,
soit pour délégation souscrite en faveur de ses ascendants, descendants, femme ou enfants, soit pour dettes
contractées envers des particuliers, lorsque le ministre
en a autorisé le remboursement direct aux créanciers.

Versement à la caisse des gens de mer du traitement acquis aux
officiers décédés.

708. Le traitement acquis aux officiers décédés est
versé, sous la déduction de la somme qu'ils peuvent
devoir à l'Etat ou au corps, et s'il y a lieu, des frais
d'inhumation et de la dernière maladie, entre les
mains des caissiers des gens de mer, qui en demeurent comptables envers les héritiers.

Le décompte qui sert de base au versement, et à
l'appui duquel doit rester le récépissé délivré au trésorier, fait connaître, le cas échéant, la cause de la
différence entre le traitement intégral porté en dépense au registre journal et la somme mentionnée
dans ce récépissé.

Si la dette de l'officier décédé excède le montant
de sa créance sur le corps, le conseil constate cette
circonstance dans un décompte explicatif qu'il adresse
immédiatement au commissaire aux revues, et que celui-ci transmet, avec ses observations, au commissaire
général ou ordonnateur, qui le fait parvenir au ministre, en donnant son avis sur la légalité des imputations mises à la charge de la succession. Au bas de ce
décompte doivent être indiqués le dernier domicile
du défunt et, autant que possible, celui de ses héritiers.

Un duplicata de cette pièce demeure entre les mains du trésorier, comme justification de l'inscription qu'il fait, au registre-journal, de la somme qu'il a payée avec l'autorisation du conseil, en vertu du présent article.

Mode de remboursement des sommes payées en trop ou en moins.

709. Il est dressé pour chaque trimestre, par le trésorier, aussitôt qu'il a reçu les feuilles de journées vérifiées par le commissaire aux revues, un *état comparatif* (modèle n° 98) des traitements dont ces feuilles constatent l'allocation au profit des officiers, et des paiements qui leur ont été faits. Ceux qui ont touché plus ou moins que ce qui leur revenait y sont désignés nominativement, avec la somme afférente à chacun d'eux. Les créanciers reçoivent le complément auquel ils ont droit, et les débiteurs versent dans la caisse du trésorier ce qu'ils avaient reçu en trop. Les uns et les autres émargent l'état comparatif.

Rations perçues en trop; retenues sur la solde des capitaines.

710. Au premier paiement mensuel du traitement des officiers, qui suit la vérification des feuilles de journées par le commissaire aux revues, retenue est faite, à chaque capitaine, du prix des rations de vivres et chauffage qui ont été reçues en *trop*, pendant le trimestre précédent, par la compagnie qu'il commande, sur les bons établis d'après les situations qu'il a produites. Mais, si la comparaison des feuilles de journées avec les bordereaux de fournitures fait ressortir *un moins-perçu* en denrées de même espèce dans les autres compagnies, la valeur de ce moins-perçu entre proportionnellement en déduction du débet de chacun des capitaines.

Les sommes à retenir font l'objet d'un *extrait* (modèle n° 99) du registre des distributions, qui est certifié par le trésorier, et sur lequel les capitaines figurent nominativement. Ils l'émargent au moment où le prélèvement de ces sommes est opéré sur leur traitement, et le montant en est versé au Trésor.

Si l'ensemble des débets remboursés par les capitaines, dans les différentes portions du corps, excède le montant du *trop-perçu en nature* constaté par la revue, la différence est versée par la solde à la masse générale d'entretien.

CHAPITRE II.

DU PRÊT.

Perception du prêt.

711. En France et dans les colonies, la solde et les accessoires de solde des hommes de troupe sont payables, à titre de *prêt*, par le trésorier, entre les mains du capitaine, les 1er, 6, 11, 16, 21 et 26 du mois, pour le nombre de jours formant l'intervalle de chacune de ces dates à la date suivante exclusivement.

La solde des troupes embarquées pour former la garnison des bâtiments de l'État est perçue mensuellement par le capitaine.

Il est payé d'avance ou à terme échu.

712. Le capitaine perçoit le prêt, *d'avance* sur le pied de paix, et *à terme échu* lorsque les vivres de campagne sont fournis et que la troupe ne fait pas ordinaire, sur une *feuille de prêt* portant décompte (modèle n° 100) certifiée et quittancée par lui, et que le trésorier vérifie avant d'en payer le montant.

Le prêt peut être reçu par le sergent-major.

713. Le montant de la feuille de prêt peut être payé au sergent-major, sur la présentation de cette feuille revêtue de l'acquit du capitaine.

Remise immédiate au capitaine.

714. Le sergent-major remet sur-le-champ à son capitaine la somme qu'il a touchée chez le trésorier.

Responsabilité du capitaine.

715. La disposition de l'article 656, qui rend le capitaine responsable des sommes payées sur ses quittances, est applicable au cas où il fait recevoir le prêt par le sergent-major, à moins de circonstances extraordinaires dont l'appréciation appartient au ministre.

Renseignements mentionnés sur la feuille de prêt.

Feuille supplémentaire et feuille spéciale.

716. Les hommes sont portés sur la feuille de prêt par la désignation de leurs grades et de leur nombre dans chaque grade. Le décompte s'établit sur l'effectif des présents au jour de la perception même, lorsque le prêt est payable *d'avance*, et sur celui des présents au jour de la dernière perception, s'il est payable à terme échu.

Les mutations survenues dans l'intervalle d'un paiement à l'autre sont inscrites sur la feuille de prêt, nominativement autant que possible, avec les augmentations et diminutions auxquelles elles donnent lieu, sauf l'exception mentionnée au paragraphe suivant, et le capitaine consigne, à la fin de cette feuille, les renseignements propres à justifier ou à éclaircir les rappels ou déductions dont l'explication n'aurait pas trouvé place dans l'espace affecté aux décomptes et aux mutations.

La feuille établie le 1er jour du trimestre ne doit point rapporter les mutations applicables au temps écoulé depuis le dernier prêt. Elles sont l'objet d'une feuille supplémentaire portant décompte, lorsqu'elles donnent droit à un rappel.

Si la compagnie passe du pied de paix au pied de guerre, et *vice versâ*, la feuille de prêt n'embrasse que le nombre de jours qui précèdent la date à laquelle s'opère cette transition, et il en est fait une spéciale pour les journées postérieures.

Cas d'incorporation dans l'intervalle d'un prêt à l'autre.

717. Lorsque, dans l'intervalle des époques assignées par l'article 711, un certain nombre d'hommes sont incorporés simultanément et que le commandant de la compagnie qui les reçoit réclame la somme nécessaire pour leur faire le prêt jusqu'à la fin de la période commencée, cette somme lui est payée sur une feuille spéciale.

Distribution du prêt.

718. La distribution du prêt est faite aux hommes et aux chefs d'ordinaire, d'après le mode, dans les proportions et aux époques déterminées par le règlement sur le *service intérieur*.

Bordereau récapitulatif du paiement du prêt.

719. Le trésorier récapitule, dans un *bordereau* (modèle n° 101) qu'il certifie, les feuilles de prêt dont il a payé le montant dans le jour, et les porte en dépense en un seul article, d'après le total de ce bordereau.

État comparatif des allocations et des perceptions.

720. Dès que les feuilles de journées ont été vérifiées par le commissaire aux revues, le capitaine dresse un *état comparatif* (modèle n° 102) des sommes qu'il a perçues pour *prêt* pendant le trimestre et de celles dont ces feuilles constatent l'allocation au profit de la compagnie, à titre de solde et accessoires de solde de la troupe. Cet état est remis au trésorier, qui, après s'être assuré de son exactitude, le *certifie* conjointement avec le capitaine. La somme perçue en trop est versée par le capitaine dans la caisse du trésorier. S'il ressort un moins-perçu, le montant en est remis au capitaine.

Tous les états comparatifs sont récapitulés par le trésorier dans un *bordereau* (modèle n° 103) qu'il certifie, et dont le montant ne fait qu'un seul article de recette ou de dépense, selon le cas.

Destination à donner aux feuilles de prêt.

721. Les feuilles de prêt sont déposées aux archives du corps, après la vérification trimestrielle de la comptabilité par le commissaire aux revues.

CHAPITRE III.

DISPOSITITIONS PARTICULIÈRES AUX DÉTACHEMETS.

Paiements aux détachements éloignés de la résidence du conseil central.

722. Lorsque les détachements qui se trouvent dans le ressort d'un conseil sont trop éloignés du lieu où il siége pour que les parties prenantes puissent venir en personne recevoir leur traitement ou percevoir le prêt chez le trésorier, les fonds nécessaires sont remis par ce comptable, soit aux officiers ou sous-officiers que les commandants des détachements ont envoyés pour venir les recevoir, soit à ceux que le président a désignés pour aller les porter. Dans l'un et l'autre cas, les dépositaires de ces fonds en donnent reçu au bas du titre constatant leur mission. Ce titre leur est rendu en échange des quittances des parties prenantes.

TITRE IX.

CHAPITRE PREMIER.

DE L'OBJET DE LA MASSE.

La masse individuelle fournit et entretien les effets dits de *petit équipement.*

723. La masse individuelle est destinée à pourvoir et à entretenir les hommes de troupe de tous grades des effets de linge et chaussure et autres quelconques

25

compris sous la dénomination générique d'*effets de petit équipement*, dans les nomenclatures annexées au règlement sur le service de l'habillement.

L'objet de cette masse, en ce qui concerne les maîtres ouvriers, est de leur fournir les moyens de se procurer, de faire réparer, et de renouveler les effets d'habillement, de coiffure, de grand et de petit équipement dont le règlement précité laisse la première mise et le remplacement à leur charge.

Des allocations spéciales sont faites, dans le même but, aux adjudants, qui les perçoivent avec la solde.

CHAPITRE II.

DES RECETTES ET DÉPENSES DE LA MASSE.

Énumération des recettes et dépenses.

724. Les *recettes et dépenses* du fonds de la masse individuelle se composent des articles suivants, savoir:

RECETTES.

1° Sommes perçues pour premières mises et primes journalières;

2° Versements faits par les capitaines, des sommes qu'ils ont reçues des hommes (art. 725);

3° Versements faits par les remplacés au corps (art. 726);

4° Versements faits par d'autres corps, de l'avoir des hommes qui en sont venus (art. 733), ou remboursement du débet de ceux qui y sont passés (art. 734);

5° Versements faits par la masse générale d'entretien (art. 730, 743 et 744).

DÉPENSES.

1° Achat des effets de petit équipement;

2° Paiements faits entre les mains des capitaines, des sommes revenant aux hommes (art. 727 et 729);

3° Versements faits à d'autres corps, de l'avoir des hommes qui y sont passés (art. 733), ou remboursement du débet de ceux qui en sont venus (art. 734);

4° Versements faits à la caisse des *gens de mer* pour le compte des héritiers des hommes décédés (art. 731);

5° Versements ou paiements faits au Trésor, ou à des tiers, du montant des avances effectuées sur les fonds de l'*indemnité de route* (art. 738) et des pertes, dégradations, réparations et autres imputations à la charge des hommes (art. 739 à 741);

6° Versements faits à la masse générale d'entretien (art. 742 et 744);

7° Envois de l'avoir à la masse des hommes en congé illimité, ou qui ont quitté le service étant absents du corps (art. 730).

Versements que font les hommes pour accroître leur masse.

725. Les hommes dont la masse est au-dessous du complet réglementaire peuvent en augmenter l'*avoir* jusqu'à concurrence de ce complet, au moyen de versements qu'ils font entre les mains de leur capitaine.

Les travailleurs et les hommes qui les remplacent dans leur service remettent à leur capitaine la moitié du salaire qu'ils touchent respectivement, jusqu'à ce que leur masse ait atteint le complet.

Les sommes que les capitaines ont reçues pour augmenter l'avoir des masses sont versées par eux, à la fin de chaque mois, dans la caisse du trésorier.

Le trésorier (nonobstant les dispositions du 1er § de l'art. 684) n'en fait qu'un seul article de recette par trimestre, appuyé d'un *bordereau* (modèle n° 104) qui est certifié par lui et vérifié par le major, et sur lequel a été préalablement inscrite et émargée par chaque capitaine la somme dont il a effectué le versement.

Sommes à verser par les remplacés au corps.

726. Le militaire remplacé au corps par un homme qui y est étranger est tenu de verser, au compte de

son remplaçant, une somme égale au complet réglementaire de la masse, et, de plus, le montant de la première mise de petit équipement fixée pour l'arme.

Si la masse du remplacé est obérée, il doit, en outre, rembourser au corps le montant de son débet.

Paiement trimestriel de l'excédant du complet de la masse.

727. L'excédant au complet réglementaire de la masse, constaté par la feuille de décompte établie par le capitaine, conformément à l'art. 746, est payé intégralement, aussitôt qu'elle a été vérifiée par le major, aux compagnies, pour les hommes qui sont alors *présents*, quelles que soient les imputations dont ils peuvent être devenus passibles depuis le premier jour du trimestre.

Dans la compagnie de discipline, le capitaine ne paie les excédants de masse qu'aux époques et dans les proportions réglées individuellement ou collectivement, sur sa proposition, par le préfet maritime.

Les hommes qui s'absentent momentanément du corps en vertu d'un congé de convalescence reçoivent, au moment de leur départ, l'excédant qui leur est acquis suivant l'arrêté de compte de leur masse.

Les hommes qui quittent le corps par congé *illimité* reçoivent aussi, au moment de leur départ, le même excédant de masse.

Le montant des excédants est remis par le trésorier aux capitaines, sur *états nominatifs* (modèle n° 105) certifiés et quittancés par eux et vérifiés par le major.

Le trésorier établit (modèle n° 106) un *bordereau récapitulatif* de ces états, et le certifie à la somme totale des paiements effectués, qu'il inscrit en un seul article au registre journal des recettes et dépenses.

Les sommes payées aux capitaines pour excédants de masse sont portées en dépense par le trésorier au titre du trimestre où il en fait la remise à ces officiers, pour être distribuées aux hommes et inscrites à leurs comptes courants (art. 699, chap. V).

Extrait du livre de détail, pour déterminer la situation de la masse des hommes rayés des contrôles.

728. Dès qu'un homme, présent ou absent, passe à un autre corps, à une autre portion de corps, ou quitte le service, le capitaine remet au trésorier un *extrait* (modèle n° 107) du livre de détail, constatant la situation de la masse de cet homme. L'extrait est visé par le major, après vérification.

La présente disposition est applicable aux sous-officiers qui sont promus adjudants ou sous-lieutenants.

Tous les hommes rayés simultanément du contrôle sont compris sur le même extrait.

Paiement de l'avoir à la masse des hommes présents quittant le service ou promus adjudants ou sous-lieutenants.

729. L'avoir à la masse des hommes *présents* qui quittent le service, ou qui sont promus adjudants ou sous-lieutenants, est payé aux premiers à l'époque de leur radiation des contrôles du corps, et aux autres lors de leur promotion.

La somme qui leur revient est, à cet effet, remise au capitaine, qui en donne quittance au bas de l'extrait du livre de détail mentionné en l'art. 728.

Paiement de l'avoir à la masse des hommes en congé illimité. Cas où la masse de l'homme est en débet.

730. L'avoir à la masse des hommes mis en congé illimité (déduction faite de l'excédant s'ils sont présents), et des hommes qui sont absents du corps lorsqu'ils quittent le service, est envoyé aux premiers à l'époque de leur libération, et aux autres immédiatement après leur radiation des contrôles, lorsque le conseil, d'après les mandats qui ont dû lui être adressés, ou d'après d'autres documents authentiques, a pu vérifier s'il ne leur a point été fait d'avances en argent ou en effets de petit équipement depuis leur départ. A défaut de preuve ou d'avis officiel à cet égard, la certitude qu'ils n'ont reçu aucune avance est réputée acquise six mois après la date du congé illimité ou de la radiation.

Le montant des imputations dont ces hommes sont devenus passibles depuis leur départ du corps est porté en dépense dans la feuille de décompte spéciale (art. 746).

Si l'imputation à faire sur la masse de l'homme excède son *avoir*, la différence est versée à la masse individuelle par la masse générale d'entretien et portée en recette sur la feuille de décompte.

Cette dernière disposition est applicable au cas où l'homme dont la masse était en débet à l'époque de sa radiation des contrôles reçoit, après cette radiation, un paiement ou une fourniture à titre d'avance.

Avoir des hommes décédés après libération du service.

731. L'*avoir* à la masse des hommes définitivement libérés du service qui décèdent avant qu'il leur ait été payé est acquis à leurs héritiers ou ayants droit, et versé (après les justifications et sous les réserves spécifiées en l'art. 730) entre les mains des caissiers des gens de mer, qui en demeurent responsables.

Mode d'envois ou de versements de fonds.

732. Les envois de fonds à faire par les corps, en conformité de l'art. 730, s'effectuent d'après le mode concerté avec le directeur de la caisse des dépôts et consignations (1).

Les versements de fonds à faire dans la caisse des gens de mer, en vertu de l'art. 731, s'effectuent d'après le mode en usage dans le département de la marine.

_____

(1) Ce mode est le même que celui qui est employé pour les troupes du département de la guerre.

Avoir à la masse des hommes passant à d'autres corps.

733. L'avoir des hommes qui passent à un autre corps est remis ou envoyé sans délai à ce corps.

Débet à la masse des hommes passant à d'autres corps.

734. Le débet des hommes passant à un autre corps est couvert par la remise que fait le nouveau corps à l'ancien d'une somme équivalente prélevée sur le fonds de la masse individuelle.

Fonds de masse des hommes passant d'une portion de corps à une autre.

735. L'avoir ou le débet à la masse individuelle des hommes qui passent d'une portion de corps à une autre portion du même corps ne donne lieu à aucun mouvement de fonds. Il est seulement fait envoi, à titre de renseignement, de l'extrait du livre de détail mentionné à l'art. 728. Cet extrait est signé par le trésorier et vérifié par le major.

Produits de la masse des hommes faisant partie des portions détachées.

736. A l'expiration de chaque trimestre, les produits de la masse individuelle des militaires faisant partie d'une portion secondaire sont envoyés au conseil d'administration central, après déduction d'une somme affectée aux besoins de cette portion, et calculée sur le pied de *dix* francs par homme en France, et de *cinq* francs dans les colonies.

Quant à la prime journalière acquise, depuis leur séparation d'une portion centrale ou secondaire, par les détachements faisant partie d'une expédition maritime ou embarqués pour tenir garnison à bord des bâtiments de l'Etat, elle est perçue et conservée en totalité par les conseils éventuels ou par les chefs de détachements.

Bulletin de situation de la masse à établir pour constater l'avoir ou le débet. — Etat des produits de masse. — Mode d'envoi.

737. Pour l'exécution des art. 733, 734 et 736, le trésorier ou l'officier payeur dresse en double expédition :

1° Lorsqu'il s'agit de militaires changeant de corps, un bulletin de situation de leur masse individuelle à l'époque de leur départ. Ce bulletin, conforme au modèle n° 108, est établi au titre du corps qui doit recevoir les hommes ;

2° Lorsqu'il s'agit de l'envoi des nouveaux produits de masse individuelle des militaires faisant partie d'une portion secondaire, un état de situation conforme au modèle n° 109, indiquant les recettes effectuées pendant le trimestre, la somme prélevée sur le montant de ces recettes et celle qui est envoyée au conseil central.

Ces bulletins et états de situation sont certifiés par le trésorier ou l'officier payeur, vérifiés par le major et visés par le commissaire aux revues.

La somme qui, d'après les bulletins ou états de situation, doit être envoyée à un autre corps ou à la portion centrale du corps, est versée, en France, dans la caisse du receveur des finances, et dans les colonies, dans celle du trésorier colonial, en échange d'un mandat payable sur l'acquit du conseil d'administration qui doit effectuer la recette.

Le receveur ou le trésorier colonial inscrit au bas de l'une des expéditions de chaque bulletin ou état de situation le récépissé de la somme qu'il a reçue ; l'autre expédition est adressée par le conseil, avec le mandat, à la portion centrale, ou au corps dont les hommes vont faire partie.

L'envoi d'une des expéditions du bulletin mentionné au 1er § a lieu même dans le cas où cette pièce a seulement pour objet de constater que, balance faite de l'avoir ou du débet à la masse des hommes qui y

figurent, le corps d'où ils sortent est constitué créan-
cier de celui dans lequel ils entrent, afin de mettre
celui-ci en demeure de faire parvenir à l'autre la
somme dont il se trouve débiteur envers lui.

Versement trimestriel au Trésor du montant des avances ou fournitures faites sur les fonds de l'indemnité de route.

738. Le montant des avances ou des fournitures
d'effets de petit équipement faites pendant chaque
trimestre, par les départements de la marine et de la
guerre, aux militaires isolés, est versé par le trésorier
dans la caisse du receveur des finances, d'après un
extrait du registre des avances (modèle n° 110),
établi en double expédition et certifié par le conseil,
après qu'il a arrêté ce registre.

Le receveur délivre au trésorier un récépissé et une
déclaration du versement de la somme qu'il reçoit. Le
récépissé est adressé, avec une expédition de l'extrait susmentionné, au commissaire aux revues, qui
donne à ces pièces la destination prescrite par les
règlements sur la comptabilité financière ; la déclaration reste entre les mains du trésorier, comme justification de la dépense portée au registre-journal.

Les paiements effectués pendant l'exercice qui
précède le trimestre où ils ont été inscrits au registre
des avances font l'objet d'un versement distinct au
titre de ce même exercice.

Imputations sur la masse individuelle, pour réparations aux effets et aux armes.

739. Le prix de réparation des effets ou armes dont
la dégradation provient de la faute des hommes (art.
654) est imputé sur leur masse individuelle, et payé
aux ouvriers d'après les règles établies au chapitre IV
du présent titre, ou versé au Trésor, dans le cas spé-
cifié en l'art. 764.

Imputation sur la masse individuelle pour pertes et dégradations d'effets de casernement, etc.

740. Le montant des pertes et dégradations d'ef-

fets de casernement, de campement ou d'hôpital, et des dégradations dans les bâtiments de l'État ou chez l'habitant, imputables aux hommes de troupe, est payé aux ayants droit ou versé au Trésor, selon le cas, au moyen d'un prélèvement sur les fonds de la masse individuelle.

Les retenues à opérer pour couvrir ce fonds de la somme dont il a fait l'avance s'effectuent par l'inscription de la part contributive de chaque homme à son compte courant, d'après l'état que l'officier chargé du casernement a dressé pour en régler la répartition entre les compagnies, et qui est communiqué aux capitaines après avoir été revêtu du visa du major.

Lorsque les pertes ou dégradations ont été commises par des hommes qui entrent dans une position d'absence ou qui cessent d'appartenir à la compagnie, l'officier de casernement, et, à son défaut, le capitaine, en dresse lui-même une note appréciative, qui, après avoir été revêtue de l'approbation du major, sert de base aux inscriptions à faire aux comptes courants des débiteurs.

Les paiements que fait le trésorier en exécution du présent article sont portés en dépense au titre du trimestre pendant lequel les imputations ont été ou doivent être inscrites aux comptes courants.

Imputation sur la masse individuelle pour la moins-value des effets et la valeur des armes perdus ou mis hors de service par la faute des hommes.

741. Le prix intégral des armes et la moins-value des effets et des instruments de musique qui sont perdus ou qui sont reconnus hors du service par la faute des hommes sont imputés sur leur masse individuelle. Le montant de la perte ou de la moins-value est constaté par un *bulletin* (modèle n° 111) établi par le capitaine, certifié par lui et par l'officier d'habillement, revêtu de l'avis du conseil sur la justice de

l'imputation, et approuvé par le commissaire aux revues.

Ces dispositions sont communes aux effets que les hommes venant d'un autre corps ne peuvent représenter à leur arrivée, ou qui sont reconnus hors de service, bien qu'ils n'aient pas accompli leur durée réglementaire.

Dans les dix premiers jours de chaque trimestre, le montant des imputations applicables au trimestre précédent est versé par le trésorier dans la caisse du receveur des finances (et, aux colonies, dans celle du trésorier colonial); d'après un *état récapitulatif* (modèle n° 112) que l'officier d'habillement dresse en double expédition, au moyen des bulletins dont il est resté dépositaire, et que le conseil arrête, sur la remise qui lui en est faite par le major.

Le récépissé que le receveur ou trésorier colonial délivre au trésorier du corps est adressé au commissaire aux revues, pour recevoir la destination prescrite par les règlements sur la comptabilité financière.

Une déclaration du versement est inscrite par le receveur au bas de l'expédition de l'état récapitulatif, qui doit, avec les bulletins, demeurer entre les mains du trésorier, comme justification de la dépense portée au registre journal.

Avoir des hommes désertés, disparus, prisonniers de guerre ou morts.

742. L'*avoir* des hommes condamnés à une peine afflictive ou infamante, désertés, disparus ou prisonniers de guerre, et de ceux qui sont morts soit dans une position de présence ou d'absence, soit dans la réserve, est versé à la masse générale d'entretien (2e portion).

Débets des hommes en congé illimité, désertés, disparus, prisonniers de guerre, réformés, libérés, retraités ou morts.

743. Le *débet* des hommes mis en congé illimité,

condamnés à une peine afflictive ou infamante, désertés, disparus, prisonniers de guerre, réformés, libérés, retraités ou morts, tombe à la charge de la masse générale d'entretien (2ᵉ portion), qui en verse le montant à la masse individuelle.

Versements réciproques de la masse individuelle et de la masse générale d'entretien.

744. En cas de réintégration sur les contrôles du corps des hommes dont l'*avoir*, ou le *débet*, à l'époque de leur radiation, avait été versé par la masse individuelle à la masse générale d'entretien, ou par cette dernière à l'autre, conformément aux art. 742 et 743, la masse qui a reçu le versement en rembourse le montant à celle qui l'avait effectué.

Toutefois, si l'homme réintégré reçoit une première mise, la masse générale d'entretien ne verse à la masse individuelle que la portion de l'ancien avoir excédant cette première mise.

Les versements s'opèrent par virement.

745. Les versements que la masse individuelle doit recevoir de la masse d'entretien, et ceux qu'elle est tenue de leur faire (art. 724), s'opèrent par *virements*, sur le registre de centralisation, à l'époque de la clôture de la comptabilité trimestrielle.

Feuille de décompte de la masse individuelle pour le trimestre expiré. Feuille spéciale pour les hommes en congé illimité ou absents, lors de leur libération.

746. Dès que le trésorier a clos la feuille de journées, toutes les recettes et dépenses inscrites aux comptes courants, pendant le trimestre qu'elles concernent, sont résumées par le capitaine dans une *feuille de décompte* (modèle n° 143) présentant l'*avoir* ou le *débet* de chaque homme au premier jour du trimestre suivant, ou au jour de sa radiation des contrôles. Les recettes pour primes journalières et premières mises sont portées à la feuille de décompte,

d'après les allocations constatées par la feuille de journées, que le trésorier communique à cet effet au capitaine, avant la vérification du commissaire aux revues.

Le capitaine *certifie* la feuille de décompte et la remet au trésorier. Ce comptable, après avoir réuni celles des compagnies du corps, les *vérifie*, d'abord sous le rapport des supputations, ensuite par la comparaison des unes avec les autres pour les articles correspondants, et enfin par les inscriptions faites au registre-journal. Il dresse pour les hommes en congé illimité une feuille (modèle n° 114), et récapitule dans un relevé général (même modèle que la feuille de décompte n° 113) toutes ces pièces, qu'il soumet au major, qui s'assure de leur exactitude d'après les comptes courants, et les lui rend ensuite revêtues de son *visa*.

Les hommes absents lors de leur libération, et dont l'avoir à la masse n'a point encore été soldé au dernier jour du trimestre (art. 730), sont portés sur la même feuille de décompte que les hommes en congé illimité.

Imputations extra-règlementaires interdites.

747. Aucune imputation autre que celles qui sont spécifiées au présent règlement ne peut être faite aux hommes sur leur masse individuelle qu'en vertu d'une décision du ministre.

CHAPITRE III.

DES DISTRIBUTIONS D'EFFETS DE PETIT ÉQUIPEMENT.

Bons nominatifs.

748. Les effets de petit équipement sont délivrés par l'officier d'habillement, sur la présentation de *bons nominatifs*, conformes au modèle n° 90 (art. 691).

Distribution aux hommes en présence du capitaine.

749. La distribution des effets de petit équipement

reçus du magasin est faite, dans l'intérieur des compagnies, par le sergent-major, en présence du capitaine.

Chaque homme doit être pourvu de tous les effets de petit équipement que son arme exige.

750. Tout homme de troupe doit, à dater du jour de son immatriculation, être constamment pourvu des effets de petit équipement compris dans la nomenclature de l'arme à laquelle il appartient.

Si les jeunes soldats, les engagés volontaires ou les remplaçants sont munis, à leur arrivée, d'effets de même nature qui soient en bon état, il ne leur en est fourni d'autres par le magasin du corps que lorsque les premiers sont hors de service.

Cas où les hommes ne doivent pas rester au corps.

751. Par dérogation à l'article précédent, les hommes qui, vu leur état de santé ou pour toute autre cause, sont présumés ne devoir pas rester au corps, ne reçoivent que les effets qui leur sont strictement nécessaires.

Marque des effets.

752. Les effets de petit équipement qui, par leur forme ou leur nature, peuvent recevoir une empreinte, sont marqués du numéro matricule des hommes qui en sont pourvus, au moyen de chiffres en métal que le conseil fait fournir aux capitaines, et dont ces officiers restent dépositaires et responsables.

Bordereau récapitulatif portant décompte des effets délivrés pendant le trimestre expiré.

753. Dans les cinq premiers jours de chaque trimestre, l'officier d'habillement établit, en double expédition, un bordereau récapitulatif (modèle n° 115), portant décompte des effets délivrés dans chaque compagnie pendant le trimestre précédent. Ce bordereau est soumis à la vérification du major et à l'appro-

bation du conseil; une expédition en est remise au trésorier pour rester à l'appui des feuilles de décompte de la masse individuelle, comme contrôle des imputations du prix des effets de petit équipement fournis aux hommes par le magasin du corps.

CHAPITRE IV.

DES RÉPARATIONS AU COMPTE DE LA MASSE INDIVIDUELLE.

Réparations faites d'après les tarifs, ou par marchés, ou à prix débattu.

754. Les réparations d'effets de toute nature dont la dépense est imputable sur la masse individuelle (art. 739) sont faites sous l'approbation du commissaire aux revues, soit d'après les tarifs ou d'après des marchés passés par le conseil, qui déterminent l'espèce et le prix de chaque réparation, soit à *prix débattu* entre les capitaines et les ouvriers : le choix entre ces deux modes appartient au conseil d'administration, et ce n'est qu'avec son assentiment que, dans le dernier cas, les capitaines peuvent avoir recours aux ouvriers du corps.

Bulletins à établir pour les réparations.

755. Les réparations sont exécutées d'après des *bulletins* nominatifs (modèle n° 116) délivrés par les commandants de compagnie, aussitôt que les dégradations sont connues et appréciées par eux.

Chaque bulletin désigne le maître-ouvrier ou l'ouvrier civil qui doit exécuter la réparation, et contient, outre les noms des détenteurs des effets, l'indication sommaire et le prix de l'ouvrage à faire.

Bordereau d'enregistrement journalier des bulletins pour les réparations.

756. Les bulletins pour les réparations sont inscrits par les capitaines, au fur et à mesure qu'ils les déli-

vrent, *sur un bordereau d'enregistrement journalier* (modèle nº 117), pour celles à exécuter par les ouvriers du corps au prix du tarif, ou par voie de marché, et (modèle nº 119), pour celles qui sont faites à prix débattu, par les ouvriers civils ; les prix alloués aux maîtres ouvriers sont relatés distinctement pour chaque objet et par nature de réparation.

Ces bordereaux sont totalisés à la fin de chaque trimestre, après que les capitaines se sont assurés de l'exécution des réparations ; ils les *certifient* et les font parvenir immédiatement à l'officier d'habillement.

Bordereaux récapitulatifs trimestriels.

757. A la fin de chaque trimestre, l'officier d'habillement réunit aux bordereaux des compagnies les bulletins journaliers remis aux ouvriers, et dresse deux *bordereaux récapitulatifs* (modèles nºs 118 et 120), indiquant le montant des réparations exécutées, tant pour chaque compagnie que pour l'ensemble du corps ou de la portion du corps, ainsi que la somme qui revient à chacun des ouvriers.

Il signale au major les erreurs qu'il peut avoir reconnues dans les bulletins.

Le major, après vérification des bordereaux récapitulatifs et des bulletins y annexés, les remet au trésorier, qui solde les ayants droit sur leurs quittances, et inscrit la dépense au registre-journal.

Cas de paiement immédiat du travail exécuté à prix débattu.

758. Lorsque les réparations s'opèrent à *prix débattu* et qu'un ouvrier réclame le prix de son travail au moment où il rapporte l'effet réparé, le capitaine soumet le bulletin au major, qui y appose son autorisation d'acquittement, ainsi conçu : *Bon à payer par le trésorier.* Ce bulletin est ensuite remis à l'ouvrier, qui en touche le montant sur son acquit.

Dans ce cas, et par dérogation spéciale au principe posé en l'art. 684, le trésorier est autorisé à ne pas faire écriture, par ordre de date, des paiements qu'il effectue. En conséquence, il dépose dans sa caisse les bulletins quittancés, dont le montant lui est compté comme espèces, et il les comprend, à l'expiration du trimestre, dans le bordereau récapitulatif prescrit par l'art. 757.

Destination à donner aux bulletins vérifiés

759. Lorsque le commissaire aux revues a vérifié la comptabilité trimestrielle, tous les bulletins sont distraits des bordereaux et états récapitulatifs, et déposés aux archives du corps.

SECT. II. — RÉPARATIONS D'ARMES.

Réparations d'armes au compte de la masse individuelle.

760. Les réparations d'armes dont la dépense est mise à la charge de la masse individuelle sont exécutées par les ouvriers qui entretiennent l'armement du corps, ou par les établissements de l'artillerie.

Tarifs des réparations.

761. Les imputations à faire aux hommes sont effectuées aux prix des tarifs arrêtés par le ministre pour les réparations d'armes *au compte de la masse individuelle*.

Les dispositions pour réparations d'effets sont applicables aux réparations d'armes.

762. Les dispositions des articles 755, 756, 757 et 759 sont communes aux réparations d'armes.

Il n'est pas établi de bulletins pour les réparations qui doivent être faites dans les établissements de l'artillerie. Elles sont constatées, dans chaque compagnie, par le capitaine et l'officier d'habillement, ou l'officier chargé des détails de l'armement, assistés de l'armurier; les résultats de cette opération sont consignés dans un *état* (modèle n° 121) qu'ils certifient. Cet état désigne nominativement les hommes qui ont commis les dégradations, et il indique les imputations dont ils sont passibles.

Cas où le prix des réparations excède les fixations des tarifs.

763. Lorsque les prix auxquels les corps ont traité pour les réparations excèdent les fixations des tarifs, la différence reste à la charge du fonds affecté à l'*entretien des armes.*

Versement au trésor du montant des réparations, bordereau récapitulatif.

764. Le montant des imputations effectuées sur la masse individuelle, pour dégradations aux armes qui doivent être réparées dans les établissements de l'artillerie, est versé au Trésor, soit immédiatement, soit à l'expiration du trimestre pendant lequel ces dégradations ont été constatées au corps. A cet effet, un *bordereau récapitulatif* (modèle n° 122) est dressé en double expédition par l'officier d'habillement et *certifié* par le conseil.

Il est donné au récépissé et à la déclaration de versement, que le receveur (ou trésorier colonial) délivre au trésorier, la destination indiquée par les deux paragraphes de l'art. 741.

Le montant des *réparations* qui ne peuvent être immédiatement effectuées ou qui sont suspendues est versé en dépôt aux fonds divers.

765. Le montant des réparations qui ne peuvent être immédiatement effectuées, et qui sont supportées par la masse individuelle des militaires libérés ou envoyés en congé pour attendre leur libération, est versé aux *fonds divers*, d'après le bon du capitaine approuvé par le major.

La valeur des bois de monture des armes à feu dont le remplacement est suspendu est également versée aux fonds divers.

Lorsque ces réparations sont faites ou qu'il devient nécessaire de remplacer les bois de monture, la dépense en est payée au maître armurier, sur états quittancés.

CHAPITRE V.

DES EFFETS DE PETIT ÉQUIPEMENT FOURNIS AUX PORTIONS DE CORPS AYANT UNE ADMINISTRATION DISTINCTE.

Les portions de corps reçoivent les effets de petit équipement du conseil d'administration central ou d'un autre corps, en cas d'urgence.

766. Les portions de corps ayant une administration distincte reçoivent les effets de petit équipement par les soins du conseil d'administration central, à moins que, conformément à l'article 582, elles n'aient été autorisées à les acheter directement.

Elles peuvent aussi, en cas d'urgence, les recevoir d'un autre corps ou portion de corps, moyennant remboursement de leur valeur au prix coûtant.

CHAPITRE VI.

DE LA DESTINATION A DONNER AUX EFFETS DE PETIT ÉQUIPEMENT PROVENANT D'HOMMES RAYÉS DES CONTRÔLES.

Versement au magasin du corps. Remise à l'administration du domaine. Effets conservés pour des services spéciaux.

767. Les effets de petit équipement laissés au corps par les hommes qui cessent d'y appartenir sont versés au magasin d'habillement, sur une note signée par le capitaine, relatant indépendamment de leur nature et de leur nombre, le numéro matricule et le nom de ces hommes, ainsi que la date de leur radiation des contrôles, et la cause qui y a donné lieu.

Au fur et à mesure des versements, les effets sont inscrits sur un *bordereau* (modèle n° 123) présentant les mêmes renseignements que la note souscrite par le capitaine.

Ce bordereau, établi par l'officier d'habillement, est totalisé et certifié par lui pour chaque trimestre, et soumis au conseil, qui y appose son *visa*.

Les effets sont remis à l'administration du domaine de l'État sur un extrait du bordereau, énonçant seulement les quantités totales, et *certifié* par le conseil. L'agent de cette administration entre les mains de qui la livraison est faite, en donne récépissé au bas du bordereau.

Les dispositions qui précèdent ne sont pas applicables à ceux des effets provenant des hommes morts, dont le commissaire aux revues requiert la conservation pour le service des infirmeries régimentaires, des ambulances ou des prisons. Ces effets sont ou restent déposés au magasin d'habillement du corps ou de la portion de corps, jusqu'à ordre de livraison. Il en est fait inscription au chapitre IX du registre des recettes et consommations.

TITRE X.

MASSE GÉNÉRALE D'ENTRETIEN ET FONDS SPÉCIAUX.

Emploi de ces masses ou fonds réglé par le ministre.

768. L'emploi du produit de la masse générale d'entretien affectée aux corps de troupe, et des fonds spéciaux qui pourraient être mis à leur disposition, est réglé par le ministre de la marine.

TITRE XI.

DISPOSITIONS SPÉCIALES AU SERVICE DE L'HABILLE- MENT.

Remises des matières aux ouvriers et des galons aux capitaines.

769. Les matières nécessaires aux confections, y compris les galons de grades et de chevrons, sont délivrées successivement au maître tailleur, dans les proportions que détermine le conseil.

Toutefois, les galons de grades et de chevrons à distribuer par suite de promotions ou de mutations sont remis aux capitaines, qui les font poser, par le tailleur du corps ou de la portion de corps, sur les vêtements des militaires auxquels ils sont destinés.

Habillement des enfants de troupe et réparations.

770. Les conseils d'administration doivent pourvoir à l'habillement des enfants de troupe et aux réparations, au moyen d'une partie des économies de coupe et des effets hors de service.

Division des effets en deux catégories.

771. Les effets d'habillement, de coiffure et de grand équipement sont classés sous les titres de *première* et de *deuxième catégorie*.

Supputation de la durée réglementaire des effets.

772. La durée réglementaire des effets de la 1re catégorie est supputée par *trimestre*, depuis et y compris celui où la distribution en est faite par le magasin d'habillement.

Lorsque les effets rentrent en magasin avant d'avoir accompli leur durée réglementaire, elle est suspendue à compter du trimestre qui suit celui de la réintégration. Elle n'est pas suspendue pour les effets déposés en magasin par les hommes entrant dans une position d'absence.

La durée des effets de la 2ᵉ catégorie, des armes et des instruments de musique, est supputée par année, et n'est pas suspendue par suite des réintégrations en magasin.

Mode de remplacements des effets, armes et instruments.

773. Les effets de la 1ʳᵉ catégorie sont remplacés au terme de leur durée réglémentaire.

Les effets de la 2ᵉ catégorie, les armes et les instruments de musique ne sont remplacés qu'après avoir atteint le terme de la durée réglementaire, et seulement lorsqu'ils ont été réformés.

Le remplacement des effets, des armes et des instruments de musique perdus ou mis hors de service s'opère dès que le fait a été dûment constaté.

Mode de distribution des effets à titre de première mise. — Exception pour les hommes qui doivent être renvoyés ou réformés.

774. Les hommes nouvellement immatriculés sont habillés et équipés dès leur arrivée au corps.

Les effets en cours de durée sont distribués aux jeunes soldats et aux remplaçants, s'il en existe en magasin qui puissent être ajustés à leur taille.

Les effets neufs sont préférablement donnés aux enrôlés volontaires, et aux hommes venant d'autres corps ou de la réserve.

Les hommes qui sont présumés devoir être renvoyés dans leurs foyers ou réformés à la première revue trimestrielle, ne reçoivent que les effets qui leur sont rigoureusement nécessaires, et qui sont pris parmi ceux en cours de durée, ou même dont la durée est accomplie.

Distribution d'effets à titre de remplacement.

775. Les anciens soldats reçoivent, autant que possible, des effets neufs à titre de remplacement.

Les hommes qui doivent quitter le corps ne reçoivent pas d'effets de remplacement.

776. Aucun remplacement n'est effectué dans le trimestre où la libération a lieu.

Les hommes qui sont désignés ou proposés pour quitter le corps avant l'époque de la libération, soit par congé illimité, soit par toute autre cause emportant radiation des contrôles annuels, ne reçoivent pas d'effets de remplacement à partir de l'époque de la notification de l'ordre d'après lequel doit s'opérer cette radiation.

Ces dispositions ne sont pas applicables aux militaires en instance pour obtenir la pension de retraite.

Remplacement des effets apportés par des hommes rappelés de la réserve.

777. Les effets à l'uniforme du corps, apportés par des hommes rappelés de la réserve, ne sont remplacés qu'à l'expiration de leur durée réglementaire, à moins que le commissaire aux revues, après avoir procédé à leur examen concurremment avec le conseil d'administration, n'en approuve le remplacement anticipé.

La distribution des effets de la 1re catégorie date du trimestre pendant lequel elle a été faite.

778. La distribution des effets de la 1re catégorie date toujours du trimestre pendant lequel elle est faite par l'officier d'habillement, alors même qu'elle n'a lieu que postérieurement aux époques déterminées par les art. 773 et 774, soit que les hommes à qui les effets revenaient à ces époques aient alors été absents, malades ou détenus, soit que la situation du magasin n'ait pas permis de les leur délivrer.

Effets essayés aux hommes. Cas de contestation.

779. Les effets sont essayés aux hommes, dans le magasin, au moment de la distribution et en présence du commandant de la compagnie.

En cas de contestation entre cet officier et l'officier d'habillement, le major prononce.

Échanges d'effets délivrés.

780. Les effets d'habillement, de coiffure et de grand équipement délivrés par le magasin d'habillement ne peuvent y être échangés qu'en vertu des ordres du commandant du corps ou de la portion de corps.

Marques à apposer sur les effets de la 1re catégorie.

781. Les effets de la 1re catégorie sont marqués au magasin d'habillement, du numéro du trimestre et de l'année de leur distribution au moment où ils sont délivrés ; le numéro matricule de l'homme qui les reçoit est appliqué dans les compagnies, par les soins des capitaines.

Ceux qui rentrent au magasin après avoir déjà fait une partie de leur durée reçoivent, en outre, au-dessous de ce numéro, le timbre du trimestre de leur réintégration en magasin avec la lettre R (réintégré).

Lorsqu'ils sont remis en service, l'officier d'habillement fait ajouter au timbre de la nouvelle distribution le chiffre indicatif du nombre de trimestres de durée restant à parcourir, et il le fait inscrire sur les bons au moment de la distribution.

Marques à apposer sur les effets de la deuxième catégorie.

782. Les effets de la 2e catégorie, et les instruments de musique, sont marqués du millésime de l'année de leur première mise en service, et d'un numéro de série qui y est apposé au moment de leur réception au magasin d'habillement.

Il y a une série distincte pour chaque sorte d'effets ou d'instruments.

Les armes ne sont marquées que d'un numéro de série.

Les effets, armes ou instruments qui remplacent

ceux qui ont été classés hors de service prennent les
numéros laissés vacants dans chacune des séries auxquelles ils appartiennent respectivement.

Numéros apposés sur les indications du conseil d'administration
central.

783. Lorsque les portions de corps ayant une administration distincte reçoivent directement des magasins de l'État ou d'autres corps des effets de la 2e
catégorie, des armes ou des instruments de musique,
les numéros de séries ne peuvent y être empreints
que d'après les indications du conseil d'administration
central.

Réapposition des marques.

784. Les commandants de compagnie doivent,
sous leur responsabilité, faire réapposer les marques
qui disparaissent par suite de réparations ou d'acci-
dents, et celles qui cessent d'être assez apparentes.

Destination des galons réintégrés au magasin sans les effets.

785. Les galons d'or ou d'argent, réintégrés au magasin d'habillement sans les effets sur lesquels ils
étaient posés, sont réservés pour les habits de petite
tenue, à moins que le major n'ordonne qu'en raison
de leur mauvais état ils soient classés hors de service. Les galons de laine sont toujours classés hors de
service.

Effets, armes et instruments qui doivent être classés hors de
service.

786. Les effets de la 1re et de la 2e catégorie, les
armes et les instruments de musique, *remplacés* ou
réformés, et les effets des hommes venant d'un autre
corps, qui ne peuvent servir pour la grande ni pour
la petite tenue, sont classés *hors de service*.

Versement au magasin et enregistrement des effets et armes
classés hors de service. Dispositions spéciales aux pantalons et
aux galons.

787. Tous les effets et armes *classés hors de service*

27

sont versés au magasin d'habillement et portés en recette au registre des comptes ouverts avec les compagnies.

Les pantalons seuls restent, à l'expiration de leur durée réglementaire, la propriété des hommes qui ne peuvent néanmoins en disposer qu'avec l'autorisation de leur capitaine. Cette autorisation ne peut leur être donnée que lorsque le second pantalon (le dernier délivré) a été remplacé.

Les galons d'or ou d'argent apposés sur les effets réformés, soit des sous-officiers, soit des musiciens, sont détachés de ces effets au moment de leur réintégration en magasin ; il en est fait deux lots, composés : l'un, des galons en assez bon état pour être remis en service, et l'autre, de ceux qui ne peuvent plus être employés. Les galons qui composent le premier lot, et dont il est fait recette au compte des effets en cours de durée, sont affectés à la petite tenue des hommes promus sous-officiers ou nommés musiciens. Les autres, dont on fait recette pour leur poids, au compte des effets hors de service, sont livrés aux préposés du domaine.

Empreinte à mettre sur les effets hors de service.

788. Les effets de toute nature hors de service sont timbrés, lors du versement au magasin, des lettres H. S.

Destination des effets et des armes hors de service.

789. Les effets hors de service sont utilisés en partie :

1º Pour l'habillement des enfants de troupe et les réparations ;

2º Pour l'échange des effets des hommes quittant le corps (art. 776), lorsque la durée réglementaire de ceux dont ils sont pourvus est accomplie, et que leur état de dégradation rend cet échange indispensable ;

3º Pour les services de l'armement des infirmeries et des prisons.

Ceux qui ne sont affectés à aucun de ces usages doivent, ainsi que les instruments de musique hors de service, être livrés à l'administration du domaine.

Les boutons qui peuvent encore servir sont retirés des effets par le maître tailleur, auquel ils sont abandonnés. Les plaques en cuivre et les boutons portant un numéro ou une distinction d'arme sont brisés avant d'être remis au domaine.

Les armes hors de service sont versées dans les établissements de l'artillerie.

Les effets, instruments ou armes, qui reçoivent une des destinations autorisées ou prescrites par le présent article (excepté les effets échangés), sont portés en sortie au registre de recettes et consommations du service de l'habillement.

Avis à donner à l'officier d'habillement des mutations des hommes et des pertes d'effets.

790. L'officier d'habillement est informé par le major du passage des hommes à d'autres compagnies du corps.

Les capitaines lui font connaître directement, au moyen de *bulletins de perte*, dressés par eux dans la forme des bulletins de versement, les effets et les armes emportés par les hommes qui ont déserté, disparu, ou qui sont faits prisonniers de guerre.

Destination à donner aux effets et armes laissés dans les hôpitaux.

791. Les effets des hommes qui décèdent à l'hôpital du lieu, ou qui s'en évadent, sont réintégrés au magasin d'habillement du corps à la diligence du major.

Les effets de ceux qui sont décédés dans un hôpital externe, ou qui s'en sont évadés, doivent être expédiés au corps, à moins que le commissaire de marine ou le sous-intendant militaire, chargé de la surveillance administrative de cet établissement, ne juge que les frais qui résulteraient de leur envoi en excéderaient la valeur.

Les armes laissées dans les hôpitaux sont remises au corps lorsqu'il est à portée de les faire reprendre ; dans le cas contraire, elles sont versées dans le magasin d'artillerie le plus voisin.

Destination à donner aux effets et aux sabres des militaires décédés en congé.

792. Lorsqu'un homme en congé décède dans un lieu trop éloigné de la garnison du corps pour que les effets et le sabre dont il était détenteur puissent être retirés des mains de sa famille, le conseil d'administration en adresse l'état au sous-intendant militaire ou au commissaire aux revues de l'arrondissement où le militaire est mort, afin qu'il leur soit donné la destination prescrite par les règlements.

Remboursement par les remplacés, des dépenses qu'occasionnent l'habillement et l'équipement de leurs remplaçants.

793. Les militaires remplacés par des hommes étrangers au corps versent au trésor, d'après le tarif arrêté par le ministre, le montant des dépenses qu'occasionnent l'habillement et l'équipement de leurs remplaçants.

Le récépissé de la somme versée est remis au commissaire aux revues qui dresse l'acte de remplacement.

Mode d'après lequel sont décomptés le prix des armes et la moins-value des effets dont le montant doit être versé au Trésor.

794. Le décompte des moins-values, dont le montant doit être versé au Trésor, aux termes de l'art.741, s'établit sur le nombre de trimestres que les effets de la 1re catégorie, et le nombre d'années que les effets de la 2e catégorie et les instruments de musique, ont encore à parcourir pour atteindre le terme de leur durée réglementaire. Le trimestre courant

pour les premiers, et l'année courante pour les autres, sont comptés comme durée restant à faire. Ces derniers sont considérés, même après que leur durée réglementaire est accomplie, comme ayant encore une année de service à faire, lorsque la réforme n'en a pas été prononcée.

Si les effets dont la moins-value est à la charge de la masse individuelle ne sont pas réintégrés au magasin, le décompte, dressé d'après les bases fixées ci-dessus, est augmenté d'un trimestre ou d'une année, selon la nature des objets que l'homme n'aura pu représenter, sans que l'imputation puisse néanmoins excéder, en aucun cas, le prix coûtant.

Le remboursement prescrit par le paragraphe qui précède, de la valeur proportionnelle, pour un trimestre ou une année, des effets perdus, est exigé alors même que les effets ont accompli leur durée réglementaire.

Les armes perdues ou mises hors de service par les hommes, sont toujours portées, dans le décompte, au prix intégral de fabrication.

Dépôts dans les magasins du corps des effets et armes des hommes qui s'absentent.

795. Les effets et les armes des hommes entrant dans une position éventuelle d'absence, détachés ou détenus, sont déposés au magasin d'habillement, avec une note qui en présente exactement les désignations, et qui indique la valeur estimative des dégradations qui y sont reconnues. Cette note est datée et certifiée par le commandant de la compagnie; elle est rendue avec les effets, à l'homme rentrant dans la position de présence; mais s'il est rayé des contrôles du corps, elle est conservée par l'officier d'habillement pour être mise à l'appui du bulletin des réparations ou remplacements laissés au compte de la masse individuelle.

Si les effets et les armes restent en dépôt dans le magasin de la compagnie, de l'escadron ou de la batterie, le capitaine conserve la note, qui, dans ce cas, est visée par le major.

TITRE XII.

DES PIÈCES ET RENSEIGNEMENTS A FOURNIR PAR LES CONSEILS SECONDAIRES OU ÉVENTUELS AU CONSEIL D'ADMINISTRATIAN CENTRAL.

Pièces et renseignements à fournir par les conseils secondaires ou éventuels au conseil d'administration central.

796. Les conseils d'administration secondaires ou éventuels, ou les officiers auxquels leurs attributions sont dévolues, adressent au conseil d'administration central, *immédiatement après la vérification de la comptabilité par l'officier du commissariat chargé de la surveillance administrative de la portion de corps* (art. 790) :

1º Un extrait du registre journal des recettes et dépenses, où toutes celles qui sont afférentes au trimestre seulement doivent être transcrites littéralement, avec énonciation en toutes lettres du *restant en caisse ;*

2º Un extrait du registre des recettes et consommations du service de l'habillement, présentant, par chapitre, toutes les inscriptions qui ont été faites sur ce registre pendant le trimestre, et le *restant en magasin,* avec indication des prix des effets de petit équipement, des pièces d'armes et des pièces de shakos.

Ces extraits, *certifiés* par le conseil secondaire ou éventuel ou l'officier qui en tient lieu, et *vérifiés* par l'officier du commissariat, sont appuyés d'une copie des pièces justificatives (1) de toutes les recettes et

---

(1) Il n'est pas adressé de copies des feuilles de prêt et autres

dépenses en deniers, et des réceptions ou consommations d'effets ou d'armes faites pendant le trimestre, des feuilles de décompte de la masse individuelle applicables au même temps, et du bordereau que l'officier chargé de l'habillement est tenu d'établir conformément à l'art. 753. Les copies des pièces justificatives mentionnées dans ce paragraphe sont certifiées par l'officier payeur ou par l'officier chargé de l'habillement, vérifiées par le major et visées par le président du conseil d'administration.

3° Un extrait, *certifié* comme les deux précédents, du registre des distributions de vivres et chauffage relatant les fournitures reçues pendant le trimestre par chaque compagnie.

Ils font parvenir en même temps au conseil d'administration central tous les feuillets matricules des hommes qui ont cessé d'appartenir à la portion de corps pendant les trois mois précédents.

Enfin, ils fournissent à ce conseil tous les documents et renseignements qu'il leur demande, pour faciliter les écritures tenues à la portion centrale et l'établissement des comptes qu'il doit rendre.

Envoi des pièces en double expédition et par voies différentes.

797. En ce qui concerne les portions de corps employées à l'extérieur du royaume, les extraits mentionnés dans l'article précédent sont envoyés en double expédition, et par *voies différentes.*

---

pièces justificatives qui sont récapitulées sur un bordereau ; il suffit d'adresser les copies des bordereaux.

TITRE XIII.

DU CONTRÔLE ADMINISTRATIF DES CORPS ET DE L'ARRÊTÉ DE LEURS COMPTES.

Administration et comptabilité soumises au contrôle des officiers du commissariat.

798. L'administration et la comptabilité des corps de troupe sont soumises au contrôle du commissariat de la marine.

Les fonds, les registres et les pièces à l'appui, sont représentés aux officiers du commissariat toutes les fois qu'ils le requièrent pour leurs vérifications.

Vérification trimestrielle par les commissaires aux revues. Vérification annuelle par les commissaires généraux ou ordonnateurs.

799. Les écritures de comptabilité tenues dans les corps de troupe sont vérifiées sur pièces, trimestriellement, par les commissaires aux revues, et annuellement par les commissaires généraux.

Les commissaires aux revues vérifient le *registre journal des recettes et dépenses*, dans le délai de quinze jours, à compter de celui où la balance doit être établie par le conseil (art. 684); le *registre de centralisation* et le *registre des recettes et consommation du service de l'habillement*, ainsi que les comptes ouverts avec les compagnies et avec le maître tailleur, dans les dix jours qui suivent l'époque à laquelle les inscriptions de ces deux registres doivent être closes et certifiées ou arrêtées par le conseil (art. 685 et 689).

La vérification annuelle des commissaires généraux a lieu dans le mois qui suit la vérification faite par les commissaires aux revues de la centralisation du 4e trimestre.

Les commissaire généraux et les commissaires aux revues s'assurent, lors de leurs vérifications périodiques et dans leurs revues, de la bonne tenue des registres qui ne comportent pas d'arrêté de compte, et de la régularité des écritures concernant l'administration intérieure des compagnies.

Ils consignent au registre des délibérations, après avoir entendu les explications du conseil d'administration, les rectifications, instructions ou observations qu'ils jugent nécessaires.

Relevé sommaire trimestriel du registre de centralisation.

800. Les commissaires aux revues apposent un *vérifié et arrêté* sur le relevé sommaire trimestriel du registre de centralisation qui leur est remis (art. 685), et qu'ils adressent au commissaire général en y consignant les rectifications ou observations auxquelles leur vérification a donné lieu. Ce relevé sommaire est immédiatement transmis au ministre.

Vérification de la récapitulation annuelle des recettes et consommations du service de l'habillement.

801. La récapitulation annuelle à établir sur le registre des recettes et consommations du service de l'habillement (6e § de l'art. 689) est vérifiée par le commissaire aux revues.

Annulation des récépissés des receveurs des finances, dont le montant a été remboursé.

802. Lorsque les commissaires aux revues ont procédé à leurs vérifications trimestrielles, ils annulent, pour être classés dans les archives du corps, les récépissés des receveurs des finances dont le remboursement a été effectué intégralement par ces comptables, suivant les inscriptions faites au livret de compte courant avec le Trésor. Ils mentionnent sur les autres récépissés la somme à laquelle ils se trouvent réduits.

Époques où la situation matérielle des fonds est constatée.

803. Les commissaires aux revues constatent toujours la situation matérielle des fonds aux époques où ils vérifient la centralisation; et, en ce qui concerne les portions de corps ayant une administration distincte, dès que la balance des recettes et dépenses a été établie et certifiée par le conseil secondaire ou éventuel sur le registre journal (art. 684).

Les commissaires généraux procèdent à la même opération lors de leurs inspections administratives.

Arrêté des comptes par les commissaires généraux. Leur arrêté n'est définitif qu'après l'approbation de l'inspecteur général.

804. Les commissaires généraux arrêtent les comptes des corps de troupe.

Toutefois, l'arrêté de ces fonctionnaires n'est définitif qu'après que l'inspecteur général, ayant statué sur les questions et propositions qu'ils peuvent avoir eu à lui soumettre, l'a revêtu de son approbation. Dans les cas exceptionnels qui nécessitent un rapport spécial du commissaire général à l'inspecteur général, ce rapport est remis directement à ce dernier au moment de son arrivée, ou, en cas d'absence du commissaire général, laissé cacheté entre les mains du président du conseil d'administration.

Lorsque le commissaire général n'a pu arrêter la comptabilité qu'après l'inspection générale, en raison des circonstances qui s'étaient opposées à la clôture de la centralisation, il soumet directement au ministre les résultats de ses opérations.

Les décisions de l'inspecteur général sont consignées par lui au registre des délibérations. Celles qui émanent du ministre sont notifiées au conseil d'administration par l'intermédiaire du commissariat, et le commissaire aux revues veille à ce qu'elles soient transcrites sur ce registre.

Mode de redressement des irrégularités ou abus dans la comptabilité des portions de corps ayant une administration distincte.

805. Les commissaires aux revues informent immédiatement après leurs vérifications trimestrielles,
le commissaire général sous l'autorité duquel ils exercent. des irrégularités ou des abus qu'ils ont remar-
qués dans la comptabilité des portions de corps ayant
une administration distincte.

Le commissaire général, dès qu'il a pris connaissance des faits qui lui sont signalés, transmet le rapport
du commissaire aux revues au commissaire général du
port où doit s'opérer la centralisation des comptes du
corps, et lui donne avis des mesures administratives
ou des imputations qu'il peut avoir prescrites. Il en
est, en outre, référé au ministre, s'il y a lieu.

Timbre d'annulation sur les pièces de comptabilité.

806. Les pièces produites aux commissaires généraux, à l'appui des comptes qu'ils arrêtent, sont marquées d'un timbre d'annulation, par eux ou par les
commissaires aux revues qui les assistent dans leurs
vérifications.

Rejet des registres et pièces non conformes aux modèles.

807. Les officiers du commissariat de la marine
n'admettent que des registres et pièces de comptabilité conformes aux modèles réglementaires.

TITRE XIV.

DES VÉRIFICATIONS DU CONTRÔLEUR DE LA MARINE ET DU CONTRÔLEUR COLONIAL.

Comment elles sont exercées.

808. Dans les cas où le contrôleur de la marine ou
le contrôleur colonial le juge nécessaire, il peut re-

quérir du président la réunion du conseil d'administration et se faire représenter, en séance, toutes pièces et registres relatifs à la comptabilité intérieure du corps. Il siége en face du président.

Le contrôleur exerce sur ces pièces et registres toutes vérifications qu'il juge utiles. Il peut requérir la constatation de l'existant en caisse et de l'existant en magasins.

809. Si le contrôleur reconnaît, dans le cours de ses vérifications, des abus ou des irrégularités, il les signale au commissaire général de la marine, qui prescrit, s'il y a lieu, au commissaire aux revues d'en poursuivre le redressement.

Le commissaire général fait connaître au contrôleur la suite qui a été donnée à ses communications.

810. Le contrôleur exerce personnellement les attributions qui lui sont dévolues par les deux articles précédents.

TITRE XV.

DE LA DESTINATION A DONNER AUX REGISTRES ET PIÈCES QUI CESSENT D'ÊTRE UTILISÉS.

Dépôt aux archives du corps des registres et pièces à garder comme renseignements. — Versement au domaine après ce dépôt.

811. Les registres et les feuillets mobiles de registres, sur lesquels il ne doit plus être fait d'inscription, faute d'espace ou pour toute autre cause ; les revues de liquidation, les feuilles de journées, et les pièces qui s'y rattachent, ainsi que celles qui ont été soumises à la vérification définitive du commissaire général, et à l'approbation de l'inspecteur général, sont déposés aux archives du corps ou de la portion de corps.

Cinq années après, le versement de ces registres et

pièces est effectué, sur inventaire, à l'administratio
du domaine de l'Etat.

L'inventaire (modèle n° 124), dressé en double expédition, relate les intitulés des registres, leur nombre,
celui des pièces contenues dans chaque liasse par nature de service, et l'année du dépôt aux archives. Il
est *certifié* par le conseil d'administration et *visé* par
le commissaire aux revues.

La pesée des papiers est faite en présence du trésorier, par les soins de l'agent du domaine, qui en
mentionne le résultat dans le récépissé qu'il inscrit au
bas de l'expédition de l'inventaire, que conserve le
conseil pour sa décharge.

**Registres matricules, actes et titres authentiques à envoyer au
ministre, ou à transmettre aux familles des militaires décédés.**

812. Les registres matricules sont conservés dans
les corps jusqu'à l'époque où le ministre prescrit de
lui en faire l'envoi.

Les actes et titres authentiques concernant l'état
civil ou les services des militaires rayés des contrôles
par suite de désertion, disparition ou captivité, sont
envoyés au ministre. Ceux qui appartenaient aux décédés sont remis au commissaire aux revues, qui les
fait parvenir à leurs familles par l'intermédiaire des
maires des communes qu'elles habitent.

DISPOSITIONS GÉNÉRALES.

**L'ordonnateur remplace le commissaire général dans les
colonies.**

813. Les fonctions attribuées en France au commissaire général sont exercées par l'ordonnateur dans
les colonies.

Abrogation des dispositions antérieures à l'ordonnance.

814. Toutes dispositions antérieures à la présente
ordonnance, en ce qui concerne la solde, les revues,

28

l'administration et la comptabilité intérieure des troupes de la marine, sont et demeurent abrogées.

815. Il n'est point dérogé par la présente ordonnance aux règlements spéciaux sur l'administration de la gendarmerie et des équipages de ligne.

Exécution de la présente ordonnance.

816. Nos Ministres secrétaires d'Etat de la marine, de la guerre et des finances sont chargés, chacun en ce qui le concerne, d'assurer l'exécution, à partir du 1er janvier 1848, de la présente ordonnance, qui sera insérée au *Bulletin des lois*.

Donné au palais de Neuilly, le vingt-deux juin mil huit cent quarante-sept.

Signé : LOUIS-PHILIPPE,

Par le Roi :

Le Pair de France, Ministre secrétaire d'Etat de la marine et des colonies.

Signé : duc DE MONTEBELLO

Pour ampliation :

Le Sous-Secrétaire d'Etat,

JUBELIN.

TABLE DES MATIÈRES.

— 331 —

— 332 —

Pages.

DU RÈGLEMENT DES DÉPENSES.

TIT. VIII. — DES CONTRÔLES.

CHAP. Iᵉʳ. — Des officiers sans troupe et employés militaires.

CHAP. II. — Des corps de troupes.

SECT. Iʳᵉ. — Des contrôles à tenir par les corps.

SECT. II. — Des contrôles à tenir par les commissaires aux revues.

Sect. III. — Des revues générales de liquidation.

CHAP. III — Dispositions particulières aux troupes mises à la disposition du département de la guerre.

TIT. X. — DES DÉCOMPTES DE LIBÉRATION.

CHAP. Ier. — De la réunion des titres d'imputation.

Sect. 1re. — Des déclarations de quittance.

DEUXIÈME PARTIE.

DE L'ADMINISTRATION ET DE LA COMPTABILITÉ
DES CORPS DE TROUPE.

TITRE PRÉLIMINAIRE.

— 349 —

30

CHAP. II. — Du prêt.

CHAP. III. — Dispositions particulières aux détachements.

TIT. IX. — DE LA MASSE INDIVIDUELLE.

CHAP. Ier. — De l'objet de la masse.

CHAP. II. — Des recettes et dépenses de la masse.

CHAP. III. Des distributions d'effets de petit équipement.

CHAP. IV. — Des réparations au compte de la masse individuelle.

SECT. Ire. — Des réparations d'effets.

www.ingramcontent.com/pod-product-compliance
Lightning Source LLC
Chambersburg PA
CBHW071630270326
41928CB00010B/1851